ATIVIDADES
INICIAIS DE
APRENDIZAGEM

C518u   Chen, Jie-Qi
         Atividades iniciais de aprendizagem / Jie-Qi Chen, Emily Isberg e Mara Krechevsky; trad. Maria Adriana Veríssimo Veronese —. Porto Alegre : Artmed Editora, 2001.
         (Coleção Projeto Spectrum: A Teoria das Inteligências Múltiplas na Educação Infantil; v.2)

         Coordenação da coleção Howard Gardner, David Henry Feldman e Mara Krechevsky.

         1. Educação infantil – Inteligências múltiplas. I. Isberg, Emily. II. Krechevsky, Mara. III. Gardner, Howard. IV. Feldman, David Henry. V. Título.

CDU 372.3

Catalogação na publicação: Mônica Ballejo Canto – CRB 10/1023

ISBN 85-7307-849-9

projeto spectrum

A TEORIA DAS INTELIGÊNCIAS MÚLTIPLAS NA EDUCAÇÃO INFANTIL

HOWARD GARDNER
DAVID HENRY FELDMAN
MARA KRECHEVSKY
coordenadores da coleção

ATIVIDADES INICIAIS DE APRENDIZAGEM
Volume 2

Jie-Qi Chen (org.)
Emily Isberg
Mara Krechevsky

Tradução:
MARIA ADRIANA VERÍSSIMO VERONESE
Psicóloga

Consultoria, supervisão e revisão técnica desta edição:
KÁTIA CRISTINA STOCCO SMOLE
Doutora em Educação – área de ciências e matemática – FEUSP.
Mestre em didática – área de ciências e matemática – pela FEUSP.
Consultora dos PCNs de ensino médio – área de ciências da natureza, matemática e suas tecnologias.
Coordenadora do Mathema – formação e pesquisa

ARTMED EDITORA

PORTO ALEGRE, 2001

Obra originalmente publicada em inglês sob o título
Project Spectrum: early learning activities

© The President and Fellows of Harvard College, 1998

ISBN 0-8077-3767-4

Capa: Mário Röhnelt

Preparação de originais: Elisângela Rosa dos Santos

Leitura final: Solange Canto Loguercio

Supervisão editorial: Mônica Ballejo Canto

Editoração eletrônica: TIPOS editoração eletrônica

Reservados todos os direitos de publicação, em língua portuguesa, à
ARTMED® EDITORA S.A.
Av. Jerônimo de Ornelas, 670 - Santana
90040-340 Porto Alegre RS
Fone (51) 3330-3444 Fax (51) 3330-2378

É proibida a duplicação ou reprodução deste volume, no todo ou em parte, sob quaisquer formas ou por quaisquer meios (eletrônico, mecânico, gravação, fotocópia, distribuição na Web e outros), sem permissão expressa da Editora.

SÃO PAULO
Av. Rebouças, 1073 - Jardins
05401-150 São Paulo SP
Fone (11) 3062-3757* Fax (11) 3062-2487

SAC 0800 703-3444

IMPRESSO NO BRASIL
PRINTED IN BRAZIL

AGRADECIMENTOS

Este livro é o produto de nove anos de pesquisa realizada pelos membros do Projeto Spectrum no período de 1984 a 1993. Meus colegas e eu agradecemos à Spencer Foundation, à William T. Grant Foundation e ao Rockefeller Brothers Fund por financiarem este trabalho.

Muitas pessoas merecem a nossa estima e o nosso reconhecimento pelo papel que desempenharam, ajudando a criar, desenvolver e aperfeiçoar este texto. Eu gostaria de agradecer a todos os membros do Spectrum cuja pesquisa sobre o desenvolvimento cognitivo da criança estabeleceu os fundamentos para *Atividades Iniciais de Aprendizagem*. Também gostaria de agradecer aos pesquisadores que escreveram as seções individuais: Roger Dempsey, Miriam Raider-Roth, Winnifred O'Toole e Julie Viens. Esses membros da equipe do Spectrum não só assumiram a responsabilidade por esboçar os guias ou as seções individuais, como também ajudaram-se mutuamente, oferecendo idéias e valiosos comentários sobre as atividades.

Algumas das atividades apresentadas aqui se baseiam nas atividades de avaliação da educação infantil do Projeto Spectrum, desenvolvidas ou inspiradas por Lyle Davidson, Tom Hatch, Laurie Liebowitz, Ulla Malkus, Valerie Ramos-Ford, Larry Scripp, Janet Stork, Joseph Walters, Carey Wexler-Sherman e Dennis Palmer Wolf. Sou grata por suas contribuições, assim como pelas contribuições de seus colaboradores e consultores. Também agradecemos às outras pessoas que contribuíram diretamente para este livro, como Corinne Greene, que teve a idéia das atividades para fazer em casa, escreveu metade delas e também esboçou a lista dos problemas antecipados e das soluções para os centros de aprendizagem; Miriam Raider-Roth, que escreveu o restante das atividades para fazer em casa e as miniaulas sobre o manejo dos centros de aprendizagem, e os autores ou elaboradores das atividades individuais. Estes incluem: Connie Henry (matemática); Emily Isberg (mecânica e construção, ciências e entendimento social); Tammy Kerouac (mecânica e construção); Ilyse Robbins (artes visuais) e Tammy Mulligan, que trouxe muitas idéias enriquecedoras para os capítulos de entendimento social, ciências, mecânica e construção.

Além disso, Andrea Bosch, Jill Christiansen, Jim Gray, Elise Miller e Ilyse Robbins Mohr ajudaram durante os primeiros estágios do projeto, observando e criticando a implementação das atividades do Spectrum na sala de aula. Ann Benjamin e Lyn Fosoli comentaram e criticaram as primeiras versões de cada capítulo. Janet Stork, Deborah Freeman, Tammy Mulligan e Julia Snyder também deram sugestões valiosas. Ann Benjamin trouxe idéias e orientou a compilação da lista de recursos instrucionais para professores; Nancy Jo Cardillo, Meredith Eppel, Kimberly Johns, Cindy Kirby, Vanessa Trien, Ed Warburton e outros sugeriram títulos favoritos. Agradecemos sinceramente todas essas contribuições.

Nossos mais calorosos agradecimentos às professoras da escola pública de Somerville, Mary Ann DeAngelis, Pam Holmes, Jean McDonagh e Marie Kropiwnicki, que fizeram a testagem de campo das atividades do Spectrum e forneceram-nos críticas sinceras e valiosas; a John Davis e Wayne LaGue, antigo superintendente das escolas e diretor de currículo em Somerville, que apoiaram generosamente a pesquisa do Spectrum em seu distrito, e aos alunos de primeira série que participaram do Projeto Spectrum e testaram entusiasticamente as nossas atividades.

Sou muito grata a Shirley Veenema por transformar o manuscrito no livro habilmente apresentado que vocês têm em mãos, por criar um *design* tão útil quanto agradável e por coordenar o processo de produção das páginas. Roger Dempsey, do Projeto Spectrum, e Andy Winther, do University Publisher's Office, criaram as ilustrações irresistíveis – Roger à mão, e Andy por computador. Kathy Cannon contribuiu com os desenhos que ilustram o início de cada guia e com vários desenhos da seção de Artes Visuais. Karen Chalfen é responsável pelo trabalho cuidadoso e meticuloso da revisão das provas.

Nossos profundos agradecimentos às duas colaboradoras, Mara Krechevsky e Emily Isberg. Sou muito grata a Mara, diretora do Projeto Spectrum, por seus sábios conselhos, por seu inabalável apoio e por seu incentivo durante todo o projeto. Sua liderança foi essencial para o sucesso deste projeto, desde suas idéias para o planejamento, passando pela supervisão eficiente dos estudos de campo e chegando às valiosas sugestões e comentários sobre o manuscrito completo.

Sou grata a Emily por sua excelente habilidade na coordenação do estágio final do livro e por sua dedicação à qualidade do projeto. Ela revisou cuidadosamente todas as seções do livro, da introdução às listas de recursos instrucionais, com uma mente crítica e um olho penetrante. Sua revisão, suas perguntas, sugestões e reformulações perspicazes ajudaram a reunir as seções individuais em um todo coerente.

Finalmente, gostaria de expressar minha sincera gratidão aos principais pesquisadores do Projeto Spectrum, David Feldman e Howard Gardner, por seu apoio, orientação e inspiração intelectual. Suas idéias perpassam todos os aspectos deste livro.

Jie-Qi Chen
Cambridge, MA

Sumário

- **RESUMO DO PROJETO SPECTRUM** 9
  Jie-Qi Chen, Emily Isberg e Mara Krechevsky

- **ATIVIDADES DE MECÂNICA E CONSTRUÇÃO** 31
  Jie-Qi Chen

- **ATIVIDADES DE CIÊNCIAS** 59
  Jie-Qi Chen

- **ATIVIDADES DE MÚSICA** 91
  Roger Dempsey

- **ATIVIDADES DE MOVIMENTO** 117
  Julie Viens

- **ATIVIDADES DE MATEMÁTICA** 147
  Winnifred O'Toole, Jie-Qi Chen e Miriam Raider-Roth

- **ATIVIDADES DE ENTENDIMENTO SOCIAL** 179
  Winnifred O'Toole e Jie-Qi Chen

- **ATIVIDADES DE LINGUAGEM** 205
  Julie Viens

- **ATIVIDADES DE ARTES VISUAIS** 235
  Roger Dempsey

Resumo do Projeto Spectrum

UMA RÁPIDA OLHADA NO SPECTRUM

Três meses após o início da primeira série, a professora de Donnie já esgotou todas as maneiras conhecidas de tentar alcançá-lo. Ele não é capaz de reconhecer as letras, de resolver problemas simples de adição ou de realizar atividades de prontidão. Mesmo recebendo ajuda especial durante grande parte do dia, a professora imaginava que ele teria de repetir o ano.

Seu colega de classe, Charlie[1], também apresentava um desempenho insuficiente em todas as matérias. Além disso, ele se dispersava. Quando era dada uma tarefa, Charlie olhava inexpressivamente para o papel, encostava-se na cadeira e começava a fazer bagunça.

Linda, por outro lado, prometia muito no início do ano letivo, e progrediu direitinho durante a unidade sobre adição simples. Porém, quando a subtração foi apresentada à classe, ela se perdeu e lutava com folhas de exercício que ficavam cheias de erros.

Donnie, Charlie e Linda freqüentavam uma escola pública fundamental em uma comunidade operária da grande Boston. Pelo conceito da maioria das medidas tradicionais, eles estavam fracassando na escola. E também não estavam sozinhos. Aproximadamente um quarto dos alunos do sistema escolar público da cidade falava inglês como uma segunda língua, e oito das dez escolas fundamentais recebiam fundos federais para oferecer atendimento especial de acordo com o programa Chapter 1. Muitas crianças estavam começando a escola sem as habilidades necessárias para ter sucesso em um currículo-padrão que enfatiza a leitura, a escrita e a matemática.

No entanto, eles talvez tivesssem habilidades em outras áreas, como música, movimento ou artes visuais, que também são competências intelectuais valorizadas no mundo do trabalho. E se essas crianças fossem avaliadas com instrumentos diferentes, destinados a avaliar capacidades normalmente não-exercitadas na escola e não-examinadas por testes de lápis e papel?

Durante o ano escolar de 1989-1990, Donnie, Charlie, Linda e seus colegas participaram de testes de campo em uma série de atividades de avaliação do Projeto Spectrum, um projeto de pesquisa e desenvolvimento co-dirigido por David Feldman, da Universidade de Tufts, e Howard Gardner, do Projeto Zero de Harvard, em colaboração com as escolas públicas de Somerville, Massachusetts. O objetivo era determinar se podiam ser identificadas habilidades relativas em uma população de primeira série "em risco de fracasso escolar" e, caso isso fosse possível, se estimular tais habilidades ajudaria as crianças a melhorarem seu desempenho escolar. Aqui está o que aconteceu.

Donnie provou ser mais capaz do que todos os colegas em desmontar e remontar um moedor de carne. Ele também remontou uma bomba de óleo, façanha que poucas crianças conseguiram igualar. Sua professora ficou tão surpresa com sua capacidade e concentração na tarefa, que passou as três noites seguintes planejando uma área de montagem que seria mais tarde implementada em sua sala de aula. Ela também nomeou Donnie o "especialista em consertos", permitindo-lhe experienciar, pela primeira vez, um sentimento de sucesso e auto-estima na escola.

Charlie revelou-se um talentoso contador de histórias quando solicitado a criar um conto, usando um "cenário de histórias em teatrinho", um tabuleiro revestido de feltro e equipado com figuras de brinquedo e outros acessórios. Embora as escolas geralmente valorizem as habilidades de linguagem, elas tendem a enfatizar a expressão escrita; por isso, as capacidades orais de Charlie não foram percebidas. Para utilizá-las, a professora de Charlie pediu a ele e aos colegas que construíssem seus próprios tabuleiros de histórias, um projeto que cativou o aluno habitualmente desinteressado.

Linda experienciou um momento de *insight* enquanto jogava o Jogo do Ônibus. Nesse jogo, planejado por pesquisadores do Spectrum, as crianças precisam manter a contagem à medida que um ônibus de brinquedo viaja em um tabuleiro de jogo, pegando e largando passageiros de papelão. Enquanto usava fichas para simbolizar os passageiros que entravam e saíam do ônibus, Linda subitamente comentou: "Isso é subtrair?". Seus exercícios de subtração melhoraram muito depois disso, demonstrando que ela realmente "tinha entendido".

Essas experiências convenceram-nos de que a abordagem do Spectrum poderia ser usada não apenas para identificar as competências das crianças, mas também para engajá-las no currículo escolar. Em cada caso, a professora usou seu novo entendimento das capacidades e dos interesses das crianças para modificar os planos de aula, a fim de que atendessem melhor às necessidades dos alunos. Para Donnie, isso significou acrescentar um novo centro de aprendizagem na sala de aula; para Charlie, incluir um elemento oral nos projetos de linguagem; e, para Linda, ilustrar conceitos matemáticos com objetos que ela pudesse manipular. Além disso, os colegas com interesses e estilos de aprendizagem semelhantes também se beneficiariam, conforme a professora expandisse seu repertório.

OS PRIMEIROS ANOS

O Projeto Spectrum foi iniciado em 1984, com o objetivo de desenvolver uma abordagem inovadora à avaliação e ao currículo na educação infantil e nos primeiros anos do ensino fundamental. O trabalho baseava-se na convicção de que cada criança apresenta um perfil distinto de diferentes capacidades ou Spectrum de inteligências. O poder dessas inteligências não é fixo, podendo ser aumentado pelas oportunidades educacionais e por um ambiente rico em materiais e atividades estimulantes. Uma vez que as áreas de competência de uma criança tenham sido identificadas, os professores podem usar as informações para planejar um programa educacional individualizado.

A abordagem originou-se do trabalho teórico de David Feldman e Howard Gardner. Em seu livro de 1983, *Estruturas da Mente: A Teoria das Inteligências Múltiplas*, Gardner contestou a visão tradicional da inteligência como uma capacidade única. Ele propôs que todos os indivíduos possuem pelo menos sete inteligências diferentes – lingüística, lógico-matemática, musical, espacial, corporal-cinestésica, interpessoal e intrapessoal –, cada uma com seu próprio sistema simbólico e seus métodos de solução de problemas.[2]

A teoria de Feldman do desenvolvimento não-universal, apresentada em seu livro de 1980, *Beyond Universals in Cognitive Development*, contestou a visão de que o desenvolvimento intelectual é virtualmente inevitável e ocorre em todas as crianças sem levar em consideração *background* e experiência. Em vez disso, ele propôs que as estruturas cognitivas precisam ser construídas gradual e independentemente em cada domínio, um processo que requer trabalho continuado e condições ambientais favoráveis.

Nos primeiros quatro anos, o objetivo do projeto foi desenvolver novos meios de avaliar as capacidades cognitivas em crianças de educação infantil. Com o apoio da Spencer Foundation, a equipe de pesquisa do Spectrum planejou uma série de atividades (incluindo os exercícios de montagem, tabuleiro de histórias e Jogo do Ônibus descritos anteriormente) que podem ser usadas para avaliar as crianças enquanto elas jogam ou realizam tarefas, usando instrumentos e materiais apropriados a uma disciplina. Essas atividades não requerem que as crianças utilizem a palavra escrita. Portanto, avaliam diretamente uma variedade mais ampla de capacidades cognitivas e estilísticas do que as tratadas pelos instrumentos tradicionais de avaliação. As atividades são descritas no volume 3 da Coleção Projeto Spectrum: A Teoria das Inteligências Múltiplas na Educação Infantil, *Avaliação em Educação Infantil,* publicado pela Artmed Editora.

No quinto ano, o Projeto Spectrum recebeu apoio da William T. Grant Foundation para examinar se essas técnicas de avaliação eram apropriadas para crianças mais velhas (dos níveis de educação infantil e primeira série) em risco de fracasso escolar. Os alunos eram identificados como em risco com base nas observações da professora sobre o comportamento e o desempenho em sala de aula e em uma bateria de testes padronizados de leitura, aritmética e prontidão. Nossa equipe de pesquisa trabalhou com as duas salas de aula, de Donnie, Charlie e Linda, de Somerville, Massachusetts, para desenvolver uma bateria de atividades de avaliação do Spectrum apropriadas à idade e eficientes. Depois de realizarmos uma série de avaliações formais com esse instrumento, descobrimos que realmente era possível identificar competências relativas no grupo de alunos-alvo.

Em 1990, o Projeto Spectrum recebeu fundos da Grant Foundation para trabalhar com quatro salas de aula de diferentes escolas na mesma comunidade. O objetivo do Projeto de Centro de Aprendizagem era descobrir se a abordagem do Spectrum poderia ser usada em um ambiente de escola pública para promover melhora no desempenho e ajustamento escolar. Usando as atividades de avaliação como ponto de partida, reunimos e desenvolvemos atividades de aprendizagem em oito disciplinas – linguagem, matemática, movimento, música, ciências, mecânica e construção, entendimento social e artes visuais. Além de revelar as competências das crianças, as atividades tinham por objetivo apresentar às crianças os instrumentos e as habilidades básicas da disciplina, ou domínio, que representavam (por exemplo, discriminação de tom na música, habilidades observacionais em ciências). As atividades, revisadas com base no *feedback* das professoras, são apresentadas aqui em oito seções individuais, um para cada domínio listado acima.

Durante o projeto, as atividades foram realizadas em centros de aprendizagem – áreas distintas, tais como o cantinho do naturalista ou a área de marcenaria – onde as crianças podiam usar materiais estimulantes para realizar atividades especificadas ou explorar o domínio de forma independente. As professoras abriram um ou mais centros de aprendizagem no mínimo por duas horas, duas vezes por semana, durante todo o ano. Elas observaram cuidadosamente os alunos trabalhando, tomaram notas e, com o apoio dos pesquisadores do Spectrum, tentaram adaptar seu currículo às habilidades e aos interesses das crianças.

No final do programa, conseguimos identificar áreas de competência em 13 dos 15 alunos considerados em risco de fracasso escolar, com base na capacidade e no interesse exibidos em tarefas dos centros de aprendizagem. Embora um ano fosse muito pouco tempo para se efetuarem mudanças escolares duradouras, constatamos que as crianças gostaram muito de suas experiências no Spectrum e ficaram altamente motivadas a participar delas. Quando trabalhavam em suas áreas de competência, essas crianças mostravam um entusiasmo, uma autoconfiança e um espírito cooperativo jamais observados antes pelas professoras.

As professoras enfatizaram os benefícios de aprender mais sobre as habilidades de seus alunos. Armadas com informações cada vez mais positivas sobre as crianças que corriam maior risco, as professoras tinham muito mais maneiras de envolvê-las no programa escolar. Cada professora planejou formas pessoais e criativas de construir pontes entre as áreas de competência identificadas na criança e outras áreas de aprendizagem.

Nós também ampliamos o alcance do Spectrum para além dos muros da escola. Com o apoio do Rockefeller Brothers Fund, trabalhamos em colaboração com um museu para crianças e uma escola de educação infantil, desenvolvendo conjuntos de unidades para a sala de aula e exibições interativas para o museu que se reforçavam mutuamente, valendo-se das características próprias de ambos os ambientes de aprendizagem. Também estabelecemos um programa de tutoramento, para dar às crianças a oportunidade de trabalharem com adultos que compartilhassem com elas uma área de competência ou interesse intelectual. Dez tutores ou mentores, incluindo guardas florestais, planejadores urbanos, um músico e uma poetisa, visitaram a turma uma vez por semana, durante o ano letivo, realizando atividades planejadas com o apoio dos pesquisadores do Spectrum.

Ao longo de sua história de nove anos, o Projeto Spectrum mostrou ter uma ampla variedade de aplicações. Portanto, acreditamos que é melhor pensar no Spectrum não como um programa ou série de atividades separadas, e sim como uma abordagem baseada na teoria que enfatiza a importância de reconhecer e estimular as diversas capacidades cognitivas das crianças. Essa abordagem tem sido usada para promover mudanças importantes no ensino dos professores e na aprendizagem dos alunos.

■ A ESTRUTURA CONCEITUAL

Contextualizar as atividades

Quando descrevemos a nossa pesquisa em oficinas por todo o país, os professores geralmente nos perguntam sobre as atividades dos centros de aprendizagem. A princípio ficamos relutantes em descrevê-las, temendo que eles focassem as atividades em si em vez da estrutura em que elas se inserem, ou que esperassem um currículo totalmente desenvolvido, que nós não tínhamos a oferecer. As atividades não pretendem, de forma nenhuma, substituir uma abordagem sistemática às habilidades básicas ou a outras facetas do currículo da educação infantil ou da primeira série. Em vez disso, o Spectrum pode ser considerado um programa para construir pontes: entre a curiosidade da criança e o currículo da escola; entre as capacidades da criança e as demandas intelectuais da escola; entre as atividades de sala de aula e o mundo lá fora. As atividades são simplesmente veículos para ajudar professores e alunos a percorrerem essas estradas.

Numerosos pedidos, todavia, convenceram-nos de que alguns professores achariam as atividades compiladas neste livro úteis como exemplos de maneiras diferentes de olhar para seus alunos e atender às suas necessidades. Esperamos que os professores possam usá-las para suplementar seus currículos, avançar para novos territórios nos quais normalmente não ensinam, ou integrar a instrução com a avaliação. As atividades também podem servir como catalisadores, dando idéias para ajudar os professores a desenvolverem seus próprios projetos, ou a encontrarem formas de alcançar as crianças que não estão respondendo a uma abordagem mais tradicional, centrada na linguagem. Encorajamos os professores de sala de aula a adaptarem essas atividades às suas situações pessoais, ao seu estilo de ensino e à composição da classe.

É importante salientar que, embora algumas das atividades descritas neste livro tenham sido criadas por pesquisadores do Spectrum (incluindo os projetos baseados nas atividades de avaliação da educação infantil originais), outras foram adaptadas de fontes curriculares existentes. Usamos intencionalmente atividades populares na esperança de que os professores vejam que não precisam jogar fora suas aulas e começar do zero; em vez disso, eles podem empregar táticas existentes e acrescentar a perspectiva do Spectrum, a qual explicaremos com maiores detalhes nas páginas seguintes. Esperamos modelar maneiras de reformular atividades testadas e aprovadas, familiares para os professores, de modo que eles passem a entender melhor os alunos, e os alunos, a ter mais entusiasmo e orgulho por seu trabalho escolar.

As atividades não devem ser consideradas isoladamente, mas no contexto de uma estrutura que inclui quatro etapas: (1) apresentar às crianças uma ampla variedade de áreas de aprendizagem, (2) identificar as áreas de competência das crianças, (3) estimular as capacidades identificadas e (4) construir pontes entre as capacidades da criança e outras áreas de assunto e desempenho escolar.

Apresentar às crianças uma ampla variedade de áreas de aprendizagem

Segundo a teoria das inteligências múltiplas (teoria das IM), todos os indivíduos apresentam todas as inteligências, mas diferem na forma como essas inteligências se desenvolvem, presumivelmente por razões hereditárias e ambientais. Experiências educacionais ricas são essenciais para o desenvolvimento da configuração de interesses e capacidades exclusiva de cada pessoa. Os alunos que apresentam problemas em algumas matérias, como leitura ou matemática, não são necessariamente inadequados em todas as áreas. Eles podem brilhar, como fez Donnie, quando solicitados a montar as peças de um aparelho, ou a cantar a música que a professora acabou de ensinar. A estrutura do Spectrum tenta dar a esses alunos as mesmas oportunidades de demonstrar suas habilidades, oportunidades essas rotineiramente oferecidas aos alunos que dependem de suas inteligências lingüística e lógico-matemática.

É interessante notar que inteligências relativamente negligenciadas pelo currículo escolar, como a corporal-cinestésica, a espacial e a interpessoal, podem ser extremamente valorizadas no local de trabalho. Jogadores de basquete e outros atletas não são os únicos profissionais que usam habilidades motoras para resolver problemas (e trazer para casa um cheque de pagamento); operários de montagem e cirurgiões, atrizes e carpinteiros, mecânicos e escultores, todos eles, para citar apenas alguns, também fazem isso. Esses indivíduos também precisam de habilidades espaciais extremamente desenvolvidas, assim como os pilotos, os arquitetos e os engenheiros. E embora as habilidades interpessoais possam ser elementos-chave em algumas carreiras, incluindo ensino e vendas, a capacidade de compreender, cooperar, negociar com os outros e persuadi-los é crucial para o sucesso em praticamente qualquer empreendimento. É evidente que não apenas a criança, mas também a sociedade como um todo, irão beneficiar-se de uma abordagem educacional que reconheça e cultive as diferentes inteligências.

Ao apresentar às crianças uma grande variedade de áreas, o Spectrum também tenta envolver os alunos em tarefas do mundo real. O conceito de *estado final* foi usado para focalizar habilidades e capacidades necessárias para o bom desempenho de papéis adultos, especialmente no mundo do trabalho. Para desenvolver habilidades de linguagem oral, as crianças precisam fazer entrevistas como um jornalista de televisão; para desenvolver habilidades de linguagem escrita, elas podem escrever uma carta ou "publicar" seus poemas em um livro da classe. As atividades de matemática podem incluir oportunidades de fazer compras e dar troco em uma padaria fictícia, ou de planejar diferentes maneiras de medir os ingredientes para fazer biscoitos. Assim, as crianças podem relacionar as habilidades que estão aprendendo na escola a atividades que realizam, ou gostariam de realizar, no dia-a-dia.

Durante o Projeto do Centro de Aprendizagem, o Spectrum apresentou sistematicamente às crianças os oito domínios de conhecimento mencionados anteriormente: linguagem, matemática, movimento, música, ciências, mecânica e construção, entendimento social e artes visuais. Esses oito domínios foram selecionados na tentativa de traduzir as sete inteligências de Gardner e os domínios desenvolvimentais de Feldman em um formato apropriado às crianças em idade de iniciar a escolarização. As áreas de aprendizagem do Spectrum foram ajustadas aos currículos escolares a fim de tornar mais fácil para os professores incorporarem as atividades aos seus planos de aula.

Os conceitos de *inteligência* e *domínio* são estreitamente relacionados, mas diferentes. Inteligência é a capacidade de resolver problemas ou de criar produtos valorizados por uma determinada cultura ou comunidade. É um potencial biológico que, em grande parte, é moldado por influências culturais e educacionais. Domínio é um corpo de conhecimentos existente em uma cultura, tal como matemática, arte, basquete ou medicina. O desempenho em um domínio pode requerer mais de uma inteligência: crianças que tocam instrumentos feitos à mão durante uma atividade musical, por exemplo, estão utilizando as inteligências musical e corporal-cinestésica. Pela mesma razão, uma mesma inteligência pode ser utilizada em vários domínios. Por exemplo, as crianças podem usar a inteligência espacial para descobrir como mover um objeto, usando uma alavanca (mecânica e construção), e para criar desenhos com um barbante (artes visuais).

Os centros de aprendizagem foram planejados para dar a todas as crianças uma oportunidade mais ou menos igual de explorar todos os materiais disponíveis nos oito domínios. Para algumas crianças, trabalhar diretamente com esses materiais foi uma chance de demonstrar entendimentos não-revelados por tarefas de lápis e papel, como a capacidade de imitar um tom ou construir uma torre alta. Para outras crianças, que poderiam não ter em casa canetas coloridas ou blocos construtores, os materiais ofereceram uma chance de descobrir novas áreas de aprendizagem em que elas poderiam ser extremamente curiosas ou, inclusive, destacar-se.

Algumas professoras salientaram que suas escolas não possuem recursos suficientes para comprar os materiais sugeridos neste livro. Essas professoras poderiam adotar uma abordagem altamente seletiva, centrando-se naquelas atividades e materiais que "preenchem as lacunas" e dão às crianças uma chance de explorar domínios que, de outra forma, talvez não encontrassem. Sugerimos que elas peçam aos pais para contribuírem com materiais, desde calculadoras que já não são usadas até caixas de plástico, e busquem outras fontes fornecedoras, como centros de reciclagem, museus para crianças, lojas locais e lojas que oferecem descontos. Dito isso, precisamos sublinhar que os materiais não são efetivos em si e por si mesmos; o que importa é a maneira como os professores usam os materiais para observar e entender seus alunos enquanto eles estão ativamente engajados no trabalho.

Outras professoras perguntaram-nos sobre as diferenças entre salas de aula baseadas na abordagem do Spectrum e outras salas de aula de qualidade ou desenvolvimentalmente apropriadas para a educação infantil. Esses dois tipos de sala de aula compartilham certas características, como uma variedade de materiais práticos, diferentes cantinhos ou centros de aprendizagem e o elemento da escolha do aluno. O que distingue a sala de aula do Spectrum é a variedade de domínios disponíveis e seu uso sistemático para identificar e apoiar as áreas de competência e interesse das crianças. Orientadas pela estrutura do Spectrum, as professoras estão continuamente expandindo seu repertório para alcançar um grupo cada vez mais amplo e diverso de aprendizes.

Identificar as áreas de competência das crianças

Uma criança está constantemente cantarolando na aula. Uma professora pensa: "Que coisa irritante! Por que Michael não consegue se concentrar no trabalho e parar de atrapalhar a classe?". Outra pensa: "Michael parece interessado em música. Eu poderia tentar adaptar à música um jogo de contar, ou chamar sua atenção apresentando uma lição através de uma música". Em vez de focalizar exclusivamente as dificuldades ou déficits dos alunos, a segunda professora está tentando identificar e estimular suas capacidades, um elemento importante da abordagem do Spectrum. Acreditamos que cada criança tenha capacidades relativas, vistas no contexto da classe como um todo ou no contexto de seu perfil intelectual individual.

Os professores podem identificar as áreas de competência das crianças tanto através de avaliações formais, quanto de observações informais como a que foi citada. Assim como a aprendizagem das crianças é um processo contínuo, a avaliação também deve ser. Quando a avaliação está naturalmente inserida no ambiente de aprendizagem, ela permite aos professores observarem o desempenho das crianças em várias situações ao longo do tempo. Essas observações proporcionam múltiplas amostras da capacidade da criança, documentam a dinâmica e a variação de seus desempenhos em cada domínio e através dos domínios e, assim, retratam mais precisamente o seu perfil intelectual.

A abordagem do Spectrum também entrelaça instrução e avaliação. As crianças vêm à escola com diferentes experiências ambientais e educacionais; quando os professores avaliam sua capacidade de realizar uma tarefa específica, também estão avaliando a familiaridade de cada criança com os materiais e suas experiências anteriores na área. Por exemplo, é menos provável que crianças com pouca experiência com materiais de arte demonstrem habilidades na área artística. Portanto, quando entram em contato pela primeira vez com uma área, as crianças precisam de tempo para explorar e experimentar livremente os materiais. As atividades mais estruturadas que elas farão em seguida terão propósitos instrucionais e de avaliação; as crianças ficam mais hábeis no uso dos instrumentos e materiais, e as professoras podem observá-las trabalhando em uma base contínua.

Muitos professores obtêm informações através de uma observação informal, mas eles nem sempre têm muito claro o que estão procurando. Como resultado, talvez suas observações tenham um uso apenas limitado no planejamento de experiências de aprendizagem. O Spectrum afirma que as observações são mais informativas quando são específicas para um domínio. Por exemplo, em vez de observar as habilidades motoras finas de uma criança, o professor pode determinar se essas habilidades diferem quando a criança está escrevendo ou construindo uma estrutura. Em vez de observar se a criança brinca ou não com os colegas, o professor pode examinar mais atentamente que tipo de papel social a criança assume (por exemplo, líder, cuidador ou amigo) quando brinca em grupo.

Para ajudar os professores nas observações específicas para os diferentes domínios, determinamos uma série de "capacidades-chave" para cada domínio. Tentamos identificar aquelas capacidades cruciais para o sucesso no domínio, tal como raciocínio numérico e solução lógica de problemas em matemática, ou controle corporal e sensibilidade ao ritmo no movimento. As capacidades-chave, listadas no início de cada seção de atividades, foram determinadas com base em pesquisas empíricas, na revisão da literatura e na consulta a especialistas na área.

No Projeto de Centro de Aprendizagem, as professoras e os pesquisadores do Spectrum identificaram as capacidades das crianças com base no interesse e na competência demonstrados. O interesse foi avaliado em termos da freqüência com que a criança escolhia um determinado centro de aprendizagem e o período de tempo que passava envolvida nele. A competência foi avaliada em termos das capacidades-chave. Essas capacidades-chave eram suficientemente específicas para permitir aos professores examinarem o trabalho dos alunos e determinarem seu nível de competência em uma certa área. Usando essas listas como guias, as professoras podiam anotar observações informais, enquanto as crianças trabalhavam de forma independente nos centros de aprendizagem e também avaliar o trabalho em si, quando os projetos ou as unidades eram concluídos.

As capacidades-chave também podem ser usadas em outros contextos, como na análise ou na revisão dos portfólios das crianças para relatos dos alunos ou entrevistas com os pais. Por exemplo, em vez de dizer: "Vejam, Tom fez grandes progressos em arte durante o ano", o professor pode avaliar e descrever o trabalho de arte do portfólio de Tom, segundo determinados aspectos artísticos, como o uso da cor, a orientação espacial e nas habilidades representacionais (veja a lista de capacidades-chave no capítulo de Artes Visuais).

Além de procurarmos as capacidades das crianças no processo de avaliação, também examinamos seus "estilos de trabalho". A Tabela 1 apresenta uma lista de verificação de estilos de trabalho desenvolvida pelo Spectrum para observar alunos da educação infantil. Utilizamos o termo *estilo de trabalho* para descrever como a criança interage com os materiais de uma área de assunto: por exemplo, ela pode parecer persistente, confiante ou facilmente distraída. O estilo de trabalho refere-se à dimensão do processo de trabalho da criança, não ao produto.

Nossa pesquisa indicou que os estilos de trabalho das crianças podem variar segundo a tarefa; uma criança com habilidades na área de ciências pode demonstrar uma paciência surpreendente ao realizar experimentos, mas ficar facilmente frustrada em um jogo de amarelinha. Analisar se a dificuldade de uma criança em uma determinada tarefa tem raízes no estilo ou no conteúdo pode ajudar o professor a individualizar a instrução. Por exemplo, ele pode identificar situações ou domínios em que uma criança precisa de orientação muito específica para ter um bom desempenho; assume a iniciativa e, assim, consegue trabalhar com uma supervisão mínima; ou se distrai facilmente, podendo beneficiar-se de atividades que podem ser concluídas rapidamente.

Estimular as áreas de competência das crianças

Depois que a área de competência de uma criança foi identificada, os professores podem oferecer o apoio necessário para aumentar e desenvolver essa competência. Muitos professores comprometidos com a instrução desenvolvimentalmente apropriada reconhecem as diferenças individuais de seus alunos e organizam suas salas de aula de modo que, dentro do possível, cada criança possa aprender em seu próprio ritmo. Esses professores podem incluir em seu cronograma diário um tempo para a criança selecionar atividades com base em seus interesses atuais. Eles podem usar tarefas de final aberto (como escrever e ilustrar uma história, ou criar uma estrutura com palitos) que possam ser realizadas com sucesso por crianças de capacidades variadas. Também podem tornar disponíveis uma série de materiais, colocando livros de dificuldade variada na área de leitura, por exemplo, permitindo que as crianças selecionem com base em suas habilidades de leitura.

A abordagem do Spectrum estimula os professores a avançarem ainda mais, ajudando-os a ajustarem seu currículo às capacidades e aos interesses descobertos em sua classe. As crianças podem não só escolher determinados materiais disponíveis, mas também influenciar que esses materiais estejam disponíveis. Por exemplo, se uma criança demonstra interesse e habilidade especiais na área de aprendizagem mecânica, seu professor pode tentar oferecer mais ferramentas, máquinas ou materiais de construção para encorajá-la a explorar melhor tal área. Usando as capacidades-chave como guia, o professor também pode criar atividades e projetos para desenvolver as capacidades, os conhecimentos e as habilidades específicas da criança.

O professor pode tentar outras estratégias que não só ampliem as habilidades da criança, mas também lhe dêem um sentimento de sucesso e reconhecimento. Uma dessas estratégias é convidar a criança para ser líder de um grupo em sua área de competência. Ela pode liderar os colegas no centro de aprendizagem, demonstrar uma atividade, servir como fonte de consulta, coordenar os materiais e a limpeza, ou ajudar a treinar o próximo líder. Conforme a criança assume responsabilidades adicionais, pratica habilidades e recebe reforço positivo, sua área de competência é estimulada e desenvolvida.

As informações sobre as capacidades das crianças também devem ser compartilhadas com os pais. No decorrer de nossa pesquisa, identificamos capacidades em várias crianças (em ciências, artes visuais, música e entendimento social) que nem os professores nem as famílias tinham reconhecido previamente. Depois de tomarem consciência dissso, os pais podem oferecer reforço positivo e enriquecimento: a oportunidade de plantar um jardim, visitar um museu, ou talvez ter aulas de música. Os professores também podem sugerir aos pais atividades para realizarem com os filhos, incluindo as atividades para fazer em casa listadas no final de cada capítulo deste livro.

É importante notar que estimular as capacidades das crianças não significa "rotulá-las" ou limitar sua experiência em outras áreas. Uma criança conhecida como uma auxiliar sempre disposta não precisa ajudar o tempo todo; uma criança com grandes habilidades de linguagem deve ser encorajada a assumir riscos e experimentar áreas nas quais não se sente tão à vontade. Uma grande diversidade de experiências de

TABELA 1 Lista de verificação de estilos de trabalho

Criança _____   Observador _____
Atividade _____ _____   Data _____

        Por favor, assinale os estilos de trabalho característicos durante a sua observação. Assinale apenas quando for óbvio; não é preciso assinalar um de cada par. Por favor, inclua comentários e exemplos, sempre que possível, e escreva uma frase geral que descreva bem como a criança aborda a atividade. Faça um asterisco (*) em qualquer estilo de trabalho que se destaque.

A criança é   Comentários

facilmente engajada na atividade   _____
relutante em se engajar na atividade   _____

confiante   _____
hesitante   _____

brincalhona   _____
séria   _____

concentrada   _____
distraída   _____

persistente   _____
frustrada pela atividade   _____

impulsiva   _____
reflexiva   _____

propensa a trabalhar lentamente   _____
propensa a trabalhar rapidamente   _____

conversadora   _____
quieta   _____

responde a estímulos visuais ___ auditivos ___ cinestésicos ___
demonstra uma abordagem planejada   _____
emprega habilidades pessoais na atividade _____
diverte-se na área de conteúdo   _____
usa os materiais de maneiras inesperadas _____
demonstra orgulho pelas realizações   _____
presta atenção aos detalhes; é observadora _____
é curiosa em relação aos materiais   _____
demonstra preocupação com a resposta "correta" _____
concentra-se na interação com o adulto _____

aprendizagem permite que as crianças manifestem e desenvolvam totalmente seus potenciais e interesses. Nessa estrutura, reconhecer e reforçar as habilidades das crianças faz com que elas desenvolvam autoconfiança e auto-estima, assim como sentimentos positivos em relação à escola.

Construindo pontes entre as capacidades das crianças e outras áreas de conhecimento

O quarto e último passo na abordagem do Spectrum envolve usar as experiências da criança em suas áreas de competência para levá-la a uma variedade mais ampla de áreas de aprendizagem. Nós nos referimos a esse processo como *construir pontes* (veja também Feuerstein, 1980). Reconhecemos a importância de dominar habilidades básicas nos primeiros anos do nível fundamental. O currículo do ensino fundamental até o médio baseia-se na suposição de que as crianças dominaram certos fundamentos, e aquelas crianças que ainda não o fizeram irão experienciar crescente frustração e sentimentos de fracasso com o passar dos anos. Entretanto, acreditamos que existem múltiplas abordagens ao domínio de habilidades básicas. Para superar déficits em leitura ou matemática, algumas crianças podem beneficiar-se de estratégias baseadas em exercícios e prática. Outras crianças podem responder melhor a uma estratégia alternativa, como a construção de pontes, planejada para aumentar seu desejo de dominar habilidades básicas, inserindo tais habilidades em tarefas que elas percebem como significativas e interessantes.

Podemos construir pontes de várias maneiras: (a) A criança descobre uma área de competência, gosta de explorá-la e sente-se bem consigo mesma. A experiência de ser bem-sucedida dá à criança a confiança necessária para entrar em domínios mais desafiadores. (b) O estilo de aprendizagem específico da área de competência da criança é usado como um veículo para engajá-la em uma área desafiadora. Por exemplo, uma criança musical pode achar mais interessante um jogo de números se ele for musicado. (c) O conteúdo da área de competência de uma criança é usado para engajá-la em outras áreas, especialmente aquelas centrais para o sucesso na escola. Por exemplo, uma criança com interesses e capacidades mecânicas pode ler e escrever sobre máquinas. (d) Partimos da suposição de que algum componente estrutural de uma determinada área de competência é relevante para o desempenho em uma outra área, mais remota. Por exemplo, uma criança sensível ao aspecto rítmico da música pode responder aos aspectos rítmicos da linguagem ou do movimento.

Acreditamos que é possível construir pontes não apenas para cada criança individualmente, mas também para a classe como um todo. Uma turma, por exemplo, pode incluir muitas crianças interessadas em carros, caminhões e ferramentas, enquanto outra pode incluir alunos que aprendem melhor quando está envolvido algum tipo de movimento. No último caso, o professor pode incentivar as crianças a fazerem a forma das letras com o corpo, com massa de modelar, com tinta; a encenarem histórias e poemas que estão lendo; a usarem o tabuleiro de histórias e outros objetos de manipulação para criar as próprias histórias. Ele pode utilizar os interesses das crianças e selecionar histórias sobre atletas ou esportes para tarefas de leitura, ou torná-las disponíveis nos horários de escolha. Em outras palavras, o professor usa *insights* específicos sobre os alunos para levá-los até o currículo que ele cobre normalmente e mantê-los interessados nesse currículo.

Os alunos ficam motivados a aprender novas habilidades e a persistir em um problema desafiador quando o consideram interessante e significativo. Por exemplo, uma criança que quer plantar vegetais pode ficar motivada a ler as instruções no envelope de sementes, ou a medir a distância entre as fileiras. Mas os adultos precisam desempenhar um papel ativo nestes processos de construir pontes. A nossa experiência e a de outros (Cohen, 1990) tem mostrado que materiais e problemas interessantes convidam a criança a participar, mas não a capacita automaticamente a desenvolver habilidades. As crianças também não trazem automaticamente suas capacidades de uma área de aprendizagem para outra. Os professores precisam mostrar como as ferramentas e outros materiais são usados, fazer perguntas que ajudem as crianças a refletir sobre seu trabalho, oferecer orientação quando elas ficam atrapalhadas e usar outras técnicas pedagógicas para ajudá-las a entenderem os conceitos e as habilidades inseridas nas atividades ou nos projetos desenvolvidos. Construir pontes é algo que requer tempo e esforço adicionais por parte do professor, mas pode compensar em termos do sentimento de realização tanto para o adulto quanto para a criança.

■ O SPECTRUM E A SALA DE AULA

Como as seções de atividades estão organizadas

Conforme explicamos antes, este livro é composto por oito seções separadas de atividades nas áreas de linguagem, matemática, movimento, música, ciências, mecânica e construção, entendimento social e artes visuais. Ele se baseia em atividades desenvolvidas por nós durante um projeto de pesquisa de 1989-1990, dedicado a melhorar o desempenho escolar de alunos de primeira série de uma escola pública da área de Boston, considerados em risco de fracasso escolar. Ele não tenta oferecer um currículo para um ano letivo e não pretende ser um estudo profundo e abrangente desses oito domínios de conhecimento. Em vez disso, oferece uma amostra dos diferentes tipos de atividade que os professores podem usar para compreender e aproveitar as áreas de competência de seus alunos.

Cada seção inclui de 15 a 20 atividades. Essas atividades foram selecionadas porque: (a) refletem uma variedade de inteligências, (b) destacam e exercitam capacidades-chave em um domínio designado, (c) envolvem a solução de problemas práticos em um contexto significativo e (d) proporcionam informações que ajudarão os professores a adaptarem seu currículo a determinadas crianças.

Em geral, cada seção de atividades inclui uma combinação de brincadeiras livres e atividades estruturadas. Algumas das atividades estruturadas relacionam-se às habilidades, isto é, devem desafiar as crianças com tarefas um pouco além do seu nível atual de capacidade em um determinado domínio. Outras atividades estruturadas integram as variadas experiências de aprendizagem com os objetivos do currículo de primeira série. Por exemplo, podemos pedir às crianças que descrevam em forma de jornal sua experiência em uma atividade de montagem para praticarem habilidades de escrita.

Todas as oito seções de atividades são apresentadas em formato semelhante. Há uma breve introdução à área e às atividades, incluindo sugestões para uma sessão de orientação com os alunos. Depois, descrevemos as capacidades-chave – aquelas capacidades cruciais para o sucesso na área. São apresentadas sugestões para uma sessão de orientação e materiais que os alunos podem usar para a exploração livre e também para as atividades. Algumas seções incluem uma página que descreve materiais feitos especialmente para as atividades do Spectrum, como o Jogo do Ônibus ou a "TV" de faz de conta. A seguir vêm as atividades em si.

Para cada atividade listamos o objetivo, os principais componentes (as capacidades-chave estimuladas pela atividade), os materiais e os procedimentos passo a passo. Freqüentemente, incluímos notas para os professores no final da atividade, sugerindo variações, modificações e extensões. As atividades são planejadas para apoiar tanto a instrução quanto a avaliação. Enquanto as crianças trabalham, os professores podem usar a lista dos principais componentes para observarem e documentarem os interesses e as capacidades das crianças em diferentes domínios. Para ajudar os professores a acompanharem o desenvolvimento dos alunos, as atividades de cada domínio estão organizadas de acordo com as capacidades-chave em todas as seções, exceto a de ciências, que distingue experimentos curtos de atividades realizadas em períodos de semanas ou meses.

Para ajudar os professores a equilibrarem o tamanho dos grupos de alunos e a quantidade de supervisão necessária para implementar as atividades, dividimos as atividades em quatro categorias:

- Atividade de pequeno grupo dirigida pelas crianças: o professor explica ou demonstra brevemente e depois quatro a seis crianças realizam a atividade individualmente ou em conjunto.
- Atividade de pequeno grupo dirigida pelo professor: o professor fica com um pequeno grupo de crianças para trabalhar no projeto. O restante da classe pode realizar atividades nas quais não precisa de auxílio.
- Atividade de grande grupo dirigida pelas crianças: o professor introduz a atividade e depois todas as crianças ou metade delas realizam-na, quer individualmente, quer cooperativamente. A presença do professor pode ser importante, mas não necessária, para implementar a atividade.
- Atividade de grande grupo dirigida pelo professor: o professor supervisiona enquanto toda a classe realiza a atividade. A presença do professor é crucial para que os alunos completem a tarefa.

Finalmente, no final de cada seção de atividades, apresentamos várias "atividades para fazer em casa". Elas são planejadas para envolver os pais no processo de descobrir e estimular as áreas de competência de seus filhos. Em muitos casos, correspondem às atividades de sala de aula, de modo que as habilidades e os conceitos podem ser reforçados e praticados na escola e em casa. As atividades para fazer em casa são apresentadas em um formato semelhante ao das atividades de sala de aula, incluindo os objetivos de aprendizagem e os materiais e procedimentos necessários. A maioria dos materiais pode ser encontrada em casa.

Diferentes maneiras de implementar a abordagem do Spectrum

Uma vez que a abordagem do Spectrum baseia-se em uma teoria sobre diferentes formas de inteligência e as diferentes maneiras pelas quais as crianças aprendem, ela pode ser incorporada a várias práticas instrucionais. Embora tenhamos escolhido criar centros de aprendizagem nos quais as crianças podem explorar áreas específicas de conhecimento, existem muitas outras maneiras de integrar as idéias e as atividades do Spectrum aos currículos. De fato, um dos aspectos mais entusiasmantes da abordagem do Spectrum é que professores e escolas de todo o país adaptaram-na às necessidades específicas de suas comunidades.

Os professores podem familiarizar-se com a abordagem do Spectrum, "acrescentando" algumas atividades para enriquecer e suplementar seu currículo. Se perceberem que as crianças estão tendo dificuldade para entender um determinado conceito, eles podem tentar apresentá-lo de várias maneiras, usando atividades que envolvam movimento, arte, música ou outros domínios. Observando cuidadosamente as respostas dos alunos, eles podem determinar que abordagens são mais eficientes para cada criança ou para a classe como um todo.

O Spectrum também pode ser modificado para apoiar a instrução baseada em temas. Ele oferece uma estrutura para ajudar os professores a abrangerem conscientemente diversas capacidades quando organizam uma unidade temática. Por exemplo, a atividade "O Que Faz o Pão Crescer?" da seção de ciências, sugerida a nós pelo Professor de primeira série Tammy Mulligan, da Eliot-Pearson Children's School (que foi inspirada no livro *Messing Around with Baking Chemistry*, de Bernie Zubrowski), pode servir como ponto de partida de uma unidade sobre o pão. As crianças aprendem sobre o método científico, planejando experimentos para testar várias hipóteses sobre quais ingredientes fazem o pão crescer. Enquanto realizam os experimentos, elas usam o corpo e praticam as habilidades de leitura e matemática necessárias para seguir instruções e registrar resultados, além de desenvolverem as habilidades sociais requeridas pelo trabalho em grupo. O entendimento social também aumenta, à medida que elas colecionam receitas de família e aprendem sobre os tipos de pão comidos em diferentes culturas. Como projeto culminante, elas podem organizar uma venda de pães, fazer cartazes e outras decorações, calcular quanto cobrar por cada pão e preparar troco para os clientes. Todas essas atividades ajudam a aprofundar o entendimento das crianças do processo através do qual é feito o pão, um processo que percebem como significativo para suas vidas.

A atividade "Hospital" que aparece em entendimento social também pode ser usada para lançar uma unidade temática. Os professores podem ajudar as crianças a transformarem um cantinho de dramatização ou outra área da sala de aula em uma sala de hospital de faz de conta. Usando acessórios doados pelos pais, as crianças podem criar e encenar histórias sobre ir ao hospital, explorar estetoscópios, gaze e outros materiais com propósitos médicos e inventar aparelhos e engenhocas que ajudem as pessoas acamadas a chamar a enfermeira ou a alcançar um brinquedo. Elas podem estudar profissões, visitando um hospital e conversando com os membros da equipe hospitalar, ou convidando pais e amigos que trabalham em hospitais para virem conversar com a classe. Também podem entender como é estar hospitalizado, realizando atividades de movimento criativo, visitando pacientes, ou escrevendo cartas para eles. Podem ler livros sobre hospitais e depois criar suas próprias histórias, desenhos, livros ou músicas para refletir sobre o que aprenderam.

Gostaríamos de enfatizar que nem toda unidade temática precisa exercitar todas as inteligências, ou explorar as oito áreas de conhecimento. Cada uma das atividades deve servir para aprofundar o entendimento das crianças do assunto em questão, ou oferecer um novo método de entrada para ele. Se um domínio não pode ser explorado significativamente em alguma unidade, o professor pode tentar incluí-lo na próxima.

Em parte para assegurar que todas as áreas receberiam "tempo igual", escolhemos a abordagem de centro de aprendizagem. Os centros de aprendizagem também são uma maneira eficiente de apresentar às crianças os princípios fundamentais de várias áreas. Acreditamos que todos as áreas devem ser exploradas como corpos de conhecimento por si mesmos, e não usados apenas como veículos para apresentar temas desafiadores. Nas salas de aula do Spectrum, as professoras criam áreas distintas – mesas, balcões, cantinhos – para servir como centros de aprendizagem. Quando não há espaço suficiente, os materiais dos centros de aprendizagem podem ser acomodados em caixas, as quais os indivíduos ou grupos podem usar e depois guardar novamente.

Os professores podem implementar a estrutura do Spectrum de várias maneiras, e nós gostaríamos muito de ouvir suas idéias. Alguns talvez queiram combinar os métodos discutidos acima. Por exemplo, uma professora do nosso projeto usou centros de aprendizagem para reforçar unidades temáticas. Durante uma unidade sobre astronomia, ela colocou cenários de histórias em teatrinho no centro de linguagem, que as crianças podiam usar para contar histórias sobre o espaço sideral, e incentivou os alunos a entrevistarem os colegas sobre vários tópicos na exploração espacial – uma atividade adaptada do Censo na Classe da seção de entendimento social.

Manejo dos centros de aprendizagem

Embora os centros de aprendizagem possam ser encontrados em muitas salas de aula de educação infantil, eles são desconhecidos para algumas classes de primeira série. Os professores do nível fundamental que utilizam centros de aprendizagem pela primeira vez podem sentir-se sobrecarregadas com questões de manejo, desde manter a disciplina durante o trabalho independente até a ajudar as crianças a fazerem a transição de uma atividade para a próxima e a planejarem tantas atividades novas ao mesmo tempo (veja a Tabela 2). Na verdade, achamos que as questões de manejo consumiram muito tempo e energia, quando a abordagem do Spectrum foi implementada pela primeira vez em turmas do nível fundamental.

Para facilitar o processo de implementação de outros professores, gostaríamos de compartilhar algumas das soluções que as professoras e os pesquisadores do Spectrum encontraram juntos para os problemas que surgem com maior freqüência. Por favor, considerem-nas apenas "sugestões úteis", e não regras. Embora se relacionem especificamente aos centros de aprendizagem, elas também podem ser úteis em outras situações, como naquelas em que apresentamos projetos cooperativos a crianças acostumadas a trabalhar individualmente.

■ **Período de orientação**. Pode ser necessário um período de orientação formal de vários meses, antes que as crianças sintam-se à vontade para trabalhar independentemente. Durante esse tempo, os professores podem fazer uma série de encontros de grupo para mostrar às crianças materiais de cada centro de aprendizagem e explicar as idéias, os procedimentos e as regras mais importantes. Imediatamente após o encontro de grupo, as crianças podem explorar os materiais recém-discutidos. As atividades de grande grupo dirigidas pelo professor são ótimas no período de orientação, uma vez que as crianças precisarão de um maior acompanhamento nesse momento do que mais tarde.

O período de orientação tem três propósitos. Primeiro, ele familiariza as crianças com os procedimentos de escolher e executar as atividades nos centros de aprendizagem. Segundo, dá-lhes a oportunidade de explorar todas as áreas, principalmente os de interesse especial. Finalmente, proporciona aos professores um entendimento inicial das capacidades e dos interesses dos alunos.

■ **Implementação das atividades**. Após o período de orientação, os professores podem conduzir os centros de aprendizagem de várias maneiras, dependendo da estrutura da sala de aula. Nas salas de aula do Spectrum, as professoras abriam de dois a quatro centros de aprendizagem, no mínimo duas vezes por semana, por duas horas de cada vez. Além disso, os centros de aprendizagem podem estar disponíveis durante o horário de escolha livre, no recreio, antes e depois do horário regular da aula, ou para as crianças que terminarem mais cedo seu trabalho.

Os professores podem usar os centros de aprendizagem para ajudar as crianças a explorarem diferentes aspectos de uma unidade que estejam estudando, ou para oferecer materiais não-examinados durante o horário de aula. Eles podem introduzir uma nova atividade para toda a classe, ou para um pequeno grupo de crianças, enquanto as outras trabalham em atividades que foram introduzidas durante o período de orientação. Finalmente, os professores podem convidar especialistas ou pais à sala de aula, para ajudarem a supervisionar alguns centros de aprendizagem, como o de arte ou música.

Durante o período de orientação, os professores podem designar crianças para determinados centros. À medida que as crianças ganham experiência, os professores podem permitir que escolham uma área de atividade. O objetivo é assegurar que as crianças tenham a oportunidade de explorar todos os domínios. Quando os alunos acostumam-se a trabalhar de forma independente, os professores podem circular entre os centros para observar e trabalhar com as crianças, individualmente ou em pequenos grupos.

■ **Organização da sala de aula**. Se for possível reservar áreas da sala de aula para centros de aprendizagem dedicados a atividades específicas de domínios, cada centro deverá incluir uma superfície de trabalho, uma superfície de exposição e uma área de armazenamento de materiais. Os centros também podem ter um código de cores para ajudar as crianças a identificarem-nos e a combinarem os materiais com o domínio.

Em termos do arranjo da sala de aula, colocar os centros de ciência e de arte perto de uma pia pode facilitar a limpeza. O centro de linguagem e o social podem ser organizados juntamente, porque eles compartilham materiais, assim como os centros de música e de movimento podem ser colocados longe dos outros para reduzir o nível de ruído.

■ **Estabelecimento de regras**. Embora a tomada de decisão e a autodeterminação da criança sejam objetivos fundamentais na sala de aula, eles podem ser atingidos mais facilmente se os professores oferecerem uma estrutura inicial, instruções claras e um conjunto de regras para o uso dos centros de aprendizagem. Durante o período de orientação, os professores podem reunir-se com as crianças e, através de *brainstorm*, criar regras para cada centro. Enquanto estabelecem regras, os professores podem mencionar às crianças que as regras existem para ajudá-las a brincarem e a trabalharem e que, se uma regra não funciona, ela deve ser mudada.

As regras normalmente tratam de questões de segurança, divisão dos materiais, revezamento, limite do número de participantes, redução do nível de ruído e limpeza. Regras específicas para cada centro podem ser escritas ou ilustradas em um cartaz e expostas nos centros. Por exemplo, uma figura do Cascão (personagem de história em quadrinhos de Maurício de Souza) em uma lata de lixo pode ilustrar uma regra sobre limpar tudo antes de sair do centro.

■ **Miniaulas**. Organizar, dirigir e apoiar 20 ou mais crianças que estão realizando atividades em várias áreas diferentes pode ser uma tarefa monumental para o professor. Portanto, é melhor enfrentar as questões de manejo à medida que surgirem durante os primeiros meses da escola. As miniaulas, conforme descritas por Lucy Calkins em *The Art of Teaching Writing* (1986), são uma maneira de conversar sobre questões de manejo com as crianças.

Normalmente, as miniaulas são breves discussões ou demonstrações, com 5 a 10 minutos de duração, sobre tópicos específicos relacionados ao uso do centro de aprendizagem. Essas discussões podem ajudar as crianças a revisarem regras e procedimentos e também a compreenderem seu papel no processo de aprendizagem. Os professores podem dar às crianças um senso de envolvimento e responsabilidade, fazendo perguntas do tipo: Como vocês sabem que terminaram uma atividade? O que vocês fazem depois de terminá-la? Como os membros do grupo se ajudam mutuamente durante o período de centro de aprendizagem? Exemplos de minaulas são incluídos na Tabela 3.

■ **Líderes de atividade e aprendizagem cooperativa.** Os professores podem treinar as crianças para se revezarem como líderes de atividade. Conforme discutimos antes, a tarefa de um líder de aprendizagem inclui conduzir as crianças para a atividade, lembrá-las de assinar o nome, responder às perguntas das outras crianças, organizar os materiais e a limpeza e ajudar a treinar o próximo líder. Esse tipo de experiência de liderança ajuda as crianças a se sentirem competentes e capazes no ambiente de sala de aula e pode melhorar sua auto-estima. Os professores podem deixar que as crianças liderem atividades em suas áreas de competência, ou fazer regularmente uma rotação dos papéis de líder.

Além de treinar líderes de atividade, os professores também podem usar uma abordagem de aprendizagem cooperativa durante o período de centro de aprendizagem. Conforme explicou Robert Slavin em *Cooperative Learning: Theory, Research, and Practice* (1990), a aprendizagem cooperativa é uma estratégia de ensino em que as crianças participam de atividades de aprendizagem em pequenos grupos que promovem interação positiva. Uma vez que o formato dos centros de aprendizagem e de muitas atividades deste livro encorajam os alunos a trabalhar em pequenos grupos rumo a um objetivo comum e a recorrer aos outros (não só ao líder da atividade) em busca de conhecimento, ajuda e estímulo, os centros de aprendizagem ajustam-se bem às salas de aula cooperativas.

■ **Momento compartilhado.** Percebemos que foi extremamente valioso incluir um momento de reflexão no final das atividades do Spectrum. Essa reflexão pode ser um processo individual em que as crianças fazem um desenho, escrevem uma frase ou ditam uma entrada em um diário sobre aquilo que aprenderam durante a atividade. Ou os professores podem, ocasionalmente, dedicar de 5 a 10 minutos a um "momento compartilhado". Esse momento não é um "mostre e fale", e sim uma oportunidade para os alunos examinarem os próprios trabalhos e os dos colegas, fazerem perguntas, discutirem sobre eles e terem novas idéias para projetos que podem realizar durante o horário de atividades do Spectrum. Esse momento também os ajuda a articularem seus pensamentos e a testarem suas hipóteses e idéias em comparação com as do grupo.

Na primeira vez em que as crianças fizerem um momento compartilhado, o professor pode conversar brevemente com elas e estabelecer regras básicas. É importante discutir: (a) como as crianças podem fazer perguntas claras e construtivas aos colegas; (b) por que é necessário escutar quando um colega estiver falando e (c) como os alunos podem expressar suas opiniões sem magoar os outros.

Documentar as competências

O aspecto mais característico da abordagem do Spectrum, independentemente de como seja implementada, é a convicção de que cada criança possui um padrão único de capacidades cognitivas. Portanto, para um uso efetivo da abordagem, é essencial identificar e documentar as áreas de competência das crianças. Conforme discutido na seção "Identificar as Áreas de Competência das Crianças", as capacidades-chave, listadas no início de cada seção, podem ajudar os professores a observarem especificamente os interesses, as capacidades e a abordagem de uma criança a diferentes tipos de tarefa.

■ **Observações do professor.** Embora o registro dessas observações possa consumir bastante tempo, incentivamos os professores a desenvolverem um sistema notacional compatível com sua prática de ensino. A Tabela 4 apresenta um formato para registrar observações, enquanto as crianças trabalham. Outra estratégia é colocar um bloco de etiquetas em uma prancheta e escrever um comentário em cada etiqueta. As etiquetas podem ser rotuladas por área e depois colocadas diretamente no arquivo da criança. Gravar em fita cassete apresentações e discussões, fotografar o trabalho dos alunos ou, inclusive, filmar desempenhos, se os recursos permitirem, são outros métodos de documentação. Todos eles são úteis quando descrevemos o perfil de um aluno, realizamos uma entrevista com os pais, ou tentamos criar um "tratamento" educacional adequado ao perfil intelectual da criança.

Ao longo do semestre, os professores devem tentar observar cada criança trabalhando em cada uma das áreas. Maiores informações sobre o uso das atividades para avaliar e documentar as capacidades das crianças podem ser encontradas no livro *Projeto Spectrum: Manual de Avaliação Pré-Escolar*. Embora as atividades tenham sido planejadas para avaliar crianças da educação infantil, elas podem ser adaptadas para um grupo mais velho, se a professora considerar que uma avaliação mais formal seria útil para alguma criança em uma determinada área.

■ **Portfólios das crianças**. Os portfólios – coleções intencionais do trabalho das crianças – são outro método para documentar os esforços, as capacidades, o progresso e as realizações das crianças em uma ou mais áreas. Diferentemente da avaliação padronizada, que enfoca o desempenho da criança em uma única ocasião, os portfólios podem captar a evolução das capacidades da criança ao longo do ano. No livro *Portfolio Practices: Thinking Through the Assessment of Children's Work* (1997), os pesquisadores Steve Seidel e Joseph Walters do Projeto Zero mostram que os portfólios podem assumir sua forma a partir das investigações do próprio aluno – conforme manifestadas por trabalhos artísticos, poemas, entradas em diários, folhas de registros de dados, estruturas em argila ou outros produtos – e assim oferecer um retrato revelador da criança como aprendiz. Os portfólios também podem ser usados para envolver as crianças no processo de selecionar e julgar a qualidade de seu trabalho.

Em *The Work Sampling System* (1993), Samuel Meisels recomenda coletar dois tipos de trabalho no portfólio de uma criança: itens nucleares (essenciais) e outros itens. Os itens nucleares são exemplos do trabalho realizado por todas as crianças em ocasiões diversas e representam vários domínios diferentes. Esses itens são coletados pelo menos três vezes ao longo do ano letivo e podem ser uma base para comparações grupais da qualidade do desempenho e também para traçar o progresso individual. Os outros itens incluem duas ou três amostras adicionais de trabalhos em uma ou mais áreas. Essas amostras podem ser diferentes para cada criança e são uma oportunidade de determinar as capacidades e as preferências idiossincráticas demonstradas pela criança.

Melhorar o desempenho escolar das crianças

Identificar e documentar as áreas de competência é especialmente importante para ajudar as crianças que estão lutando com os estudos. Quando essas crianças têm a oportunidade de explorar e entrar em uma ampla variedade de áreas de aprendizagem, suas habilidades e áreas de competência, ignoradas em programas mais tradicionais, com freqüência se tornam aparentes. O processo de chamar a atenção e estimular as áreas de competência das crianças em risco oferece uma alternativa promissora à caracterização tão típica dessa população como deficiente. Utilizar as capacidades das crianças diversifica o conteúdo da intervenção e proporciona meios alternativos para os professores ajudam-nas a desenvolver habilidades básicas.

De fato, um dos objetivos a longo prazo da abordagem do Spectrum é reduzir a necessidade de atendimentos especiais, nos quais a criança é "retirada" da sala de aula, ao oferecer apoio dentro da sala de aula e aumentar a capacidade do professor de alcançar as crianças em risco durante a primeira série. Tal abordagem, entretanto, não é recomendada em todas as circunstâncias. Por exemplo, se a escola ou os professores estão comprometidos com um foco extremamente acadêmico, o Spectrum provavelmente não parecerá atraente ou efetivo. A abordagem do Spectrum também será inadequada para alunos em risco que possuem graves problemas emocionais, físicos ou de aprendizagem. Reconhecer os limites da abordagem é importante para a sua boa implementação.

Esperamos, porém, que para muitos professores a abordagem do Spectrum possa contribuir com idéias novas e entusiasmantes sobre como alcançar seus alunos, os quais trazem para a escola uma combinação diferente de capacidades e necessidades, interesses e comportamentos. Também esperamos que essa abordagem ajude muitas crianças como Donnie, Charlie e Linda a experienciarem a alegria de aprender e de ver a si mesmas como alunos ativos e bem-sucedidos.

■ REFERÊNCIAS

Calkins, L. M. (1986). *The art of teaching writing*. Portsmouth, NH: Heinemann.
Cohen, D. (1990). A revolution in one classroom: The case of Mrs. Oublier. *Educational Evaluation and Policy Analysis*, 12, 311-329.
Feldman, D. H. (1980). *Beyond universals in cognitive development*. Norwood, NJ: Ablex.
Feuerstein, R. (1980). *Instrumental enrichment: an intervention program for cognitive modifiability*. Baltimore, MD: University Park Press.
Gardner, H. (1983). Frames of mind. The theory of multiple intelligences. New York: Basic Books. Em português: *Estruturas da mente: a teoria das inteligências múltiplas*. Porto Alegre: Artmed, 1994.
Gardner, H. (1998). Are there additional intelligences? In J. Kane (Ed.), *Education, information, and transformation*. Englewood, NJ: Prentice Hall.
Meisels, S. J. (1993). *The work sampling system*. Ann Arbor, MI: Rebus Planning Associates.
Slavin, R. E. (1990). *Cooperative learning: theory, research, and practice*. Englewood Cliffs, NJ: Prentice Hall.
Seidel, S., Walters, J., Kirby, E., Olff, N., Powell, K., Scripp, L., Veenema, S. (1997). *Portfolio practices: thinking through the assessment of children's work*. Washington, DC: National Education Association Publishing Library.

■ NOTAS

1. Os nomes dos alunos do Spectrum foram modificados para proteger sua privacidade.

2. Gardner propôs recentemente a existência de uma oitava inteligência, a naturalista (Gardner, 1998).

TABELA 2 Problemas e soluções antecipados dos centros de aprendizagem

Problema:
As crianças não conseguem trabalhar bem sem supervisão.

Soluções:
- Faça os alunos trabalharem com você ou com o colega líder antes de tentarem fazer sozinhos as atividades.
- Escolha cuidadosamente os alunos líderes.
- Agrupe os alunos de modo que as personalidades sejam compatíveis.
- Faça toda a classe trabalhar em atividades do Spectrum ao mesmo tempo, de modo que você fique livre para ir de atividade em atividade, conforme as crianças precisarem de ajuda.
- Limite o número de atividades que os alunos podem escolher em qualquer momento dado.
- Deixe bem claras as regras e o encerramento.

Problema:
O planejamento necessário para apresentar uma nova atividade consome muito tempo.

Soluções:
- Faça toda a classe trabalhar na mesma área naquele momento.
- Introduza apenas uma nova atividade por vez.
- Mantenha abertos "velhos favoritos" que todos conhecem bem.
- Introduza atividades para as quais você já tem os materiais à mão.

Problema:
A logística de implementação dos centros de aprendizagem parece muito difícil.

Soluções:
- Introduza os centros gradualmente, assegurando-se de estar à vontade com um antes de introduzir o próximo.
- Experimente primeiro as atividades mais simples.
- Não tente introduzir muitas atividades novas ao mesmo tempo.
- Limite o número de atividades disponíveis em um mesmo momento.
- Assegure-se de estar familiarizado com a atividade antes de apresentá-la.
- Trabalhe junto com outro professor.

TABELA 3 Miniaulas

Como saber quando uma atividade está terminada?

Objetivo: ajudar as crianças a refletirem sobre seu trabalho e a entenderem o que significa terminar uma atividade. Terminar parece ser uma questão central para algumas crianças. Tente explicitar pistas específicas que identifiquem produtos "terminados".

Além de discutir as perguntas abaixo, você pode treinar as crianças durante o horário da atividade, repetindo as regras e os objetivos das atividades em que estão envolvidas. Também pode modelar as atividades mais de uma vez antes de as crianças começarem a trabalhar sozinhas. Finalmente, você pode fazer com que os alunos escrevam ou desenhem em diários, quando acharem que a tarefa está completa, ou indiquem o que querem fazer a seguir naquele centro.

Perguntas sugeridas:

1. Como vocês sabem quando um jogo acabou?
2. Se vocês estão fazendo alguma coisa, quando a sua parte está terminada?
3. Quais são as pistas que lhe dizem que você terminou?
4. O que você sente quando termina alguma coisa?
5. O que você faz se não tem certeza de ter terminado?

O que você faz quando termina uma atividade?

Objetivo: ajudar as crianças a verbalizarem o que devem fazer quando terminam uma atividade. Essa miniaula pode ser dada imediatamente após a anterior ou no dia seguinte.

Perguntas sugeridas:

1. O que você precisa fazer assim que terminar uma atividade? (Limpem! Encoraje as crianças a repetirem as regras de limpeza.)
2. O que você faz depois? (As crianças podem mencionar todas as diferentes atividades com as quais elas podem ocupar-se. Seguem-se algumas sugestões.)
   - Escreva em seu diário sobre a atividade. (O que foi mais divertido? O que você aprendeu?)
   - Faça um desenho sobre aquilo que você estava fazendo.
   - Fale sobre aquilo que fez e grave isso em uma fita cassete. Diga o que foi mais divertido e o que você aprendeu.
   - Leia um livro relacionado ao tópico da atividade.
   - Ajude uma outra criança.
   - Escolha uma atividade para fazer em casa.
   - Planeje o que quer fazer da próxima vez.

TABELA 3 Miniaulas (*continuação*)

Como podemos ajudar uns aos outros?

Objetivo: exemplificar para as crianças como podem ajudar umas às outras e estimular a sua independência. Você pode propor um problema como este: "Você e um amigo estão fazendo uma atividade juntos. Você acha que sabe exatamente o que tem de fazer, mas a pessoa com quem está trabalhando tem dificuldade para entender. Como pode ajudá-la?".
Tente obter muitas respostas e reforçar as mais construtivas. Observe quais crianças dão sugestões rápida e engenhosamente – elas podem ser boas escolhas para líderes de atividade.

Perguntas sugeridas:

1. Como você pode ajudar seu amigo? Quais são as melhores maneiras de ajudá-lo?
2. O que você pode dizer a seu amigo para ajudá-lo a resolver seu problema?
3. O que você não deve dizer? Que coisas podem magoá-lo?
4. Às vezes, você pode achar que a maneira mais fácil de ajudar seu amigo é fazer a atividade por ele. Por que essa não é a melhor maneira de ajudá-lo? (O objetivo é fazer com que as crianças percebam que podem ajudar mais os amigos ensinando-os do que fazendo a atividade por eles.)

Redirecionar o enfoque das atividades

Objetivo: ajudar as crianças a organizarem e a estruturarem suas atividades de acordo com os objetivos curriculares. Se elas estiverem usando os materiais de maneira a se afastarem desses objetivos, ou se você não estiver conseguindo observar capacidades-chave, talvez precise ajudá-las a reenfocarem a atividade.
Para conversar a respeito, escolha duas ou três atividades populares que gostaria de redirecionar. Discuta uma atividade de cada vez, concentrando-se em algumas questões-chave. Ao mesmo tempo em que incentiva as crianças a serem criativas, você as ajuda a compreenderem de que maneira devem usar os materiais para desenvolverem ou demonstrarem habilidades-chave.

Perguntas sugeridas:

1. Alguém pode explicar-me como vocês jogam esse jogo?
2. Como as outras pessoas estão jogando esse jogo?
3. O que eu quero que vocês tentem fazer da próxima vez que jogarem esse jogo é o seguinte... (Dê instruções claras. Faça com que duas crianças exemplifiquem a atividade. Elas podem ser as líderes da turma para a atividade ou o centro de aprendizagem, de modo que as outras crianças possam fazer a elas quaisquer perguntas que surgirem depois.)

TABELA 4 Folha de observação da sala de aula

Professor: _____   Data: _____

Criança	Data/atividades	Domínio/capacidades-chave	Evidências/exemplos

ATIVIDADES DE MECÂNICA E CONSTRUÇÃO

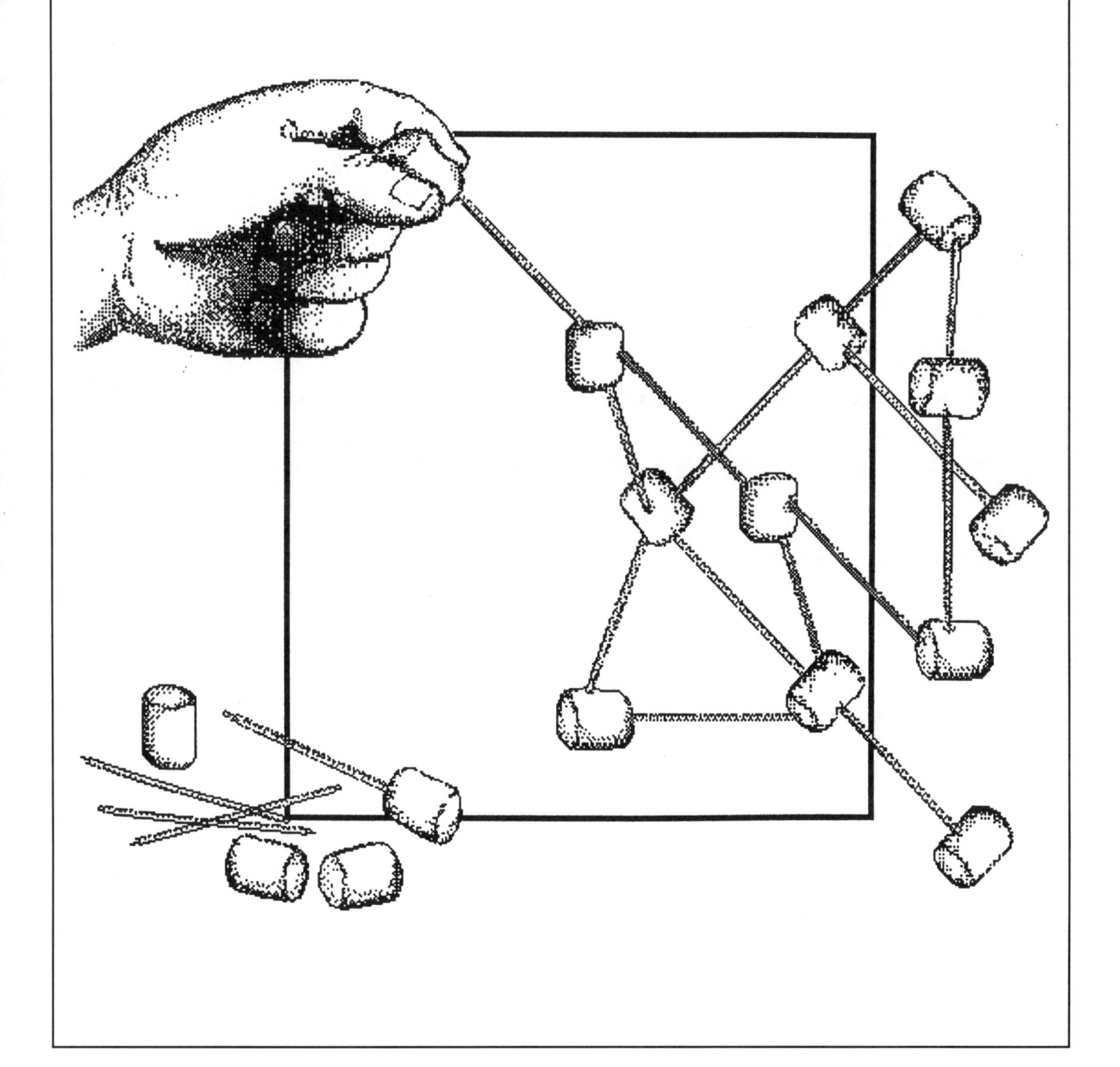

SUMÁRIO

- **INTRODUÇÃO**

  Um resumo das atividades de mecânica e construção 33
  Descrição das habilidades-chave 34

- **ATIVIDADES DE MECÂNICA E CONSTRUÇÃO**

  Relações causais e funcionais
  Trabalho com ferramentas 35
  Um dicionário de ferramentas ilustrado 37
  Desmontagem 39
  Montagem 40

  Capacidades visuoespaciais
  Móbiles 41
  Construção em argila 42
  Construção em madeira 43
  Superestruturas 44
  Pontes de papel 46
  Nossa cidade 48

  Abordagem de solução de problemas com objetos mecânicos
  Alavancas 49
  Planos inclinados 50
  Rolar na rampa 51
  Rodas e eixos 52

- **ATIVIDADES PARA FAZER EM CASA**

  1 Vamos desmontar 54
  2 Olhe, sem usar as mãos! 55
  3 Você consegue construir uma casa? 56

- **RECURSOS E REFERÊNCIAS**

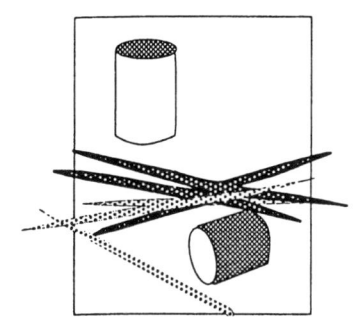

■ UM RESUMO DAS ATIVIDADES DE MECÂNICA E CONSTRUÇÃO

As atividades de mecânica e construção deste capítulo dão às crianças a oportunidade de usarem ferramentas, consertarem aparelhos, montarem máquinas e resolverem outros problemas mecânicos simples. Essas atividades são particularmente atraentes para as crianças por várias razões. Primeiro, elas são "familiares": as crianças vêem os pais trabalhando com ferramentas e máquinas em casa e, às vezes, são solicitadas a ajudar. Assim, o vínculo entre a aprendizagem na escola e os desafios do "mundo real" é percebido facilmente pela criança.

Segundo, essas atividades utilizam capacidades intelectuais que talvez não sejam avaliadas por um currículo mais tradicional. A criança com pouco interesse por tarefas de lápis e papel pode envolver-se – e destacar-se – nos desafios propostos a seguir, tais como imaginar como construir uma casa com palitos ou como mover objetos sem tocá-los. Desse modo, as atividades podem ser usadas tanto para melhorar a auto-estima das crianças, quanto para construir pontes com outras áreas de aprendizagem. Por exemplo, algumas crianças podem interessar-se por ler e escrever sobre ferramentas, máquinas e estruturas.

As atividades que se seguem são planejadas para dar à criança oportunidades de praticar a manipulação de ferramentas, desenvolver a capacidade de solucionar problemas e aprofundar seu entendimento dos princípios que governam o mundo físico. O capítulo é organizado de acordo com três capacidades-chave: compreensão de relações causais e funcionais, concentrando-se em partes de máquinas e em como elas são montadas; relações visuoespaciais, com ênfase na construção, e uma abordagem de solução de problemas com objetos mecânicos, apresentando às crianças várias máquinas simples. Uma quarta capacidade-chave, a habilidade motora fina, é estimulada por praticamente todas as atividades.

Algumas atividades, como desmontar um moedor de carne e montá-lo novamente, ensinam a montagem formal e promovem habilidades mecânicas que envolvem exatidão e precisão. Tecnicamente, existe uma maneira "certa" de completar essas tarefas. Outras atividades, como o trabalho em madeira e a construção em argila, dão às crianças uma oportunidade de explorarem livremente, construírem criativamente e experimentarem diferentes soluções para o mesmo problema.

Embora tais atividades enfatizem as capacidades mecânicas, elas também corporificam muitas outras áreas acadêmicas e não-acadêmicas de aprendizagem, como conceitos de números, vocabulário novo e habilidades de aprendizagem cooperativa. Por exemplo, as crianças podem aprender a apresentar informações através de desenhos e gráficos, quando realizam experimentos e registram resultados. Elas podem desenvolver as capacidades de expressar idéias, negociar e ajudar as outras, enquanto planejam e constroem uma cidade em miniatura.

Quando você introduzir as atividades de mecânica e construção, independentemente de usar as atividades em um centro de aprendizagem, como uma unidade curricular, ou individualmente, como um "desafio semanal", pode apresentá-las às crianças como uma aventura. Você pode introduzir as atividades por meio de perguntas como: Vocês sabem o que quer dizer a palavra *mecânica*? Vocês conhecem alguém que faz um trabalho mecânico? Que tipo de trabalho essa pessoa faz? Que tipos de tarefas mecânicas fazemos em casa?

Explique às crianças que elas não só aprenderão sobre máquinas – elas também terão a chance de desmontá-las e montá-las novamente. E usarão martelos, chaves de fenda e outras ferramentas para fazer seu trabalho! As crianças também irão perceber que estarão resolvendo, em pequena escala, os tipos de problemas que os adultos resolvem, como construir estruturas estáveis e mover objetos pesados.

Esse tipo de sessão de orientação seria um bom momento para enfatizar a segurança em relação ao uso de ferramentas. Trabalhe com a classe e crie regras de segurança, como reservar uma área separada para as atividades de mecânica e construção, ou usar ferramentas apenas quando um professor estiver presente para ajudar. Depois da orientação, faça as crianças explorarem alguns dos materiais, como blocos e pedaços de madeira, porcas, parafusos e ferramentas de uma maneira que você possa supervisionar.

■ DESCRIÇÃO DAS HABILIDADES-CHAVE

Compreensão de relações causais e funcionais

- infere relações com base na observação;
- compreende a relação das partes com o todo, a função dessas partes e como elas são montadas.

Capacidades visuoespaciais

- é capaz de construir ou reconstruir objetos físicos e máquinas simples em duas ou três dimensões;
- compreende as relações espaciais entre as partes de um objeto mecânico.

Abordagem de solução de problemas com objetos mecânicos

- usa a abordagem de tentativa e erro e aprende a partir dela;
- usa uma abordagem sistemática para resolver problemas mecânicos;
- compara e generaliza informações.

Habilidades motoras finas

- é hábil ao manipular objetos ou partes pequenas;
- exibe boa coordenação mão-olho (por exemplo, bate com o martelo no prego e não nos dedos).

⮕ TRABALHO COM FERRAMENTAS

Objetivo:
    Aprender a usar diferentes ferramentas.

Principais componentes:
- Manipulação de objetos
- Coordenação viso-motora
- Compreensão de relações funcionais

Materiais:
    Grupo Um – Fazer Desenhos com Arame
        Quatro alicates
        Arames variados
        Papel contact
    Grupo Dois – Usar Chaves de Fenda
        Quatro chaves de fenda regulares de tamanhos diferentes
        Quatro chaves de fenda Phillips de tamanhos diferentes
        Parafusos variados com tamanhos e cabeças diferentes
        Quatro pedaços de tabuleiro com buracos pré-perfurados de diferentes tamanhos
    Grupo Três – Trabalhar em Madeira
        Quatro martelos
        Pequenos pedaços de madeira com formatos variados
        Pregos pequenos
        Cola de madeira
    Grupo Quatro – Desmanchar Clipes de Papel
        Quatro alicates
        Clipes de papel de tamanhos diferentes

Procedimentos:

1. Antes da aula, coloque os quatro grupos de materiais em quatro bandejas separadas. Comece a atividade, falando sobre segurança e a possibilidade de machucar-se se as ferramentas não forem usadas adequadamente. Revise as regras de segurança que a classe criou durante a orientação de mecânica e construção.

2. Coloque as quatro bandejas diante das crianças e explique que a atividade mecânica de hoje envolve trabalhar com ferramentas. As crianças usarão quatro tipos de ferramentas: alicates, martelos, cortadores de arame e chaves de fenda. Divida a classe em quatro grupos e explique que esses grupos irão revezar-se, usando as diferentes ferramentas.

    O primeiro grupo de crianças começará usando os alicates para cortar vários tipos de arames. Explique que esses arames são feitos de materiais diferentes e também variam em tamanho. Dê a cada criança um pedaço de papel contact. Deixe que cortem o arame e coloquem os pedaços no papel contact para fazer um desenho.

    As crianças do segundo grupo usarão as chaves de fenda para parafusar parafusos em um pedaço de madeira. Dê-lhes parafusos de diferentes tamanhos com tipos de cabeça diferentes. Peça-lhes que encontrem a chave de fenda mais adequada para realizar o trabalho.

    O terceiro grupo de crianças trabalhará em carpintaria, usando martelo e pregos. Explique que elas podem fazer o que quiserem e também usar cola para ajudar em seu trabalho de construção. Se desejarem, elas podem martelar pregos na madeira, formando o próprio nome ou um desenho.

Finalmente, o quarto grupo usará alicates para desmanchar os clipes de papel. Eles podem pegar os clipes desmanchados e entrelaçá-los, ou criar formas diferentes como um círculo ou uma estrela.

3. Circule pela sala para supervisionar os quatro grupos. Incentive cada grupo a permanecer em sua atividade designada por, no mínimo, 15 minutos antes de trocar os materiais.

Variações:
1. Convide as crianças a explorarem a mecânica da sala de aula. Inspecione o que faz a porta do armário ficar fechada e como as gavetas deslizam. Deixe que as crianças tentem chavear e deschavear a porta. Outras áreas da escola, como o *playground* ou a secretaria, também podem ser investigadas.
2. Faça um tipo de forma geométrica com clipes de papel desmanchados. Peça às crianças que façam formas geométricas diferentes da sua.
3. Convide os pais que trabalham com diferentes ferramentas para virem à sala de aula demonstrar como as utilizam.
4. Faça um passeio a uma loja de ferragens para examinar todos os tipos de ferragens simples, como molas, dobradiças, porcas e parafusos, e explore como esses itens são usados. Faça com que as crianças examinem diferentes ferramentas, vejam como as partes encaixam-se, e tentem imaginar como as ferramentas são usadas.
5. Leia para as crianças livros sobre ferramentas e máquinas. Converse sobre as ferramentas que elas conhecem, especialmente aquelas que você ainda não apresentou à turma.

Notas ao professor:
1. Se não for possível supervisionar as quatro atividades diferentes ao mesmo tempo, introduza as ferramentas mais lentamente, uma ou duas de cada vez, para garantir a segurança das crianças.
2. As ferramentas, como materiais permanentes da sala de aula, devem ser mantidas em uma caixa de ferramentas. Por razões de segurança, tranque a caixa e deixe que as crianças peçam quando precisarem de uma ferramenta.
3. Trabalhar com madeira é potencialmente muito barulhento; algum tipo de proteção acústica pode ajudar a diminuir o barulho. Se você puder fazer uma área em um canto, usando painéis de papelão enrugado ou isopor, o ruído diminuirá um pouco.

➲ UM DICIONÁRIO DE FERRAMENTAS ILUSTRADO

Objetivo:
Aprender os nomes e as funções de diferentes ferramentas, criando um dicionário ilustrado com desenhos.

Principais componentes: Habilidades motoras finas
Compreensão de relações funcionais
Capacidade de expressar idéias

Materiais:
- Várias ferramentas (por exemplo, grampo, martelo, alicate, régua, serrote, chave de fenda, chave inglesa, pua)
- Livros sobre ferramentas
- Papel e lápis
- Canetas ou lápis de cor

Procedimentos:
1. Mostre às crianças os livros sobre ferramentas (seguem-se algumas sugestões). Diga-lhes que elas criarão seu próprio livro, um dicionário de ferramentas ilustrado. Elas desenharão diferentes ferramentas, escreverão sobre elas e irão colocá-las em ordem alfabética.
2. Comece com as ferramentas que as crianças já usaram (como os alicates, as chaves de fenda e os martelos que usaram na atividade Trabalho com Ferramentas). Depois, mostre uma ferramenta nova de cada vez. Incentive as crianças a darem o nome da ferramenta e explicarem como ela é usada. Crie uma atividade para que as crianças possam usar as ferramentas (por exemplo, usar uma chave de fenda e parafusos para juntar pedaços de isopor, ou desmontar algum objeto com uma chave inglesa).
3. Peça às crianças que desenhem a ferramenta. Encoraje-as a escreverem ou a ditarem uma breve descrição da ferramenta, como é usada e suas experiências de uso.
4. Faça as crianças mostrarem seu dicionário de ferramentas ilustrado durante o momento de grupo.

Notas ao professor:
1. Este e outros projetos podem ser aproveitados para construir uma ponte entre o interesse da criança por trabalhos mecânicos e o desenvolvimento de habilidades de escrita. Por exemplo, desafie as crianças a escreverem ou a desenharem um "manual de instruções", dando uma orientação passo a passo de como se usa a ferramenta para fazer ou desmontar alguma coisa. As crianças podem utilizar sua experiência nas atividades de Desmontagem, Montagem e outras atividades que virão a seguir.
2. Alguns livros sobre ferramentas:
Rockwell, A.; H. (1972). *The Tool Box*. New York: Macmillan.
McPhail, D. (1984). *Fix-It*. New York: Dutton.
Gibbons, G. (1982). *Tool Book*. New York: Holiday House.
Homan, D. (1981). *In Christina's Tool Box*. Chapel Hill, NC:
Lollipop Power.
Morris, A. (1992). *Tools*. New York: Lothrop, Lee and Shepard.
3. Algumas definições simples:
pua – ferramenta para fazer furos.

chave inglesa – ferramenta para segurar ou girar objetos como porcas ou parafusos.
serrote –ferramenta de cortar com arestas cortantes.
martelo –ferramenta usada para inserir ou remover um objeto.
alicate – uma ferramenta usada para segurar objetos pequenos ou torcer e cortar arame.

➲ DESMONTAGEM

Objetivo:
>Aprender a usar diferentes ferramentas.
>Aprender sobre as máquinas, desmontando-as.

Principais componentes:
>Compreensão de relações causais e funcionais
>Habilidades motoras finas
>Atenção aos detalhes

Materiais:
>Aparelhos estragados (por exemplo, relógios, máquina de escrever, telefones)
>Ferramentas (por exemplo, chave inglesa, alicate, chave de fenda)
>Caixas para colocar as peças

Procedimentos:
1. Divida a classe em pequenos grupos. Dê a cada grupo dois aparelhos estragados, várias caixas vazias e as ferramentas de que as crianças precisarão para fazer o trabalho.
2. Peça às crianças que tentem usar diferentes ferramentas para desmontar os aparelhos estragados. Enfatize que elas devem desmontar as máquinas, e não quebrá-las ou destruí-las. Diga-lhes que, se desejarem, poderão usar as peças mais tarde para fazer colagens, realizar jogos de matemática ou fazer máquinas novas.
3. Enquanto você circula de mesa em mesa, converse com as crianças sobre a função das diferentes ferramentas e sobre a estrutura das diferentes máquinas. Faça perguntas: Como as chaves de fenda ajudaram o seu trabalho? É mais fácil tirar algumas peças com a mão ou com as ferramentas?
4. Se existir espaço disponível, você poderá guardar aparelhos estragados para as crianças explorarem no decorrer do ano, por alguns minutos no recreio ou por períodos bem mais longos. Os aparelhos podem ser substituídos por outros de vez em quando.

Variações:
1. Depois que as crianças praticaram a desmontagem dos aparelhos, incentive-as a usarem as peças para fazer novas máquinas. Essa atividade pode ser chamada de Oficina de Invenção. O propósito da Oficina de Invenção não é pedir à criança que invente uma máquina que funcione, e sim dar-lhe a oportunidade de criar seu próprio modelo. Estimule as crianças a darem um nome ao seu modelo e a fazerem uma lista de seus usos.
2. Incentive as crianças a classificarem as peças depois da desmontagem dos aparelhos. Pergunte como elas querem classificar – se com base na função, na forma, no tamanho ou em outras características das peças.

➲ MONTAGEM

Objetivo:
Aprender sobre as máquinas, desmontando-as e montando-as novamente.

Principais componentes:
Compreensão de relações causais e funcionais
Habilidades motoras finas
Atenção aos detalhes

Materiais:
Bombas de óleo
Moedores de alimentos
Conjunto de engrenagens de montar

Procedimentos:
1. Mostre às crianças um moedor de alimentos, uma bomba de óleo e um conjunto de engrenagens de montar comercial. Inicie uma conversa com perguntas como: O que vocês podem dizer sobre essas máquinas? Alguém sabe seus nomes e funções? Onde esse tipo de máquina pode ser encontrado?
2. Explique às crianças que elas desmontarão as máquinas e tentarão montá-las novamente. Diga-lhes que trabalharão em pequenos grupos e que não há problema se não conseguirem remontar sua máquina. Elas se ajudarão mutuamente.
3. Divida a classe em grupos de dois ou três. Distribua uma máquina para cada grupo. Encoraje as crianças a trabalharem juntas para desmontar e remontar as máquinas. Depois de aproximadamente 15 minutos, faça com que elas troquem de máquina.

Variações:
1. Peça às crianças que usem a bomba de óleo e o moedor de alimentos para fazer alguma coisa. Use a bomba para regar plantas e o moedor de alimentos (por exemplo, de maçãs, de nozes ou de batatas para fazer petiscos). Faça perguntas: Como funcionam as máquinas de cozinha? O que poderia acontecer se usássemos outros alimentos – alimentos mais macios, alimentos mais duros? O que mais essas máquinas podem fazer? Como moer os alimentos em pedacinhos menores ou maiores? (Mostre os diferentes mecanismos de corte.) Quando possível, teste as hipóteses das crianças.
2. Incentive as crianças a desenharem as máquinas e suas partes. Pergunte como seus desenhos poderiam ajudá-las a montar novamente as máquinas. Elas acham que seria útil desenhar enquanto estão desmontando as máquinas?
3. Dê às crianças outros aparelhos domésticos, como lanternas ou apontadores de lápis, para desmontar e remontar. Incentive-as a examinarem as várias peças dos aparelhos e a falarem sobre suas funções.

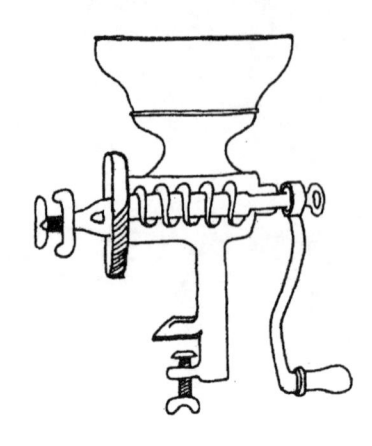

⇒ MÓBILES

Objetivos:
Fazer móbiles simples.
Observar variáveis que afetam o equilíbrio dos móbiles.

Principais componentes:
Compreensão de relações espaciais
Habilidades motoras finas
Estratégia de tentativa e erro

Materiais:
- Papelão fino
- Canetas ou tintas e pincéis
- Tesouras
- Fio de seda ou nylon
- Haste fina de madeira (duas por criança, com aproximadamente 30 cm de comprimento)
- Barbante ou arame

Procedimentos:
1. Nessa atividade, as crianças aprendem, através de tentativa e erro, a montar um móbile em equilíbrio. Na preparação, peça às crianças (talvez como um projeto de artes) para fazerem ornamentos que possam ser colocados juntos em um móbile. Elas devem fazer quatro ornamentos, no mínimo, de diferentes formas e tamanhos. Use papelão ou algum outro material leve, mas durável, porque as crianças talvez precisem experimentar bastante até equilibrar os ornamentos.
2. Quando vocês estiverem prontos para montar os móbiles, dê a cada criança seus ornamentos, duas hastes de madeira e o fio de seda. Ajude-as a cortarem o fio em pedaços de aproximadamente 15 cm, ou menos, e a prenderem os pedaços em cada ornamento. Mostre-lhes um móbile concluído, com duas fileiras, e explique que elas podem colocar os ornamentos como quiserem, tentando fazer com que as hastes fiquem penduradas tão retas quanto possível. Deixe-as arrumarem os ornamentos sobre uma mesa.
3. Demonstre como iniciar o móbile, amarrando um pedaço do fio de seda na porção central de uma das hastes. A haste será suspensa a partir desse fio. A seguir, as crianças devem amarrar metade dos ornamentos à haste (um nó duplo funciona melhor). Incentive-as a deslizarem os ornamentos de um lado para outro, ao longo da haste, até ficarem em equilíbrio. Saliente que elas também podem mudar de lugar o fio amarrado no centro na haste. Faça perguntas sobre o trabalho: O que acontece quando elas aproximam o fio do ornamento mais pesado? E de um ornamento mais leve? O que acontece quando elas mudam o ornamento mais pesado para o centro da haste? E para a extremidade da haste?
4. As crianças devem amarrar os ornamentos restantes à segunda haste e depois amarrar as duas hastes juntas.
5. Pendure os móbiles onde as crianças possam alcançá-los facilmente; você pode pendurá-los em um pedaço de barbante ou arame estendido entre as paredes da sala de aula. Quando as crianças pendurarem seus móbiles, perceberão que, se fizerem alguma mudança em uma das fileiras, a outra ficará desequilibrada. Com experimentação – e a sua orientação, se necessário – elas descobrirão que é mais fácil equilibrar um móbile fazendo antes a fileira inferior e depois a superior. Discuta esta e outras descobertas com as crianças.

Essa atividade foi adaptada de *Elementary Science Study.* (1976). *Mobiles.* St.Louis: McGraw-Hill.

⟳ CONSTRUÇÃO EM ARGILA

Objetivo:
Aprender sobre o equilíbrio, construindo em argila estruturas representacionais e não-representacionais.

Principais componentes:
Construção de objetos tridimensionais
Design e planejamento
Testagem de hipóteses

Materiais:
Argila para modelar (cerca de 250 g por criança)
Régua
Cordão
Palitos de picolé
Clipes de papel
Fio de cobre
Papelão

Procedimentos:
1. Incentive as crianças a brincarem com a argila e os outros materiais listados acima, criando os objetos que quiserem.
2. Depois da sessão de brincadeiras livres, dê a todas as crianças a mesma quantidade de argila (cerca de 250 g). Desafie-as a construírem a estrutura mais alta que puderem. Meça cada construção e aponte as mais altas. Peça às crianças para compararem os diferentes tamanhos e formas das bases. Encoraje-as a desenvolverem suas próprias hipóteses sobre como construir uma estrutura bem alta que não desabe.
3. Desafie as crianças a testarem suas hipóteses, tentando construir novamente a estrutura mais alta que puderem. Qual a altura das estruturas dessa vez?
4. Se você quiser, dê às crianças pedaços de cordão para medirem a altura de suas estruturas e o perímetro da base. Qual tem o maior comprimento? Ajude-as a compararem os resultados. Elas podem desenhar gráficos de barras, comparando altura e base, ou pregar seus pedaços de cordão em um cartaz.
5. Desafie as crianças a criarem uma estrutura com altura maior do que o perímetro da base. Elas podem experimentar usar os outros materiais que estão na mesa (palitos de picolé, papelão, etc.) para que seus edifícios fiquem mais fortes e mais altos.
6. Peça às crianças que descrevam suas estruturas para o grupo todo. Estimule-as a descreverem os problemas de construção encontrados e como os resolveram.

Nota ao professor:
No período em que estiverem trabalhando em suas estruturas, será muito bom as crianças visitarem uma obra em construção. Se possível, combine para a turma conversar com alguém que trabalhe na obra. Incentive-as a fazerem desenhos ou a escreverem sobre a visita.

Essa atividade foi adaptada de
Elementary Science Study. (1968).
Structures. St. Louis: McGraw-Hill.

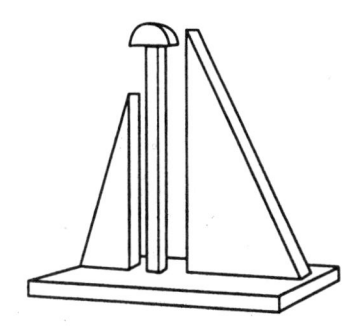

Capacidades Visuoespaciais Pequeno Grupo Dirigido pela Criança

⊃ CONSTRUÇÃO EM MADEIRA

Objetivo:

Aprender sobre o equilíbrio, construindo em madeira estruturas representacionais e não-representacionais.

Principais componentes:

Capacidade de equilibrar um objeto sobre outro
Senso de *design*
Planejamento de estratégias

Materiais:

Pedaços pequenos de madeira, com diferentes formas e tamanhos
Tinta
Cola de madeira
Fita adesiva
Pincéis

Procedimentos:

1. Diga às crianças que elas construirão estruturas em madeira, mas que desta vez juntarão as peças com cola ou fita adesiva, em vez de pregos e martelo. Mostre como usar a cola e a fita adesiva. Converse a respeito do que elas aprenderam na atividade de Construção em Argila sobre construir uma base sólida.
2. Encoraje as crianças a criarem modelos imaginativos, combinando pedaços de diferentes tamanhos e formas. Enquanto elas trabalham, leve-as a pensarem sobre o equilíbrio com perguntas do tipo: Como você pode equilibrar um pedaço grande de madeira em cima de um mais estreito? Um pedaço retangular em cima de um redondo? Três pedaços em cima de dois? Onde você poderia acrescentar um pedaço de madeira para tornar mais forte o seu modelo? De onde você poderia remover um pedaço sem que tudo desabasse?
3. Após elas terminarem de montar e colar suas estruturas, deixe a cola secar por, no mínimo, um dia. Depois, dê-lhes tintas e pincéis para decorarem seus trabalhos.
4. Organize uma exposição das estruturas de madeira. Incentive as crianças a escreverem alguns comentários para acompanhar seu trabalho, explicando como elas o montaram ou encontraram o equilíbrio.

Variações:

1. Mostre às crianças figuras (de livros ou revistas de viagens) de estruturas reais, mas incomuns, como o Empire State Building, a Torre Sears, a Torre Eiffel, a Ponte Golden Gate, o Coliseu, as Grandes Pirâmides e o Taj Mahal. Depois, sugira que criem estruturas específicas com os pedaços de madeira: uma torre, uma pirâmide, um arco. Elas podem fazer um esboço da estrutura desejada antes de começar. Quando tiverem terminado, podem explicar que partes dos planos funcionaram, que partes não funcionaram, que mudanças elas fizeram e por quê.
2. Ofereça jogos comerciais, como Jenga ou Timber*, em que os jogadores tentam remover partes da construção sem que a estrutura desabe.

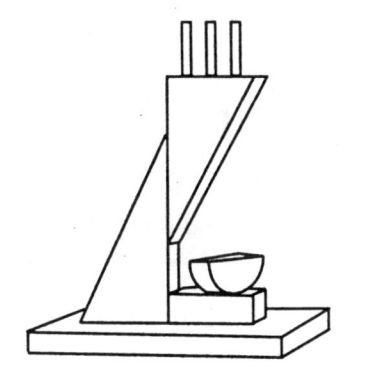

---

*N. de R.T. Há brinquedos nacionais em madeira que permitem esse trabalho, como, por exemplo, o pequeno engenheiro.

⊃ SUPERESTRUTURAS

Objetivos:
Aprender sobre as propriedades de diferentes materiais, construindo estruturas representacionais e não-representacionais.

Principais componentes:
Compreensão de relações espaciais
Habilidades motoras finas
Trabalho em grupo

Materiais:
Caixa de palitos de churrasco
Argila, massa de modelar, pedacinhos de isopor e fita adesiva (opcional)*

Procedimentos:
1. Diga às crianças que elas construirão estruturas imaginativas com palitos, usando para as articulações, a massa de modelar, a argila ou as bolinhas de isopor. Encoraje as crianças a experimentarem algumas formas básicas.
2. Incentive-as a ajudarem umas às outras. Uma criança pode segurar os pedaços, enquanto outra fixa palitos suficientes para manter a estrutura firme. Depois que elas terminarem seus projetos, encoraje-as a falarem sobre os problemas encontrados e como os resolveram.
3. No dia seguinte, revise o projeto e estimule as crianças a construírem estruturas diferentes daquelas já criadas. Sugira que copiem estruturas reais, como pontes, casas e edifícios, ou quaisquer objetos da natureza, como esqueletos ou árvores.
4. Discuta as hipóteses que as crianças desenvolveram durante o trabalho com argila e madeira. Será que as mesmas estratégias se aplicam à construção com palitos? Que formas constituem as bases mais estáveis? As paredes mais altas? Se uma estrutura desabar, será que elas devem tentar de novo, usando palitos extras como reforços? O que acontecerá se acrescentarem um palito diagonal a um retângulo? Quantos palitos podem remover antes que o edifício desabe?
5. Depois que as crianças terminarem, peça-lhes que descrevam suas estruturas, suas descobertas e quaisquer problemas resolvidos durante a construção. Exponha as estruturas. De fato, talvez você queira usá-las como ponto de partida para criar a maquete de uma cidade em sua sala de aula (veja a atividade Nossa Cidade na p. 39).

Variações:
1. Construir uma casa com tubos de jornal é uma boa atividade de grupo. Mostre às crianças como pegar uma folha de jornal, enrolá-la bem apertado em um tubo e prender a ponta com fita adesiva. Elas podem fazer tubos de tamanhos diferentes, cortando os tubos compridos em pedaços pequenos, ou enrolando a folha de jornal ao comprido. Também podem revezar-se em tarefas diferentes – enrolar os tubos, colar as pontas, amarrar um tubo no outro. Encoraje-as a descobrirem maneiras diferentes de prender os tubos e sustentar a estrutura. Se necessário, mostre-lhes como reforçar uma esquina com uma tora colocada na diagonal.

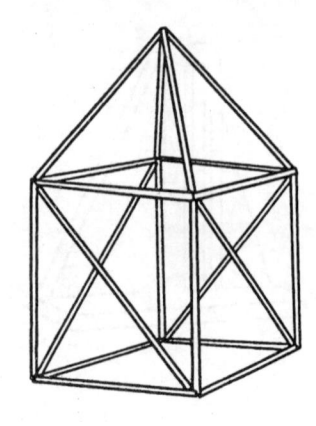

*N. de R.T. Pode ser usada massa de modelagem, argila ou pequenas bolas de isopor.

2. Ofereça às crianças outros materiais de construção. Por exemplo:
   - Substitua os palitos por canudinhos de plástico. Peça-lhes que imaginem qual é a melhor maneira de unir os canudinhos – com cola, fita adesiva ou cordão.
   - Use palitos de dentes, mas incentive as crianças a experimentarem outros materiais para prendê-los (por exemplo, massa de modelar, argila, isopor, fita adesiva). Quais são os mais fáceis de usar? E os mais difíceis?
   - Tente construir com arames. Sugira às crianças que experimentem usar um arame fino para fazer um objeto com a forma de uma caixa de cereal.
   - Ofereça materiais de construção comerciais (por exemplo, Legos, Tinker Toys, conjuntos Erector, conjuntos de engrenagens de montar). Peça-lhes que sigam as instruções, ou copiem modelos ao montar os materiais. Incentive-as a trabalharem juntas para ver quantas estruturas diferentes conseguem construir.
3. Peça às crianças que tragam potes de iogurte e margarina, rolos de papelão e outras sucatas para um projeto de escultura. Inclua materiais que possam ser enrolados, dobrados ou cortados em formas diferentes, como papel, pratos de papel, sacos de papel e papelão. Você pode fazer essa atividade no Dia da Terra ou da Ecologia e também trabalhar o tema de proteção ao meio ambiente.

PONTES DE PAPEL

Objetivo:
Construir pontes de papel para aprender como fatores como forma, tamanho e material afetam sua força.

Principais componentes:
Construção objetos tridimensionais
Testagem de hipóteses
Registros dos resultados experimentais

Materiais:
Papel (vários tipos)
Tesouras
Caixas de fósforo ou copos de papel
Moedinhas ou arruelas
Blocos ou livros
Cordão

Procedimentos:
1. Antes da atividade, prepare as caixas de fósforo para sustentar pesos, fazendo uma alça com o cordão.
2. Explique às crianças que as pontes de verdade têm de ser suficientemente fortes para suportar o peso de carros e caminhões pesados. Diga-lhes que elas farão experimentos com diferentes materiais e formas para ver que tipos de pontes de papel são mais fortes. Como modelo, faça uma ponte com um dos tipos de papel e duas pilhas iguais de livros ou blocos. Depois, dê às crianças tesouras e diferentes tipos de papel e peça-lhes que criem suas próprias pontes. Incentive-as a experimentarem diferentes *designs* (por exemplo, estreita, larga, comprida, curta, com pregas, dobrada) e diferentes apoios (apoiada sobre uma pilha de livros ou blocos, presa por um bloco ou um livro).
3. Peça às crianças que comparem a força de diferentes pontes. Pendure a caixa de fósforo em uma das pontes e peça-lhes para enchê-la, colocando uma moedinha (ou arruela) de cada vez. Quantos pesos podem ser acrescentados antes que a ponte desabe? Encoraje-as a testarem várias pontes e a criarem um sistema para registrar seus resultados. Discuta as diferentes variáveis que elas estão considerando – por exemplo, o material usado para fazer a ponte, o comprimento (tanto a distância entre os apoios como a sobreposição dos apoios), a largura e a forma. Que hipótese elas poderiam formular sobre quais formas tornam mais forte uma ponte de papel?
4. Com base em suas descobertas, as crianças construirão (individualmente ou em pequenos grupos) a ponte mais forte possível com um pedaço de papel de determinado tipo. Todos devem receber um pedaço de papel do mesmo tamanho (digamos, 5x20 cm). Qual *design* é o mais forte? Quantas moedinhas ela consegue suportar? Se a caixa de fósforo for pequena demais, você pode usar um copo de papel.
5. Se as crianças ainda estiverem interessadas, podem repetir o experimento com outros tipos de papel (mais uma vez, todos os pedaços devem ser do mesmo tamanho). Talvez você precise usar arruelas ou moedas mais pesadas, conforme as pontes ficarem mais fortes.

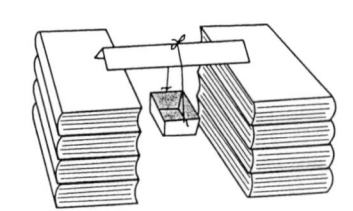

Variações:

Você pode introduzir ou ampliar essa atividade, examinando pontes de várias maneiras:

- Saia para caminhar e visitar pontes. Incentive as crianças a desenharem e a observarem de que são feitas e qual é o seu modelo.
- Ofereça livros de referência com desenhos de diferentes tipos de pontes (por exemplo, suspensa, em arco, em balanço, de treliça). Discuta os diferentes modelos e materiais.
- Peça às crianças que tragam figuras de pontes – fotos, cartões postais, recortes de revistas. Faça com que classifiquem as figuras de maneiras diferentes.
- Desafie as crianças a construírem pontes, usando outros materiais da sala de aula (blocos, canudinhos, argila). Que formas funcionam melhor com diferentes materiais?

Essa atividade foi adaptada de
Elementary Science Study. (1968).
Structures. St. Louis: McGraw Hill.

⇨ NOSSA CIDADE

Objetivo:
Usar as experiências com construção para fazer a maquete de uma cidade.

Principais componentes:
Construção de objetos tridimensionais
Desenho e planejamento
Desenvolvimento de habilidades sociais

Materiais:
- Materiais de construção diversos (por exemplo, caixas de papelão e canos recicláveis, massa de modelar ou pequenos pedaços de madeira)
- Ferramentas apropriadas
- Tintas e pincéis

Procedimentos:
1. Diga às crianças que, nas semanas seguintes, elas construirão a maquete de uma cidade (bairro, comunidade ou o que for mais apropriado à sua classe) para expor na sala de aula. Explique que elas trabalharão juntas não só para construir a cidade, mas também para planejá-la.
2. Dê um passeio pelo centro da sua cidade ou por seu bairro. Incentive as crianças a registrarem – em um mapa, em palavras ou por fotografias – alguns dos diferentes tipos de edifícios observados (correio, delegacia de polícia, posto dos bombeiros, escolas, restaurantes, lojas). Se possível, organize passeios para conversar com os donos ou os administradores e descobrir como os prédios são por dentro e o que acontece lá dentro.
3. Ajude as crianças a decidirem que materiais usar para sua maquete. Talvez elas queiram usar estruturas que já construíram. Ou talvez queiram começar do zero, usando materiais recicláveis, como caixas e tubos de plástico, papelão, etc.
4. Para uma abordagem estruturada, as crianças podem começar fazendo um mapa detalhado da cidade, decidindo quais seriam os melhores locais para colocar um posto de bombeiros ou um supermercado com muito tráfego. Cada uma pode fazer um prédio diferente, e elas podem trabalhar com papel milimetrado na tentativa de construir suas estruturas em escala. Ou, então, elas podem começar com alguns prédios e deixar que a cidade cresça. As crianças podem examinar a maquete (ou mover figuras em miniatura por ela) e acrescentar o que acharem necessário, como ruas, sinais de trânsito, pontes ou um hospital. Elas devem descobrir quais prédios e outras estruturas são essenciais em uma cidade.
5. Encoraje-as a seguirem os próprios interesses. Algumas podem querer encher a cidade com carros, ônibus e caminhões; outras, com figuras humanas. Talvez algumas crianças queiram usar as peças de aparelhos estragados para planejar máquinas que possam limpar as ruas, consertar linhas telefônicas ou realizar outras tarefas. Elas podem, inclusive, conectar pequenas lâmpadas a baterias para fazer as luzes e as sinaleiras da cidade.

Variação:
Você pode ampliar esse projeto para um estudo da sua comunidade e dos serviços que ela oferece. Pode trazer livros, convidar pais ou outros membros da comunidade para conversarem com as crianças sobre suas profissões e fazer com que os alunos escrevam histórias ou um jornal. Você também pode organizar uma campanha para a eleição de um prefeito, ou publicar um jornal.

➲ ALAVANCAS

Objetivo:
Descobrir como erguer um objeto, usando uma alavanca.

Principais componentes:
Habilidades de solução de problemas
Habilidades de observação

Materiais:
Caixas de papelão
Caixa de areia
Régua de 30 cm
Ímãs
Pequenos blocos
Cordão
Fita adesiva
Palitos de picolé

Procedimentos:
1. Diga às crianças que elas resolverão um problema especial. Coloque uma caixa de papelão do tamanho de um tijolo na caixa de areia e peça-lhes para erguerem sem tocá-la com as mãos. (Se a sua escola não tiver uma caixa de areia, faça uma ou várias, usando caixas grandes de sapatos.) Dê às crianças vários objetos – ímãs, pequenos blocos, cordão, fita adesiva, régua e palitos de picolé – e pergunte de quantas maneiras diferentes elas podem resolver o problema.
2. Depois que as crianças experimentarem várias maneiras de tirar o "tijolo" da caixa, faça com que discutam seus métodos entre si. Pergunte qual foi o mais fácil, o mais rápido, o mais difícil e o que fez mais sujeira.
3. Peça-lhes que registrem suas estratégias em desenhos ou por escrito. Mantenha uma lista das estratégias perto da caixa de areia, de modo que outras crianças possam testá-las. Explique que, ao usarem um objeto para mover outro, elas estavam criando uma máquina simples.

Variações:

Desafie as crianças a realizarem mais experimentos com alavancas. Dê-lhes uma tábua de madeira com cerca de 90 cm de comprimento e um cilindro de madeira para usar como ponto de apoio da alavanca. Coloque o cilindro no centro do tabuleiro. Quantas resmas de papel elas conseguem erguer até a altura de uma cadeira? As crianças devem registrar os resultados. Peça que movam o cilindro para mais perto do papel e meçam. Quantas resmas elas conseguem erguer? Faça com que experimentem diferentes posições para o cilindro, anotem as medidas e registrem os resultados.

Converse com as crianças sobre como a alavanca pode facilitar o trabalho. Quanto mais comprida a alavanca, mais fácil será fazer o trabalho (menos força precisará ser aplicada). Quanto mais curta, mais difícil será fazer o trabalho (mais força precisará ser aplicada).

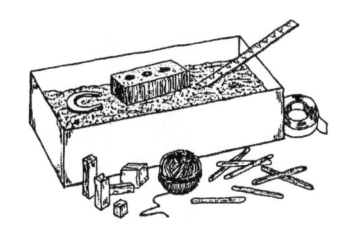

PLANOS INCLINADOS

Objetivo:

Explorar como as rampas podem facilitar o trabalho.

Principais componentes:

Testagem de hipóteses
Comparação e contraste

Materiais:

- Tábua de madeira com cerca de 90 cm de comprimento
- Tábua de madeira com 45 cm a 60 cm de comprimento
- Blocos ou livros
- Tijolo
- Balança de mola (uma balança manual encontrada no setor de pescaria de lojas de artigos esportivos)
- Cordão

Procedimentos:

1. Essa atividade utiliza os conceitos apresentados na atividade anterior, Alavancas. Converse com as crianças sobre como as rampas, um tipo de plano inclinado, são usadas para facilitar o trabalho. Você pode, inclusive, dar um passeio e procurar rampas – rampas para carregar e descarregar caminhões, rampas de acesso para cadeira de rodas em calçadas e prédios, rampas para escorregar no *playground*. Peça às crianças que pensem em suas experiências com planos inclinados (por exemplo, andando de bicicleta, patinando em um declive, ou subindo um morro a pé). É mais difícil puxar um objeto em uma rampa íngreme ou em uma rampa mais suave? Diga-lhes para fazerem um experimento e descobrirem a resposta.

2. As crianças podem trabalhar em um grupo único ou em pequenos grupos. Elas podem usar tábuas e blocos (ou livros) para construir rampas de comprimentos diferentes (uma com aproximadamente 90 cm e a outra mais curta), mas com a mesma altura, 15 cm em uma extremidade. A seguir, desafie as crianças a descobrirem como prender a balança de mola ao tijolo (por exemplo, amarrar com o cordão como um presente e pendurar a balança no barbante). Explique que elas usarão a balança de mola para medir a força necessária para mover o tijolo. Faça com que pratiquem o uso da balança. Quanta força é necessária para erguer o tijolo 15 cm, até o topo da rampa? Registre seus achados.

3. Pergunte às crianças se é preciso mais força para puxar o tijolo pela rampa íngreme ou pela suave. Depois que elas realizarem o experimento e registrarem os resultados, discuta os achados. Como no experimento da alavanca, quanto maior a distância, menos força precisa ser aplicada. (Nota ao professor: Embora pareça mais fácil, é necessária a mesma quantidade de trabalho para puxar o tijolo pela rampa gradual que pela rampa íngreme, porque o tijolo precisa ser puxado mais longe. O trabalho pode ser definido como o produto da força exercida e da distância através da qual a força se move.)

⬅ ROLAR NA RAMPA

Objetivo:
Aprender sobre as rampas e sobre como os objetos movem-se nelas.

Principais componentes:
Testagem de hipóteses
Registro e interpretação de dados

Materiais:
Duas ou mais tábuas de madeira com 90 cm de comprimento
Blocos ou livros
Duas bolas de borracha idênticas
Bolas de pesos e tamanhos diferentes
Ferramentas para medir (por exemplo, cubos Unifix, réguas, papel milimetrado)

Procedimentos:
1. Organize as crianças para que trabalhem em pequenos grupos nesse experimento. Diga-lhes que deixarão duas bolas idênticas escorregarem em rampas de comprimento igual, mas alturas diferentes. (As bolas devem ser menores do que a largura das rampas.) Desafie-as a construírem duas rampas, uma com 7,5 cm e a outra com 15 cm de altura (mais tarde, elas podem construir outras rampas mais altas). Peça-lhes que digam se as bolas rolarão mais rápido pela rampa alta (íngreme) ou pela rampa baixa (suave). Coloque uma tábua na base das rampas; dessa maneira, elas podem ver e ouvir qual bola atinge a base primeiro.
2. Encoraje as crianças a trabalharem juntas na realização de diferentes tarefas (soltar as bolas, fazer a contagem), na condução do experimento e no registro dos resultados. Então, discuta os achados. Como a inclinação da rampa afeta a velocidade da bola?
3. Se elas removerem a tábua da base das rampas, qual bola vai rolar mais longe? Peça-lhes que descubram maneiras diferentes de medir a distância percorrida pelas bolas, como usar cubos Unifix, cordão, ladrilhos do piso ou uma régua. Ou, então, elas podem colocar papel milimetrado na base da rampa e marcar onde as bolas param. Registre e discuta os resultados.
4. O que acontece se a inclinação das rampas for a mesma, mas as bolas forem diferentes? Traga mais bolas e faça com que as crianças deixem as duas rampas com a mesma altura. Desafie-as a fazerem perguntas e planejarem experimentos para encontrar as respostas. Por exemplo, o que rolará mais rápido se forem do mesmo tamanho – uma bola pesada ou uma bola leve? (Nota ao professor: as bolas devem atingir a base ao mesmo tempo.) Qual rolará mais longe? Qual rolará mais rápido, uma bola pequena ou uma bola grande? Qual rolará mais longe?

Variações:
1. Desafie as crianças a fazerem rolar diferentes objetos pela rampa (por exemplo, carrinhos de brinquedo, lápis, pilhas, parafusos). Quais objetos rolam? Quais objetos deslizam se a rampa for suficientemente íngreme? Quais objetos são os mais estáveis depois de atingirem a base da rampa?
2. Dê a elas massa de modelar. Peça que façam diferentes formas e digam quais rolarão e quais não. Deixe que testem e façam corridas com as formas.

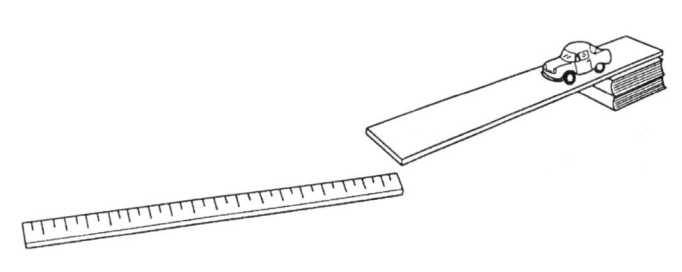

⮕ RODAS E EIXOS

Objetivo:
Predizer e determinar através de experimentação a função de uma máquina simples, o eixo.

Principais componentes:
Testagem de hipóteses
Registro de dados
Habilidades motoras finas

Materiais:
- Bolas de gude
- Caixas pequenas
- Roda com um prego, lápis ou outro eixo no centro, de modo que as crianças possam segurar em ambas as extremidades do eixo
- Cortador de pizza
- Têmpera ou outra tinta lavável
- Bandejas ou potes de isopor para colocar tinta
- Desenhos de formas, três cópias por criança (veja as páginas seguintes)
- Gráfico de registro de dados (veja a página seguinte)

Procedimentos:
1. Mostre às crianças os desenhos e peça que tracem as formas, usando três instrumentos diferentes: uma bola de gude, uma roda com um eixo através do centro e um cortador de pizza. Peça que digam qual instrumento será o mais fácil de usar, qual será o mais difícil, e que assinalem suas respostas no gráfico de registro de dados.
2. Dê a cada criança três cópias de uma folha com o desenho de uma forma (um círculo ou um quadrado) que ocupe a página inteira. Coloque uma cópia do desenho em uma caixa pequena. Mostre às crianças como fazer rolar uma bola de gude na tinta; coloque a bola de gude na caixa e depois tente fazer o traçado do desenho com a bola de gude, inclinando a caixa para que a bola de gude role no traçado desejado. Diga-lhes que elas não podem empurrar a bola de gude com o dedo (pois o dedo agiria como um eixo, controlando o movimento da bola de gude).
3. Coloque as outras duas cópias do desenho sobre a mesa. Mostre às crianças como fazer rolar a roda na tinta e depois faça com ela o traçado sobre o desenho. Encoraje-as a repetirem o experimento com o cortador de pizza.
4. Pergunte-lhes qual instrumento foi o mais fácil de usar e qual foi o mais difícil. Elas podem escrever as respostas no gráfico de registro de dados.
5. Repita o experimento com um ou mais desenhos de formas simples, como uma estrela ou um rabisco. Discuta o experimento com as crianças. O que os eixos fazem? Como eles ajudam a controlar uma roda? O que eles fazem em um carro? Por que é mais fácil de usar o cortador de pizza do que a roda com o eixo?

Variações:
Talvez algumas crianças gostem do desafio de construir um carrinho com rodas e eixos, para brincar no chão ou sobre a mesa. Dê às crianças rodas e eixos de conjuntos de montagem comerciais, ou os materiais necessários para que elas mesmas os construam (cilindros de madeira ou metal, rodas ou carretéis de madeira). Você também pode oferecer diversos materiais para fazer o corpo do

carro, juntamente com as ferramentas apropriadas (pedaços de madeira, um pequeno serrote, presilhas e grampos, lixa, pregos, martelo, cola de madeira, e tinta; ou caixas e tubos de papelão, cola, tesoura e canetas). Incentive-as a desenharem vários planos, a pensarem em como cada um funcionaria e a escolherem o mais eficiente antes de começarem a construção.

Você também pode usar livros com instruções ou figuras para servir como guia para as crianças. Por exemplo, no livro *Design and Technology 5-12*, Pat Williams e David Jinks explicam como as crianças podem construir o chassi de um carro com pedacinhos de madeira, usando triângulos de papelão para fixar os encaixes. E depois elas podem usar papelão para transformar o veículo em caminhão, ônibus, carro esporte ou no que quiserem.

Rodas e Eixos

Folha de Registro de Dados

Com que máquina é mais fácil fazer o traçado de um desenho?

1 = mais fácil   2 = médio   3 = mais difícil

Predições

	bola de gude	roda	cortador de pizza
○			
☆			
∾			

Resultados

	bola de gude	roda	cortador de pizza
○			
☆			
∾			

⊃ VAMOS DESMONTAR

Objetivos:
Praticar o uso e o controle de ferramentas simples.
Explorar como é montada uma máquina.

Materiais:
Máquina ou aparelho quebrado (por exemplo, máquina de escrever, telefone, relógio, lanterna)
Martelo
Chaves de fenda Phillips e regulares
Alicates
Duas caixas de tamanho médio

Nota aos pais:
1. Essa atividade dá à criança a rara oportunidade de desmontar uma máquina e examinar as peças que a compõem. Ela pode fazer isso como quiser: não existe uma maneira certa ou errada de desmontar as máquinas. Durante o projeto, vocês terão a chance de observar como seu filho/sua filha maneja as ferramentas e suas idéias sobre como as peças da máquina se encaixam.
2. Se vocês não tiverem as ferramentas listadas acima, não se preocupem. Podem fazer a atividade com as ferramentas disponíveis.
3. Essa atividade requer uma cuidadosa supervisão dos pais. Eles precisam ajudar a criança a aprender como usar as ferramentas e a usá-las com segurança.

Procedimentos:
1. Apresente as ferramentas à criança. Se seu filho/sua filha não estiver familiarizado/a com elas, explique para o que cada uma é usada. Combine as regras que você gostaria que fossem seguidas sobre como e quando a criança pode usar as ferramentas.
2. Dê à criança uma máquina ou aparelho quebrado para desmontar. Enfatize que o trabalho nesse projeto só pode ser feito quando você estiver presente.
3. Quando a criança estiver desmontando a máquina, faça perguntas como:
   - Que partes a chave de fenda ajuda a desmontar?
   - Quando se usa uma chave de fenda Phillips?
   - O que os alicates ajudam a fazer?
   - Existem parafusos ou peças em algum lugar que se encaixam em outro lugar?
   - Existe um padrão na maneira como as peças são montadas? (Por exemplo, há arruelas em todos os parafusos?)
4. Quando a criança terminar, sugira que guarde a máquina em uma das caixas e as partes em outra. Se você tiver espaço, guarde as partes. Seu filho/sua filha pode usá-las para fazer grandes invenções.

Compartilhar:
Talvez seu filho/sua filha queira levar algumas das peças para a aula. Ele/ela pode descrever cada parte para a classe e dizer qual ferramenta foi usada para tirá-la da máquina. Os colegas desejarão saber todos os detalhes.

⮕ OLHE, SEM USAR AS MÃOS!

Objetivo:
Resolver um problema por meio de estratégias ou construções.
Pensar em diferentes soluções para o mesmo problema.

Materiais:
Dois pratos de papel
Seis a dez bolas de pingue-pongue
Caixinhas de filme
Pedacinhos de isopor ou algum outro tipo de objeto pequeno e leve
Envelope
Fita adesiva ou durex
30 cm de cordão
Folha de papel de 20x30 cm
Canudinhos
Caneta esferográfica ou lápis
Copo de papel ou isopor
Saco plástico
Palitos de picolé, palitos de dentes ou palitos de churrasquinho
Velas de aniversário

Nota aos pais:
A solução de problemas é uma habilidade essencial tanto na escola quanto na vida diária. Essa atividade pede à criança que resolva um problema mecânico ao receber certos materiais e instruções. Enquanto ela trabalha no problema, observe as estratégias que utiliza. Ela emprega estratégias de tentativa e erro, adivinhação, ou uma abordagem mais sistemática? Como utiliza as informações aprendidas através da experimentação? Muitas crianças gostam de apresentar suas próprias soluções para os problemas, e essa atividade convida seu filho/sua filha a apresentar quantas soluções puder.

Procedimentos:
1. Diga à criança que você tem um problema especial para resolver. Como pode passar as bolas de pingue-pongue de um prato para o outro sem tocar nas bolas ou nos pratos com as mãos? Finja que as bolas são venenosas! Peça ao seu filho/sua filha que descubra uma maneira de mover uma das bolas e, então, experimente-a. A criança pode usar qualquer um ou todos os materiais oferecidos, mas precisa mover cada bola de maneira diferente.
2. Deixe a criança explorar, planejar e construir, enquanto ela se mantiver interessada.
3. Quando a criança encontrar soluções, faça perguntas sobre elas. Por exemplo:
   - Qual solução foi a mais fácil? Por quê?
   - Qual solução foi a mais complicada? Por quê?
   - Qual solução foi a mais surpreendente? Por quê?

Compartilhar:
Essa atividade é um desafio maravilhoso para os outros membros da família. Seu filho/sua filha pode apresentar a atividade a eles e supervisioná-la.

Atividade de Mecânica e Construção 3 para Fazer em Casa

➲ VOCÊ CONSEGUE CONSTRUIR UMA CASA?

Objetivo:

Construir uma casa de cartas.

Materiais:

Um baralho de cartas
Uma superfície plana, firme e lisa (mesa ou chão)

Nota aos pais:

Construir uma casa de cartas de baralho é uma atividade popular e muito conhecida. Requer poucos materiais, mas exige muita reflexão e solução de problemas. Para fazer isso, a criança precisará pensar sobre equilíbrio, peso e *design*. Observe como ela trata dessas questões, enquanto constrói a casa. Algumas crianças acham essa atividade tão interessante, que ficam construindo durante muito tempo. Veja a ilustração de um modelo de casa de cartas.

Procedimentos:

1. Você pode introduzir essa atividade com um desafio. Dê à criança duas cartas de baralho e veja se ela consegue fazer com que parem em pé, encostando uma na outra, como um V invertido.
2. Depois que ela descobriu como fazer o V invertido, peça que faça dois Vs invertidos, um ao lado do outro. Depois, peça-lhe que construa uma casa de Vs. Se ela não souber como fazer, sugira que deite uma carta sobre os vértices dos Vs. Depois, diga-lhe que continue.
3. É divertido pensar em outras maneiras de construir uma casa de cartas. Que idéias a criança tem? Incentive-a a experimentar algumas dessas idéias. Algumas perguntas que você pode fazer a ela:
   - O que ajuda as cartas a ficarem em pé?
   - O que parece fazê-las cair?
   - Quantos níveis de cartas você pode construir antes que desabem?
4. Um desafio bem difícil: você consegue construir algo, utilizando todas as cartas?

Compartilhar:

Construir casas de cartas é uma atividade divertida para ser feita em família e pode, inclusive, transformar-se em jogo. A criança pode fazer isso com os colegas na escola.

■ RECURSOS E REFERÊNCIAS

As atividades descritas são apenas uma introdução à área. Para ajudá-los a explorar melhor o ensino da mecânica e construção, apresentamos uma breve lista de recursos que se mostraram valiosos para nós e para nossos colegas. Ela pretende ser uma inspiração, mais que uma revisão da literatura. As fontes usadas na preparação deste livro estão assinaladas com um asterisco.

Brown, D. (1991). *How things were built*. New York: Random House.
Darling, D. (1991). *Spiderwebs to sky-scrapers: The science of structures*. New York: Dillon Press, Macmillan.
Dunn, S.; Larson, R. (1990). Design technology: Children s engineering. New York, London: Falmer Press.
* Educational Development Center, Inc. (1991). *Balls and ramps*. An Elementary Insights Hands-On Science Curriculum. Newton, MA: Author.
* Elementary Science Study. (1976). *Mobiles*. St. Louis: McGraw-Hill.
* Elementary Science Study. (1968). *Primary balancing*. St. Louis: McGraw-Hill.
* Elementary Science Study. (1968). *Structures*. St. Louis: McGraw-Hill.
Gibbons, G. (1982). *Tool book*. New York: Holiday House.
Homan, D. (1981). *In Christina's tool box*. Chapel Hill, NC: Lollipop Power.
Macaulay, D. (1975). *Pyramid*. Boston: Houghton Mifflin.
Macaulay, D. (1977). *Castle*. Boston: Houghton Mifflin.
Macaulay, D. (1988). *The way things work*. Boston: Houghton Mifflin.
McPhail, D. (1984). *Fix-It*. New York: Dutton.
* Nelson, L. W.; Lorbeer, G. C. (1984). *Science activities for elementary children* (8th ed.). Dubuque, IA: Brown.
Rickard, G. (1989). *Building homes*. Minneapolis, MN: Lerner Publications.
Rockwell, A.; Rockwell, H. (1972). *The toolbox*. NewYork: Macmillan.
Skeen, P ., Garner, A. P.; Cartwright, S. (1984) *Woodworking for young children*. Washington, DC: National Association for the Education of Young Children.
* VanCleave, Janice. (1993). *Machines: Mind-boggling experiments you can turn into science fair projects*. New York: John Wiley; Sons.
* Williams, P.; Jinks, D. (1985). *Design and technology 5-12*. London: Falmer Press.
* Williams, R. A., Rockwell, R. E.; Sherwood, E. Q. (1987). *Mudpies to magnets: A preschool science curriculum*. Mt. Rainier, MD: Gryphon House.
Wilson, F. (1988). *What it feels like to be a building*. Washington, DC: Preservation Press.

ATIVIDADES DE CIÊNCIAS

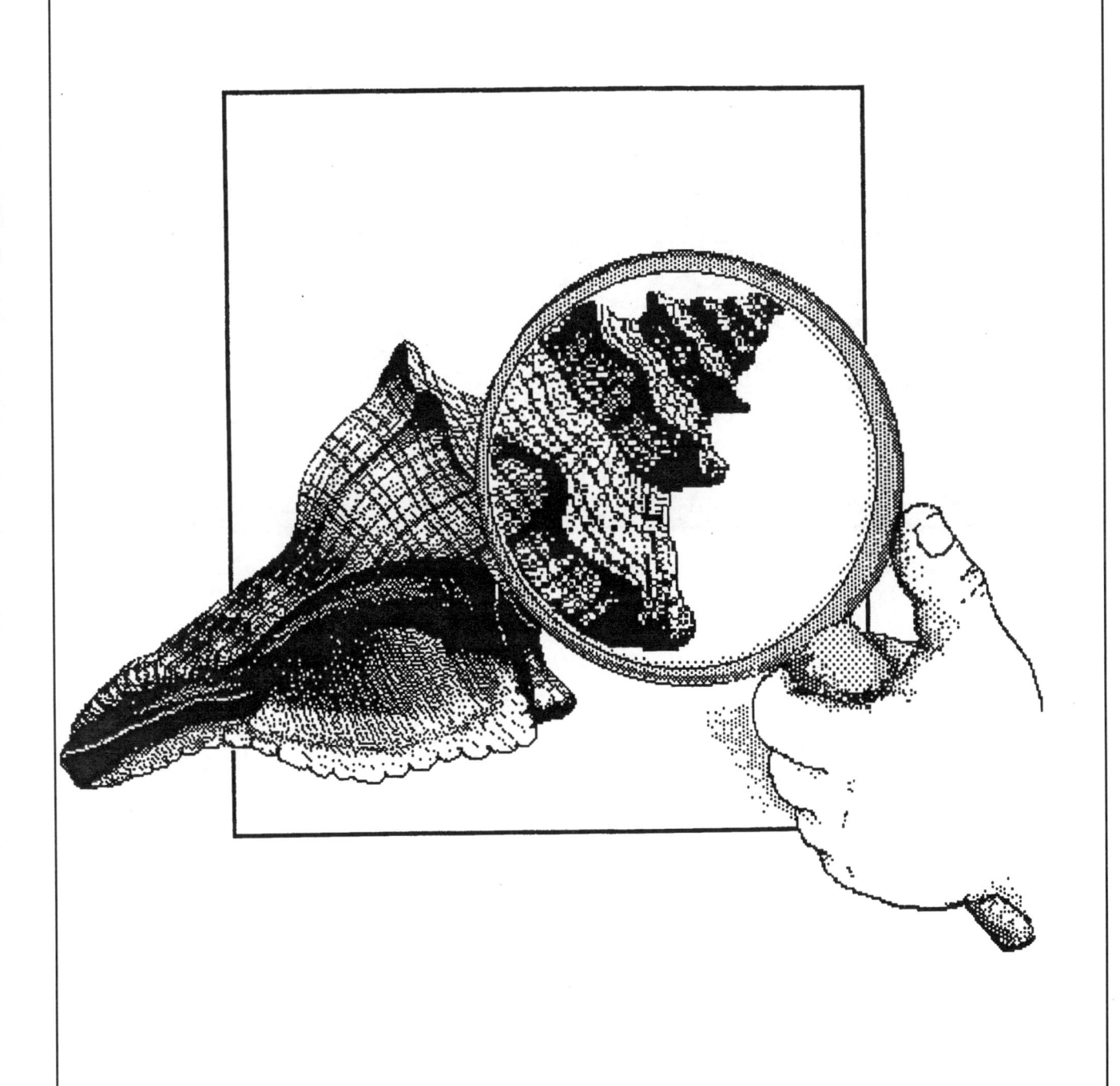

SUMÁRIO

- **INTRODUÇÃO**

    Um resumo das atividades de ciências 61
    Descrição das habilidades-chave 61

- **ATIVIDADES DE CIÊNCIAS**

    Experimentos curtos
    Que ferramentas os cientistas utilizam? 63
    Como podemos mover um carro de brinquedo? 65
    Como a luz e as sombras se relacionam? 67
    O que fazem as gotas misteriosas? 68
    Qual dos nossos sentidos nos ajudará? 70
    Quais alimentos contêm gordura? 71

    Atividades a longo prazo
    Outono, inverno, primavera – que mudanças as estações ocasionam? 72
    O que podemos descobrir brincando com água? 74
    O que faz o pão crescer? 76
    Como as sementes se transformam em plantas? 81
    Como registramos o tempo? 84

- **ATIVIDADES PARA FAZER EM CASA**

    1 Plantar sementes 87
    2 Coleções 89

- **RECURSOS E REFERÊNCIAS**

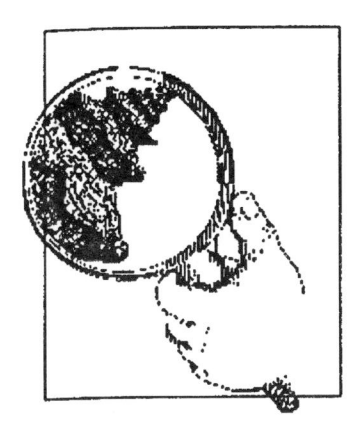

■ UM RESUMO DAS ATIVIDADES DE CIÊNCIAS

Se o cientista é uma pessoa que se questiona, estuda o mundo ao seu redor e tenta descobrir como ele funciona, então as crianças pequenas são cientistas por natureza. Elas têm uma curiosidade impressionante. Essa curiosidade impele-as à ação – tocar, provar, pesar, misturar, derramar – e dessas experiências surge o conhecimento.

As atividades dessa seção foram planejadas para mostrar às crianças diferentes maneiras de usar sua curiosidade para descobrir mais sobre o mundo. Ao monitorarem o crescimento de plantas e animais, elas desenvolvem habilidades de observação. Através de experimentos, elas exploram a natureza da água, os ímãs e as substâncias químicas, desenvolvem as capacidades de fazer perguntas, testar hipóteses e resolver problemas. Acima de tudo, as atividades pretendem desmistificar o trabalho dos cientistas, mostrando às crianças como pode ser divertido observar, experimentar, classificar, resolver problemas e documentar o próprio trabalho.

O capítulo Ciências está organizado em duas seções. A primeira contém experimentos curtos, como descobrir quais objetos um ímã atrai, ou o que acontece quando misturamos óleo e água. Essas atividades, em geral, têm objetivos claros que a criança deve atingir em um período de tempo determinado. A segunda seção, em contraste, contém projetos organizados em torno de um tema, os quais podem continuar ao longo do ano e proporcionar muitas oportunidades de livre exploração e experimentação. Registrar observações do tempo ou dar caminhadas para observar as mudanças sazonais são exemplos de atividades a longo prazo que podem começar no outono e continuar durante a primavera.

Todas as atividades sugeridas centram-se em torno de uma pergunta, a qual pretende despertar a curiosidade da criança e encorajá-la a explorar o mundo ao seu redor de novas maneiras. Ao fazer perguntas, a professora transmite à criança que aprender não é a capacidade de dar respostas decoradas, mas um processo de pensar e experimentar. É ativo, em vez de passivo; criativo, em vez de imitativo.

Para introduzir a unidade ou o centro de aprendizagem de ciências, você pode enfocar o processo de fazer ciência. Pode começar uma discussão com uma pergunta: vamos fingir que vocês querem descobrir qual é o gosto de um novo alimento. Como vocês podem descobrir isso? Ou, então, vocês vêm vários ursos de pelúcia em uma loja e querem comprar o que for mais macio. Como escolherão qual comprar? Essas perguntas ajudam as crianças a perceberem que elas usam seus sentidos para obter informações sobre o mundo e também que elas agem sobre os objetos de várias maneiras para descobrir aquilo que querem saber. Depois, você pode sugerir que as crianças são cientistas por natureza e comportam-se de um jeito muito parecido com o dos cientistas.

Para enfatizar esse ponto, faça perguntas como: Digam algumas coisas sobre as quais vocês querem saber mais. Quando vocês querem descobrir mais sobre alguma coisa, o que fazem? Faça com que as crianças listem os termos que descrevem melhor o que um cientista faz quando quer descobrir algo novo. Ajude as crianças a entenderem termos como *observar, explorar, experimentar, pesquisar, analisar* e *examinar*.

Se possível, convide um cientista para ir à sala de aula demonstrar equipamentos de laboratório ou um experimento. A visita dá às crianças a oportunidade de conhecerem um cientista profissional e verem por si mesmas o que os cientistas fazem no mundo real.

■ DESCRIÇÃO DAS HABILIDADES-CHAVE

Habilidades de observação

- observa cuidadosamente os materiais para aprender sobre suas características físicas; usa um ou mais sentidos;

- com freqüência, percebe mudanças no meio ambiente (por exemplo, folhas novas nas plantas, insetos nas árvores, mudanças sazonais sutis);
- mostra interesse em registrar observações através de desenhos, gráficos, cartões seqüenciais ou outros métodos.

Identificação de semelhanças e diferenças

- gosta de comparar e contrastar materiais, eventos ou ambos;
- classifica materiais e, geralmente, nota semelhanças e diferenças entre espécies ou ambas (por exemplo, compara caranguejos e aranhas).

Formação e experimentação de hipóteses

- faz predições com base em observações;
- faz perguntas do tipo "e se" e explica por que as coisas são como são;
- realiza experimentos simples e tem idéias de experimentos para testar hipóteses próprias e alheias (por exemplo, deixa cair pedras pequenas e grandes na água para ver se uma afunda mais rápido do que as outras; rega plantas com tinta em vez de água).

Interesse em/conhecimento de fenômenos naturais/científicos

- revela vasto conhecimento sobre vários tópicos científicos; oferece espontaneamente informações sobre esses tópicos, ou relata experiências pessoais ou alheias com o mundo natural;
- manifesta interesse por fenômenos naturais ou materiais relacionados, como livros de história natural, ao longo de períodos de tempo prolongados;
- costuma perguntar sobre as coisas que observa.

➲ QUE FERRAMENTAS OS CIENTISTAS UTILIZAM?

Objetivo:
Aprender a usar diferentes equipamentos para resolver problemas científicos.

Principais componentes:
Observação
Resolução de problemas

Materiais:
Grupo 1: "Biólogos"
    Bandeja
    Microscópios
    Pedacinhos de tecido
    Penas
    Figuras de revistas
Grupo 2: "Médicos"
    Bandeja
    Estetoscópios
Grupo 3: "Inspetores"
    Bandeja
    Lentes de aumento
    Almofada de tinta para carimbos
    Papel
Grupo 4: "Químicos"
    Bandeja
    Conta-gotas
    Bandejas de gelo
    Corantes para comida

Procedimentos:
1. Coloque os quatro conjuntos de materiais em quatro bandejas separadas e ponha as bandejas diante das crianças. Diga-lhes que esses são instrumentos usados por cientistas – e que elas irão utilizá-los para trabalhar como os verdadeiros cientistas trabalham. Convide-as a identificarem os instrumentos e sugerirem diferentes maneiras de usá-los. Depois, divida a classe em quatro grupos.
    a. Diga ao primeiro grupo de crianças que elas trabalharão como biólogas. Coloque um microscópio diante delas e pergunte se sabem o que é e para que é usado. Você pode explicar: "Os microscópios aumentam – tornam as coisas muitas, muitas vezes maiores que o seu tamanho real. Eles ajudam os nossos olhos a verem coisas que normalmente são pequenas demais e não podem ser vistas claramente, ou simplesmente não se enxergam de jeito nenhum". Peça-lhes que coloquem os pedacinhos de tecido, penas e figuras sob o microscópio e comparem sua aparência no microscópio e fora dele. Mostre como ajustar o foco e posicionar o espelho.
    b. Coloque os estetoscópios diante do segundo grupo de crianças. Diga-lhes que trabalharão como médicos, os quais são cientistas do corpo humano. Pergunte se sabem o nome do instrumento que está na bandeja, onde o viram antes e para que é usado. Você pode explicar: "Um estetoscópio é usado pelos médicos para verificar os batimentos cardíacos das pessoas. Assim como o microscópio faz as coisas parecerem maiores, o estetoscópio 'amplifica' o som – faz com que ele soe mais alto. Dessa forma, sons que são difíceis de ouvir, como um batimento cardíaco, ficam mais altos e mais

fáceis de ouvir". Peça-lhes que escolham um parceiro e escutem os batimentos cardíacos uns dos outros. A seguir, as crianças devem descobrir como os batimentos cardíacos mudam quando o parceiro está deitado, fica em pé, ou pula dez vezes. Eles ficam mais altos ou mais baixos? Mais rápidos ou mais lentos? Ajude as crianças a fazerem um gráfico para registrar tais mudanças. Avise-as para não falarem nem gritarem nos estetoscópios.

c. Diga ao terceiro grupo de crianças que elas trabalharão como inspetores. Pergunte para que são usadas as lentes de aumento e explique que esse equipamento, como o microscópio, faz com que os objetos pareçam maiores, de modo que podemos ver melhor pequenos padrões e detalhes. Deixe que tirem as próprias digitais, colocando um dedo de cada vez sobre a almofada de tinta para carimbos, pressionando levemente (apenas uma mão) e depois sobre uma folha de papel. Veja se elas conseguem usar as figuras abaixo para identificar se suas digitais são em espiral, arcos ou alças. Mostre como podem ver mais claramente as impressões digitais, colocando a lente de aumento sobre o papel e depois erguendo-a gradualmente até a figura entrar em foco.

d. Diga ao quarto grupo de crianças que elas trabalharão como químicos, cientistas que estudam de que modo diferentes substâncias combinam-se para criar novas. Pergunte-lhes o que acontece quando as cores são misturadas. Dê a cada uma duas bandejas de gelo, uma contendo água e a outra, corante para alimentos. Pergunte quantos tipos diferentes de água colorida elas conseguem misturar. Quando terminarem, peça-lhes que compararem suas cores e as maneiras de fazê-las.

2. Deixe que cada grupo de crianças fique em sua tarefa original por cerca de 15 minutos. Depois, troque as atividades dos grupos.

Notas ao professor:

1. O propósito dessa atividade é familiarizar as crianças com as ferramentas ou o equipamento científico que elas utilizarão durante o ano. Isso pode levar mais de uma sessão.
2. Se as crianças estiverem interessadas, você pode ampliar as atividades das seguintes maneiras:
   - Grupo 1: Deixe as crianças selecionarem outros itens para examinar sob o microscópio (por exemplo, fios de cabelo, farelo de borracha, fragmentos do apontador de lápis).
   - Grupo 2: Em que partes do corpo as crianças encontram batimentos (peito, pulso, pescoço, polegares)?
   - Grupo 3: Usar a lente de aumento para examinar letras de jornal, desenhos de folhas de árvores, rostos em fotografias. Ou observar os itens que o Grupo 1 está examinando (fio de cabelo, aparas de lápis, etc.) e comparar o poder da lente de aumento com o do microscópio.
   - Grupo 4: As crianças podem fazer "receitas" ou gráficos de cores com base em seus achados.

Meu padrão de impressão digital é:

| Em alça | Em arco | Em espiral | Outro |

↪ COMO PODEMOS MOVER UM CARRO DE BRINQUEDO?

Objetivo:
Aprender a função dos ímãs através de experimentação.

Principais componentes:
Testagem de hipóteses
Comparação e contraste
Observação

Materiais:
Carrinhos de brinquedo de metal
Ímãs fortes
Canudinhos
Régua
Cordão
Fita adesiva
Arame
Palitos de picolé

Procedimentos:
1. Para introduzir essa atividade, você pode dizer às crianças que tem um problema para elas resolverem. Mostre-lhes um carrinho de brinquedo e desafie-as a moverem-no pela mesa sem tocar nele.
2. Organize as crianças para trabalharem em pequenos grupos, com um carrinho (ou mais) por grupo. Encoraje-as a usarem diferentes materiais para mover o carro pela mesa. Você também pode criar e distribuir um formulário no qual elas anotarão seus "achados", desenhando ou listando materiais, dizendo como foram usados e qual foi o sucesso obtido.
3. Depois que as crianças experimentarem diferentes tipos de materiais, pergunte: "O que vocês descobriram?". Veja se elas perceberam que podem mover o carro com o ímã. Se algum aluno tiver outra idéia, incentive-o a mostrar qual é e pergunte aos outros se acham que esse método funciona (outras soluções possíveis seriam empurrar o carrinho com uma régua, ou inclinar a superfície da mesa). Observe e escute cuidadosamente as observações e as explicações das crianças. Utilize seus comentários para sugerir outras atividades que podem ser benéficas para elas.

Variações:
1. Amplie essa atividade com outro jogo de ímãs. Divida a classe em pequenos grupos e dê a cada grupo um ímã e uma caixa de pequenos objetos, como clipes de papel, pregos, bolas de gude, moedas, contas e abridores de lata. Peça às crianças que ajam como cientistas e descubram que tipos de objetos o ímã atrai (assegure-se de que elas sabem bem o que é *atrair*).
2. Explique que os cientistas sempre registram os resultados de seus experimentos, para poderem procurar padrões e lembrar o que encontraram. Diga às crianças que elas podem registrar os resultados do experimento com o ímã, colocando duas etiquetas em uma mesa, uma dizendo *sim* e a outra *não*. Elas podem alinhar os objetos de acordo com o rótulo apropriado e depois comparar as duas colunas. Ou, então, podem criar um gráfico, como o que está a seguir, para guardar os resultados do experimento.

3. Depois, converse com elas e pergunte se percebem alguma semelhança entre os objetos que grudam no ímã. Veja se conseguem formular – e articular – a idéia de que a maioria dos objetos de metal gruda, mas alguns não. Após algum tempo de discussão, revele que os metais atraídos pelo ímã possuem um "ingrediente oculto", que é o ferro ou o aço (que contém ferro).

FICHA DE REGISTRO DO EXPERIMENTO COM ÍMÃ

O ímã atrai este objeto? Circule "sim" ou "não".

Prego	Sim	Não
Clipe de papel	Sim	Não
Bola de gude	Sim	Não
Conta	Sim	Não
Abridor de lata	Sim	Não
Moeda	Sim	Não
*	Sim	Não
*	Sim	Não

* Escolha seus próprios objetos para esses dois espaços.

➲ COMO A LUZ E AS SOMBRAS SE RELACIONAM?

Objetivo:
Explorar a relação da luz com as sombras.

Principais componentes:
Compreensão de relações espaciais
Comparação e contraste
Observação

Materiais:
Bear Shadow, de Frank Asch
Lanterna
Giz

Procedimentos:
1. Leia para as crianças *Bear Shadow*, de Frank Asch, um livro sobre um urso que tenta livrar-se de sua sombra. Faça às crianças perguntas sobre sombras, como: O que vocês sabem sobre sombras? Onde vocês viram sombras? Quando vocês vêem sombras?
2. Pergunte a elas se vêem alguma sombra na sala de aula. Pergunte como podem criar sombras. Depois, incentive-as a experimentarem suas idéias. Ofereça os materiais necessários, como uma lanterna.
3. Leve as crianças para fora em um dia ensolarado. Diga-lhes que tentem "se livrar" de suas sombras. Elas conseguem fazer isso? O que acontece se ficam dentro de uma sombra maior, ou do lado do *playground* onde não há sol? De que outras maneiras elas conseguem mudar suas sombras? Podem fazer com que fiquem maiores? Menores? Mais finas? Mais largas? Peça-lhes que façam sombras com diferentes objetos, como uma sombrinha ou um livro. Como elas podem mudar a forma da sombra?
4. Peça às crianças que trabalhem em duplas e desenhem no chão a sombra uma da outra. Voltem ao mesmo lugar depois de 2 ou 3 horas. As sombras mudaram? Estão maiores? Menores? Mais largas? Apontam em uma direção diferente?
5. Brinque de pegar com sombras. A criança que é o pegador tenta pegar as outras, pisando em suas sombras. Tente outras maneiras: tocando na sombra de alguém com sua sombra ou com a sombra da sua mão.

O QUE FAZEM AS GOTAS MISTERIOSAS?

Objetivo:

Realizar um experimento para comparar o comportamento de gotas de água em diferentes tipos de papel.

Principais componentes:

Comparação e contraste
Experimentação

Materiais:

- Diferentes tipos de papel (por exemplo, papel ofício, papel encerado, papel jornal, toalha de papel)
- Diferentes tipos de material de embrulho (folha de alumínio, plástico)
- Água
- Conta-gotas
- Lente de aumento

Procedimentos:

1. Em pequenos grupos ou com toda a classe, faça com que as crianças coloquem gotas de água em superfícies diferentes. Comece com a folha de alumínio. A água se amontoa em um único ponto ou se espalha? Fica na superfície ou é absorvida?
2. Sozinhas ou em pequenos grupos, as crianças usarão um conta-gotas para fazer gotas e poças de gotas em um pedaço de folha de alumínio. Como elas podem fazer gotas gigantes? Gotas minúsculas? Poças de gotas? Que formas diferentes podem fazer, empurrando a beirada das gotas com o conta-gotas? Elas conseguem puxar uma gota de um lugar para outro? A que distância podem pingar as gotas e ainda mantê-las separadas?
3. Introduza novas superfícies, conforme parecer apropriado. Pergunte às crianças como as gotas de água mudam em diferentes tipos de superfície. As gotas ficam as mesmas sobre a folha de alumínio e a toalha de papel? Produzem as mesmas formas e poças? Discuta o experimento com as crianças e pergunte que descobertas elas fizeram. Anote suas respostas.
4. Converse com as crianças sobre as propriedades dos papéis e dos materiais de embrulho que elas estão usando. Como as superfícies diferem entre si? Que materiais se encharcam ou absorvem mais água? Menos água?
5. Diga-lhes para formarem dois grupos: superfícies que absorvem água e superfícies que não absorvem água. Como a propriedade do material de absorver água se relaciona à sua função – a maneira como é usado? Por exemplo, por que usamos toalhas de papel para limpar alimentos derramados e papel alumínio para embrulhar sobras de comida?

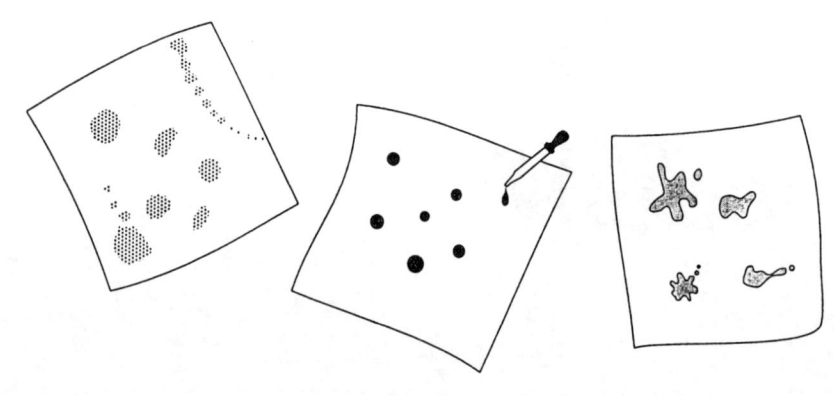

Variações:

1. Incentive as crianças a fazerem experimentos com diferentes líquidos, como vinagre, óleo e melado. Que outros líquidos elas gostariam de testar: leite, suco de maçã, chá ou café?
2. As crianças podem usar a lente de aumento para examinar a beirada e o centro das gotas de diferentes líquidos e descobrir se estas são parecidas. Se não forem parecidas, quais são as diferenças?
3. Estimule-as a fazerem desenhos, pingando gotas de diferentes líquidos. Quais líquidos secam rápido? Devagar? Com o passar do tempo, quais gotas mudam de aparência?
4. Anote as perguntas e as descobertas das crianças. Peça-lhes que façam desenhos, junte-os e forme um grande livro.

Essa atividade foi adaptada de Elementary Science Study. (1971). *Drops, streams, and containers*. St. Louis: McGraw-Hill.

⊃ QUAL DOS NOSSOS SENTIDOS NOS AJUDARÁ?

Objetivo:
Aprender como os nossos sentidos ajudam-nos a resolver problemas.

Principais componentes:
Comparação e contraste
Testagem de hipóteses
Formulação de conclusões

Materiais:
- Líquidos claros (água, água com açúcar e água com sal)
- Líquidos cor de âmbar (água com mel, vinagre de maçã e suco de maçã)
- Líquidos escuros (café, coca-cola e molho de soja)
- Nove garrafas plásticas com tampa
- Jornais ou panos
- Copos de papel

Procedimentos:
1. Coloque os diferentes líquidos nas garrafas e cubra as mesas de trabalho com jornais ou panos.
2. Diga às crianças que você tem um problema interessante para elas resolverem. Há três conjuntos de garrafas sobre a mesa com líquidos dentro. Será que elas conseguem descobrir quais garrafas contêm suas bebidas favoritas – suco de maçã, água e coca-cola? Como podem resolver o problema? As crianças normalmente tentarão identificar as garrafas baseadas na observação visual. Incentive-as a tentar outros métodos, perguntando: Como você sabe? Os líquidos dessas garrafas são muito parecidos. Como você pode ter certeza de que um é suco de maçã e o outro não?
3. Conduza a conversa para os diferentes sentidos humanos. Explique que, embora possam usar os olhos para identificar as bebidas em alguns casos, elas precisam usar outros sentidos quando houver líquidos com uma cor parecida. Pergunte-lhes quais sentidos podem ajudar. Encoraje-as a cheirarem os diferentes líquidos. Diga que elas podem derramar uma pequena quantidade de cada líquido em um copo de papel e provar.
4. Peça-lhe que contem ao grupo o que descobriram. Ajude-as a tirarem conclusões sobre as funções dos sentidos humanos.

Nota ao professor:
Como medida de segurança, você pode enfatizar que as crianças não devem beber de garrafas sem rótulos, a menos que estejam sendo supervisionadas por um dos pais, pelo professor ou por outro adulto responsável.

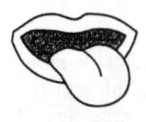

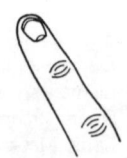

➲ QUAIS ALIMENTOS CONTÊM GORDURA?

Objetivos:
Conduzir um experimento simples e registrar os resultados.
Aprender sobre uma dieta saudável.

Principais componentes:
Observação
Registro e interpretação de observações
Formulação de conclusões

Materiais:
- Seis tipos diferentes de alimentos, como
  - Cereal seco para o café da manhã
  - Biscoito doce amanteigado (*cookie*)
  - Biscoito de água e sal
  - Maionese
  - Um pedaço de maçã, de uva ou de outra fruta
- Papel
- Gráfico de registro

Procedimentos:
1. Converse com as crianças sobre os alimentos saudáveis. Você pode usar essa oportunidade para apresentar a pirâmide de alimentos da Food and Drug Administration. Peça-lhes que dêem exemplos de alimentos não-saudáveis e de alimentos saudáveis. Anote suas respostas. Discuta o que os alimentos de cada grupo têm em comum, especialmente o que torna um alimento não-saudável (gordura, açúcar, sal, falta de vitaminas e minerais).
2. Introduza a atividade, dizendo às crianças que elas realizarão um experimento para descobrir quais alimentos contêm gordura. Elas examinarão seis tipos diferentes de alimentos. Dê a cada criança seis pedaços de papel. Peça-lhes que esfreguem um dos papéis firmemente contra um dos alimentos, observem cuidadosamente o papel sob uma luz e escrevam em um gráfico de registro aquilo que observaram. O alimento parece ter muita gordura? Um pouco de gordura? Nenhuma gordura?
3. Solicite-lhes que repitam o procedimento com todos os alimentos e depois comparem os resultados. Faça perguntas, como: Com base no nosso experimento, como poderíamos saber se um alimento tem mais gordura que outro?

Essa atividade foi adaptada de L.W. Nelson e G.C. Lorbeer. (1984). *Science activities for elementary children* (8.ed.) Dubuque, IA: W.C. Brown.

OUTONO, INVERNO, PRIMAVERA – QUE MUDANÇAS AS ESTAÇÕES OCASIONAM?

Objetivos:

Aprender a observar e a estudar as mudanças sazonais.
Aprender a proteger o meio ambiente que nos cerca.

Principais componentes:

Observação
Comparação e contraste
Registro e interpretação de observações
Interesse pela natureza

Materiais:

Sacos de plástico ou de papel (um para cada criança)
Pastas de observação (uma para cada criança)

Notas ao Professor:

1. Essa atividade é executada principalmente por meio de caminhadas ao ar livre. Cada caminhada tem um tópico ou tema diferente: uma caminhada na primavera para observar mudanças sazonais, uma caminhada no verão para encontrar tantas coisas verdes quanto possível, uma caminhada no outono para catar folhas, uma caminhada no Dia da Terra ou da Ecologia para recolher lixo, ou uma "caçada dos garis da natureza" para testar habilidades observacionais (um exemplo de caçada dos garis é apresentado a seguir). O tema da caminhada ao ar livre é planejado para focalizar a atenção das crianças, não para limitar suas agendas ou interesses. As caminhadas ao ar livre funcionam melhor quando as crianças têm liberdade para observar e explorar o meio ambiente circundante com segurança.
2. Se você seguirá a mesma rota todas as vezes, diga às crianças que cada uma pode "escolher como seu" um local ou objeto do caminho. Marque as áreas ou os objetos de uma maneira permanente, que lhes permita localizá-los em diferentes estações. Você pode, inclusive, fazer um mapa da rota e assinalar os locais das crianças. Estimule-as a perceberem as qualidades ou as características que tornam únicos os seus locais: sombra *versus* sol; grama *versus* asfalto; um objeto (árvore ou pedra) *versus* um espaço vazio. Antes que as crianças escolham seus locais, explique que elas usarão aquele lugar ou objeto o ano todo para estudar ciência ao ar livre, observar as mudanças causadas pelas diferentes estações e procurar coisas vivas. Cada criança terá uma pasta para coletar suas observações. Elas terão o direito, de vez em quando, de reivindicarem uma área ou um objeto adicional, mas devem dar uma razão para quererem ampliar seu espaço.
3. Durante ou depois de cada caminhada, todas as crianças devem relatar as suas observações por escrito ou através de desenhos, ou ambos, particularmente na sua área especial. Como ela mudou? Continuou a mesma? Listas de verificação ou questionários podem ajudar as crianças a lembrarem o que viram. Por exemplo, ofereça uma lista ou figuras de objetos, plantas, insetos, etc. Distribua a lista e peça a cada criança que marque os elementos que podem ser encontrados em sua área ou em seu objeto.
4. Conversas posteriores geralmente ampliam as observações espontâneas das crianças e enriquecem seu conhecimento do meio ambiente circundante. Você também pode suplementar as caminhadas com uma variedade de projetos. Por exemplo, os alunos podem fazer colagens com folhas de plantas, criar

figuras com objetos naturais (veja as p. 231 e 245 do capítulo de Artes Visuais), ou fazer coisas com sucata.
5. Caminhadas ao ar livre são excelentes oportunidades para as crianças coletarem objetos naturais que as interessam e dão a você a oportunidade de observar como cada criança traz sua agenda pessoal para as atividades, diferindo das outras na maneira de abordar o mundo natural.

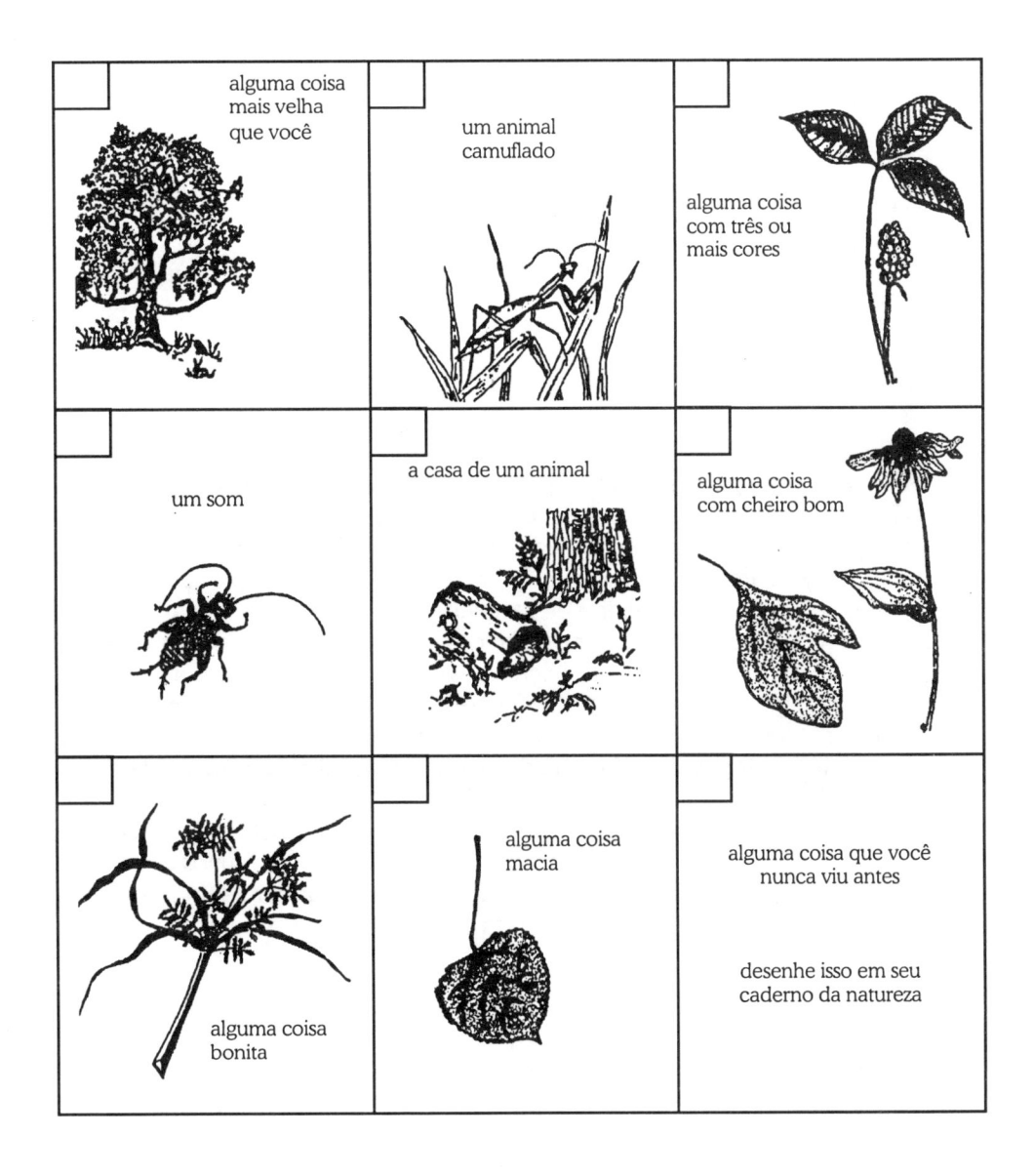

alguma coisa mais velha que você	um animal camuflado	alguma coisa com três ou mais cores
um som	a casa de um animal	alguma coisa com cheiro bom
alguma coisa bonita	alguma coisa macia	alguma coisa que você nunca viu antes — desenhe isso em seu caderno da natureza

Essa caçada dos garis da natureza é de L.N. Gertz (1993). *Let nature be the teacher.* Belmont, MA: Habitat Institute for the Environment. Ilustrações de N. Childs.

⊃ O QUE PODEMOS DESCOBRIR BRINCANDO COM ÁGUA?

Objetivos:
Aprender sobre procedimentos experimentais através de brincadeiras com água.

Principais componentes:
Testagem de hipóteses
Comparação e contraste
Medição

Materiais:

Recipientes grandes para a água	Rodas d'água
Aventais	Peneiras
Caixas de plástico	Copos
Tubos	Cestas
Garrafas	Conta-gotas
Objetos variados para brincadeiras livres com água	Bombas

Notas ao professor:
1. Os recipientes grandes para a água, necessários para as quatro atividades, devem estar localizados perto de uma fonte de água, com panos e toalhas por perto. Lembre as crianças de que devem cuidar para não derramar água e secar imediatamente se derramar. Limite o número de crianças na brincadeira, de acordo com o tamanho do recipiente.
2. Ocasionalmente, deixe as crianças brincarem no recreio ou depois que terminarem outras atividades. Os recipientes, às vezes, devem ficar disponíveis para brincarem livremente com água, enchendo-os e esvaziando-os sem qualquer objetivo. Outras vezes, devem ser introduzidos experimentos de ciência em que as crianças precisam formular hipóteses, fazer observações cuidadosas, manipular materiais e examinar resultados.
3. Os experimentos com água são todos de final aberto. Os materiais necessários para experimentos específicos estão listados abaixo e, em muitos casos, podem ser reciclados ou doados. São sugeridas perguntas para ajudar as crianças a formularem hipóteses e a tirarem conclusões a partir do experimento.

Atividade 1: Encher e derramar

Materiais:

Colher de chá	Conta-gotas
Bolas de algodão	Funis e tubos de diferentes tamanhos
Copos	Seringa hipodérmica sem a agulha
Canudinhos	

Perguntas:
1. Quanto tempo leva para um copo de água escorrer por um funil? (Para contar segundos, as crianças podem dizer "um mil e um", "um mil e dois".)
2. Você pode encontrar materiais ou inventar um aparelho para fazer a água escorrer mais devagar? (Ofereça várias possibilidades: funis de diferentes tamanhos, bolas de algodão e outras "rolhas" parciais.)
3. Será que você consegue descobrir que instrumento enche um copo com água mais rapidamente? (Ofereça um conta-gotas, uma colher de chá, um canudinho e uma seringa hipodérmica sem a agulha.)

Atividade 2: Objetos que flutuam e objetos que afundam

Materiais:
- Diversos materiais que afundam ou flutuam, como
  Caixinhas de filmes vazias
  Esponjas
- Ovos de plástico
- Arruelas
- Rolhas de cortiça
- Moedas
- Pedras Blocos de madeira
- Papel de alumínio

Perguntas:
1. Quais objetos você acha que flutuam?
2. Quais objetos você acha que afundam?
3. Por que alguns objetos flutuam na água enquanto outros afundam?
4. O que você pode fazer para descobrir se os objetos leves sempre flutuam e os pesados sempre afundam?
5. Você é capaz de encontrar um objeto que flutue e que consiga suportar um que afunde?
6. Você pode fazer um objeto que flutue afundar? Você pode fazer um objeto que afunde flutuar?

Atividade 3: Dissolver na água

Materiais:
- Recipientes de plástico
- Conta-gotas
- Colheres
- Diversos líquidos e sólidos, como óleo de cozinha, maisena, corante para alimentos, farinha, tintas, sal, xampu, açúcar, areia

Perguntas:
1. Como você acha que a água ficará se você derramar _____ nela?
2. Você é capaz de dizer qual garrafa tem açúcar e qual tem sal? Como?
3. A água parece a mesma quando você acrescenta corante para alimentos e quando acrescenta tinta?

Notas ao professor:
Você pode rotular cada item como A, B, C, D e assim por diante. Diga às crianças que elas podem registrar seus experimentos usando letras. Por exemplo, A+B+D= o resultado. Cuide para que façam as misturas nos recipientes plásticos menores, e não no grande.

Atividade 4: Volume e conservação

Materiais:
Diversos recipientes plásticos, copos para medir e garrafas

Perguntas:
1. Você acha que esta garrafa tem mais água do que a outra?
2. Por que você acha que esta garrafa tem mais água?
3. Como você pode verificar se essas duas garrafas têm a mesma quantidade de água?

O QUE FAZ O PÃO CRESCER?

Objetivo:
Aprender sobre as mudanças químicas, fazendo experimentos e assando pão.

Principais componentes:
Observação
Medição
Testagem de hipóteses
Registro e interpretação de observações

Notas ao professor:
1. Uma demonstração química incrível acontece diariamente nas cozinhas do mundo inteiro. Ingredientes comuns como farinha, açúcar e sal são misturados e transformados em um pão quentinho, nutritivo e cheiroso. Nessa atividade, as crianças fazem uma série de experimentos para determinar os ingredientes que fazem o pão crescer. No processo, elas passam a compreender uma das muitas maneiras pelas quais a química afeta a nossa vida cotidiana.
2. Dentro do possível, encoraje as crianças a realizarem os experimentos e a cozinharem elas mesmas. Converse sobre como se trabalha em grupo para realizar um experimento ou fazer uma receita. Elas podem revezar-se ou dedicar-se a tarefas diferentes. Quando o grupo tiver começado a trabalhar, ajude-o fazendo perguntas como: Qual é a diferença entre uma colher de chá e uma de sopa? Como vocês podem ter certeza de que mediram *exatamente* uma colher de sopa? *Exatamente* uma xícara?
3. Essa atividade pode ser ampliada de várias maneiras. Por exemplo, as crianças desenvolvem habilidades de linguagem e de matemática quando lêem receitas e fazem medições. Elas também podem organizar uma venda dos produtos que prepararam: pôr preço, dar troco e somar os lucros. Para promover entendimento social, você pode pedir aos pais que enviem uma receita de pão exclusiva de sua família ou cultura. Você pode juntar as receitas em um livro de culinária da classe e preparar alguns dos pães com as crianças. Também pode usar o preparo do pão como foco de uma conversa ou unidade sobre nutrição.

Atividade 1: O que aconteceria se...?

Materiais:
Utensílios para assar
Ingredientes para fazer de 3 a 5 pães (seguem-se sugestões de receitas)
Quadro-negro e giz ou papel grande e canetas

Procedimentos:
1. O que aconteceria se você quisesse fazer pão, mas não conseguisse encontrar o bicarbonato de sódio? O que aconteceria se terminasse a farinha? O açúcar? Faça com as crianças uma lista dos ingredientes necessários para fazer pão e escreva-a no quadro-negro ou no papel. Diga aos alunos que eles realizarão uma série de experimentos para descobrir quais ingredientes são realmente essenciais. Eles também descobrirão algumas respostas para a pergunta: O que faz o pão crescer?
2. Escolha uma receita de pão relativamente fácil de preparar. Você pode usar uma das suas favoritas, a receita que vem a seguir ou uma receita especial de família.

3. Prepare o pão com as crianças, seguindo exatamente a receita, para que elas saibam qual será a aparência e o sabor do pão. Pergunte-lhes qual ingrediente ou quais ingredientes são necessários para fazer o pão crescer.
4. Prepare outro pão, mas desta vez deixe de fora um dos ingredientes citados pelas crianças. Encoraje-as a provarem e a examinarem bem o pão. Discuta as diferenças entre os dois pães assados por elas. O ingrediente deixado de fora era essencial para fazer um bom pão? O que ele faz? Ele faz o pão crescer? Se faz, as crianças provavelmente identificaram um agente de fermentação (bicarbonato de sódio, fermento em pó ou úmido).
5. Pergunte às crianças que outros ingredientes elas gostariam de deixar de fora. Prepare mais alguns pães, deixando de fora apenas um dos ingredientes em cada pão. De cada vez, converse com as crianças sobre a contribuição do ingrediente para a massa do pão. Ele ajuda o pão a crescer? É necessário por alguma outra razão? Por quê?

PÃO DE BANANA DA TIA AMY
© 1998 Sara Evans, Belmont, Massachusetts

Ingredientes:
  1/2 xícara de manteiga ou margarina
  1 xícara de açúcar
  1 ovo
  4 colheres de sopa de iogurte natural
  1 colher de chá de bicarbonato de sódio
  2 bananas maduras, amassadas
  1 1/2 xícara de farinha
  1/4 colher chá de sal

Pré-aqueça o forno a 180°. Em uma tigela grande, bata a manteiga (ou margarina) com o açúcar. Acrescente o ovo, as bananas amassadas e misture bem. Peneire a farinha com o sal. Em uma tigela separada, misture o iogurte e o bicarbonato de sódio. Acrescente a farinha e a mistura de iogurte à mistura de banana em porções alternadas. Unte uma forma de 22x12 cm. Derrame a massa e asse por 55 minutos, ou até ficar pronto (se você fincar um palito de dente na massa, ele deve sair limpo e seco). Deixe o pão esfriar antes de cortar.

Atividade 2: Qual é a diferença entre fermento em pó e bicarbonato de sódio?

Materiais:

  Bicarbonato de sódio
  Farinha
  Fermento em pó
  Seis copos de papel
  Vinagre
  Colheres para medir
  Ficha de registro
  Água

1. Quando fizeram o experimento de preparar um pão, as crianças provavelmente descobriram que o bicarbonato de sódio ou o fermento em pó (ou talvez ambos) fazem o pão crescer. Estes ingredientes funcionam sozinhos ou precisam de ajuda? Diga às crianças que nos experimentos elas combinarão o bicarbonato de sódio e o fermento em pó com diferentes ingredientes e verão o que acontece.

2. Diga-lhes que peguem os copos de papel e numerem de 1 a 6. A seguir, elas devem colocar uma colher de chá de bicarbonato de sódio nos Copos 1, 3 e 5. Depois de limpar bem a colher, colocar uma colher de chá de fermento em pó nos Copos 2, 4 e 6.
3. As crianças devem realizar os experimentos a seguir e usar a ficha para registrar os resultados (por exemplo, "espuma" ou "não-espuma"). Se for útil para elas, escreva os ingredientes de cada copo em um quadro-negro ou papel.
    a. Acrescente 1/4 de xícara de água ao Copo 1 e 1/4 xícara de água ao Copo 2. O que acontece?
    b. Misture 1/4 xícara de farinha e 1/2 xícara de água. Acrescente metade da mistura ao Copo 3 e metade ao Copo 4. O que acontece?
    c. Acrescente 1/4 de xícara de vinagre ao Copo 5 e 1/4 xícara de vinagre ao Copo 6. O que acontece?

	bicarbonato de sódio	fermento em pó
1 água		
2 água		
3 mistura de farinha		
4 mistura de farinha		
5 vinagre		
6 vinagre		

4. Peça às crianças para revisarem seus resultados. O que elas acham que faz o fermento em pó espumar? E o que faz o bicarbonato de sódio espumar? O que as bolhas provocam no pão? (Quando ácidos e bases combinam-se, eles geralmente produzem o gás dióxido de carbono. O fermento em pó é constituído por bicarbonato de sódio, uma base, mais ácido em pó; ele é ativado pela água e por outros líquidos. O bicarbonato de sódio contém bicarbonato de sódio, mas nenhum ácido. Portanto, um ácido precisa ser acrescentado ao bicarbonato de sódio para que o dióxido de carbono possa ser liberado. Uma receita de pão que use o bicarbonato de sódio como fermento também precisa incluir vinagre, suco de fruta, iogurte ou algum outro ácido. Examine um pedaço do pão com as crianças para ver as minúsculas cavidades deixadas pelas bolhas de dióxido de carbono.)
5. Pergunte a elas o que poderiam acrescentar aos Copos 1 e 3 para fazer a mistura de bicarbonato de sódio espumar. Experimentem.

Atividade 3: Fermento úmido! Ele está vivo!

Materiais:

Três ou quatro pacotes de fermento úmido
Açúcar
Farinha
Sal
Suco de maçã
Gráfico de registro
Quatro balões
Quatro garrafas de um litro

Duas tigelas
Copos para medir
Funil

Procedimentos:

1. Abra um pacote de fermento úmido (levedo) e faça as crianças examinarem, tocarem e cheirarem o fermento. Explique que ele é um agente fermentador, como o fermento em pó e o bicarbonato de sódio. Porém, diferentemente desses outros dois ingredientes, é feito de organismos vivos que, dadas as condições certas, irão crescer e multiplicar-se. O fermento úmido tem sido usado há séculos para fazer o pão crescer. Contudo, nesse experimento, as crianças usarão o levedo para encher balões!
2. Diga-lhes que elas testarão quatro alimentos diferentes, todos possíveis ingredientes para assar, para descobrir qual é o melhor "alimento" para a levedura. Primeiro, faça com que elas esvaziem três pacotes de levedura em uma tigela e misturem cuidadosamente com uma xícara de água morna (a temperatura é importante, como vocês verão no próximo experimento).
3. A seguir, faça-as rotularem quatro garrafas idênticas de um litro, cada uma com o nome de um dos alimentos a serem testados: açúcar, farinha, sal e suco de maçã. Elas prepararão as garrafas da seguinte maneira:
   a. Na tigela, misture 1/2 xícara de açúcar e 1/2 xícara de água morna. Acrescente 1/4 xícara da mistura de levedura. Use o funil para derramar a mistura na primeira garrafa. Pegue um balão e amarre-o firmemente na boca da garrafa. Deite a garrafa de lado.
   b. Lave a tigela e o funil. Misture 1/2 xícara de farinha e 1/2 xícara de água morna. Acrescente 1/4 de xícara da mistura de levedura. Derrame a mistura na segunda garrafa. Prenda o balão na boca da garrafa e deite-a de lado.
   c. Use o mesmo procedimento para preparar a terceira garrafa com 1/2 xícara de sal, 1/2 xícara de água e 1/4 de xícara da mistura de levedura.
   d. Use o mesmo procedimento para preparar a quarta garrafa com 1/2 xícara de suco de maçã e 1/4 de xícara da mistura de levedura. O suco de maçã deve estar em temperatura ambiente.
4. Desafie as crianças a predizerem qual alimento é melhor para o fermento. Para encontrar a resposta, elas devem examinar as garrafas a cada meia hora e registrar suas observações na ficha abaixo, usando figuras, palavras ou ambos: Qual é a aparência dos balões? Qual é o maior? O menor? Qual é a aparência das misturas no interior das garrafas? Existem bolhas? Agrupamentos de bolhas?
5. Como são produzidas as bolhas? Pergunte às crianças o que elas pensam a respeito. Explique que o levedo decompõe amidos, como farinha, em açúcares e converte o açúcar em álcool. Durante esses processos, é produzido o gás de dióxido de carbono. Pergunte o que elas acham que acontece quando o levedo é misturado com farinha, açúcar, sal ou suco de fruta na massa do pão.

FICHA DE REGISTRO DO EXPERIMENTO COM LEVEDO

	depois de ½ hora	depois de 1 hora	depois de 1½ hora	depois de 2 horas
farinha				
açúcar				
sal				
suco de maçã				

Atividade 4: Quente e frio

Materiais:

Três pacotes de fermento úmido (levedo)
Farinha
Três garrafas de um litro
Duas tigelas
Três balões
Funil
Copos para medir
Fogão ou forno de microondas

Procedimentos:

1. Em todos os experimentos acima, um líquido – normalmente água – é acrescentado ao levedo. A temperatura do líquido faz alguma diferença? Para descobrir, diga às crianças que elas farão outra rodada de experimentos com o levedo. Entretanto, desta vez elas colocarão o mesmo tipo e quantidade de "alimento" em cada uma das garrafas. O que vai mudar é a temperatura da água.
2. Rotule as garrafas *quente, morna* e *fria*. Oriente as crianças na realização dos seguintes experimentos (mas faça você mesma as etapas que envolvem ferver a água):
    a. Misture 1/2 xícara de farinha e 1/2 xícara de água. Use o funil para derramar a mistura na primeira garrafa. Ferva a água no fogão ou no microondas. Dissolva um dos pacotes de levedo em 1/2 xícara de água fervente, mexa bem e use o funil para derramar a mistura na garrafa. Prenda firmemente um balão na boca da garrafa e deite-a de lado.
    b. Derrame uma mistura de 1/2 xícara de farinha e 1/2 xícara de água na segunda garrafa. Dissolva um pacote de fermento em 1/2 xícara de água morna (aproximadamente 30°) e acrescente à mistura da garrafa. Prenda firmemente um balão na boca da garrafa e deite-a de lado.
    c. Prepare a terceira garrafa da mesma maneira, mas dissolva o fermento em 1/2 xícara de água fria.
3. Peça às crianças que predigam quais condições ajudarão o fermento a crescer. Elas novamente devem verificar as garrafas a cada meia hora e registrar seus resultados. Ajude-as a articularem o que aprenderam a partir do experimento – que a água deve estar suficientemente morna para ajudar o levedo a crescer, mas não quente a ponto de matá-lo. (O levedo começa a ser ativado a aproximadamente 10°, funciona melhor a uns 30° e começa a morrer em temperaturas superiores a 50°.)

COMO AS SEMENTES SE TRANSFORMAM EM PLANTAS?

Objetivos:
Planejar e realizar experimentos para aprender sobre a natureza das sementes e das plantas.

Principais componentes:
Observação
Classificação
Comparação e contraste
Formulação e testagem de hipóteses
Registro e interpretação de observações

Notas ao professor:
1. As crianças gostam de plantar sementes e observar as plantas crescerem. Com a ajuda de materiais muito simples – sementes e alguns recipientes para plantá-las – podem começar uma série de projetos que elas mesmas irão planejar, dirigir e concluir.
2. Essas atividades também oferecem às crianças a experiência de realizar experimentos com um controle. Para reforçar tal conceito, você pode ajudá-las a planejarem experimentos para responder às perguntas que surgem quando elas observam e pensam sobre sementes e plantas. Oriente-as para que formulem hipóteses e pensem em maneiras de testá-las. Sempre que possível, observe-as enquanto trabalham, para determinar o que as interessa e sobre o que elas querem aprender mais.
3. Faça as crianças discutirem seus projetos. Ajude-as a desenharem gráficos ou a criarem outros métodos para documentar suas atividades, observações e resultados.
4. Se você tem acesso a um pedaço de terreno, plantar um jardim pode ser uma maneira compensadora de estudar o crescimento das plantas e muitos outros tópicos: insetos, nutrição, cadeia alimentar, mudanças sazonais. Consulte as floriculturas locais para saber quais são as plantas apropriadas ao clima que poderão ser colhidas antes do final do ano letivo.

Atividade 1: Classificar sementes

Materiais:
- Vários tipos de sementes (por exemplo, sementes e caroços de frutas, feijões e ervilhas, pinhas, castanhas, etc.).
- Sacos plásticos.

Procedimentos:
1. Se possível, saia para uma caminhada para procurar sementes e, caso seja apropriado, colete-as. Mostre que as sementes existem em muitas formas, incluindo castanhas, pinhas, frutas e bagas. Que diferentes tipos de sementes as crianças encontraram? De que tipos de plantas elas se originaram? Em que tipos de plantas as sementes irão transformar-se? Se as sementes estão no chão, a que distância estão da "planta-mãe"?
2. Quando voltarem à sala de aula, dê às crianças as sementes que elas juntaram ou algumas sementes que você arranjou antes. Elas devem examinar as sementes, tocá-las e classificá-las como desejarem (por exemplo, por tamanho, textura, cor ou tipo). Quando as crianças terminarem, peça que expliquem como classificaram as sementes.

3. Diga-lhes que você gostaria de sugerir uma outra maneira de classificar as sementes – de acordo com sua maneira de andar! Muitas plantas têm métodos inteligentes para soltar suas sementes, de modo que as novas plantas podem crescer a alguma distância da mãe. Dessa maneira, as plantas não vão competir por luz, água e nutrientes do solo. Algumas sementes (como as da árvore-de-bordo e dentes-de-leão) são carregadas pelo vento. Outras sementes (como as castanhas) são cobertas de pequenos ganchos ou espigões que lhes permitem "viajar", grudando-se na pele de animais. Outras (como as sementes de girassol e framboesa) são comidas pelos pássaros e animais e passam através de seu sistema digestivo. Incentive as crianças a estudarem suas sementes e como elas podem viajar.

Atividade 2: De que as plantas precisam?

Materiais:

Copos plásticos ou outros recipientes
Sementes de rabanete
Quadro-negro e giz ou papel grande e canetas
Terra preta
Papel e lápis

Procedimentos:

1. Pense (por meio de *brainstorm*) com as crianças sobre as diversas coisas das quais as sementes precisam para se transformarem em plantas (por exemplo, ar, água, terra, fertilizante). Faça uma lista.
2. Desafie as crianças a planejarem experimentos para testar se as sementes de rabanete (ou alguma outra semente escolhida por você) realmente precisam dos diferentes itens da lista. Por exemplo, como elas podem testar se as sementes precisam de ar? (Elas podem colocar as sementes em um copo com água.) Elas devem criar um controle para cada experimento e anotar regularmente suas observações.
3. Observe os brotos por algumas semanas para ver se suas necessidades mudam. Por exemplo, as sementes podem germinar no escuro, mas as plantas precisam de luz para continuarem crescendo.
4. Que outras perguntas elas querem fazer sobre as plantas? Seriam capazes de fazer alguma predição e testá-la? Aqui estão algumas perguntas divertidas de explorar (tenha o cuidado de rotular os recipientes se eles forem iguais):
   - As sementes de rabanete crescerão se fizermos um corte nelas? E se as cortarmos em duas partes?
   - Faz diferença plantar as sementes na terra, na areia ou em pedregulhos?
   - Faz diferença regar as sementes com água pura ou com água poluída, como água com sabão usada para lavar louça?
   - Os brotos crescem melhor quando está quente ou quando está frio?
   - Os brotos crescerão mais rápido se você conversar com eles? Cantar para eles? Fertilizá-los?
   - Faz diferença se usarmos um tipo diferente de semente? (Por exemplo, outras sementes poderiam sobreviver com menos calor ou em um solo arenoso?)

Atividade 3: Criar raízes

Materiais:

Batata, cenoura ou cebola
Vaso ou outro recipiente
Faca
Tigelas de água
Terra preta

Procedimentos:

1. Explique às crianças que nem sempre precisamos de uma semente para fazer crescer uma nova planta. Diga-lhes que farão crescer uma nova planta a partir de uma batata. As batatas que comemos chamam-se tubérculos, parte do sistema de raízes da planta que age como um depósito subterrâneo de energia. Algumas plantas, como a batata, podem crescer a partir de tubérculos ou bulbos.
2. Pegue uma batata pequena com, pelo menos, dois olhos, aqueles pequenos pontos escuros na superfície da batata. Coloque-a em uma tigela e mantenha-a parcialmente coberta com água. Duas vezes por semana, as crianças devem observar a batata e registrar sua aparência. Crescem brotos? Onde? Crescem raízes? Onde? Quanto tempo leva?
3. Depois que as crianças observarem o novo crescimento, podem plantar a batata em um vaso com terra. Devem colocá-lo em um lugar ensolarado e regá-lo regularmente como parte do "jardim" da sala de aula.
4. Tente fazer crescer plantas, usando a cenoura e a cebola, que também crescem embaixo da terra. Corte os vegetais em pedaços grandes. Peça às crianças que digam qual dos pedaços terá um novo crescimento (por exemplo, o topo da cenoura) e onde. Coloque os pedaços em tigelas, cubra-os parcialmente com água e observe como eles crescem.

COMO REGISTRAMOS O TEMPO?

Objetivos:
Observar e registrar as mudanças no tempo.
Aprender sobre as mudanças sazonais.

Principais componentes:
Observação de mudanças no meio ambiente
Registro e interpretação de observações
Medição
Testagem de hipóteses

Materiais:
Papelão
Canetas ou lápis de cor
Percevejos
Termômetro para pôr ao ar livre

Notas ao professor:
1. O propósito dessa atividade de registro do tempo, que será feita durante o ano inteiro, é ajudar as crianças a se tornarem observadores cuidadosos do tempo e das estações. Antes de introduzir a atividade, prepare grandes cartões com figuras de condições do tempo (por exemplo, sol, nuvens, chuva, vento, neve) e um calendário com espaços suficientemente grandes para colocar os cartões. As crianças podem desenhar as figuras dos cartões do tempo durante as atividades de artes.
2. Cada criança será o repórter do tempo por uma semana. O momento de grupo normalmente é o melhor para o boletim meteorológico, e toda a classe sente-se envolvida e responsável. O meteorologista pode afixar o cartão apropriado do tempo ao calendário e explicar por que o escolheu (por exemplo, observando o tempo, ouvindo o rádio).
3. Incentive as crianças a relatarem também outras informações, como temperatura, direção e velocidade do vento. Mostre-lhes como encontrar tais informações no jornal, ou pendure um termômetro do lado de fora da janela e deixe que elas façam a leitura. Você pode, inclusive, fazer um catavento (veja instruções a seguir).
4. Se desejar, use gráficos diferentes para comparar medições feitas em momentos diferentes. Desafie as crianças a encontrarem maneiras de responder a perguntas como:
   - Este ano, qual mês foi mais quente, abril ou setembro? Qual mês foi mais frio, junho ou julho?
   - Este mês, qual semana foi mais chuvosa? Mais ensolarada?
   - Esta semana, em que direção o vento soprou com mais freqüência?
5. Para ampliar essa atividade, realize projetos o ano todo, explorando várias condições do tempo e como ele muda com as estações. O que se segue é um exemplo de calendário de um clima com inverno frio e verão quente.*

Março: em que direção sopra o vento?

Faça com as crianças um catavento simples. Para a base, use um recipiente plástico. Abra um buraco no centro da tampa e faça as crianças marcarem os pontos da bússola (N, L, S e O) ao redor dela. Coloque um prego bem comprido ou uma

---

*N. de T. Os meses do ano foram modificados para corresponder às estações do hemisfério sul.

haste fina, saindo da base do recipiente e passando pelo buraco da tampa. Para o ponteiro ou indicador, corte uma flecha longa de papelão, assegurando-se de que a cauda tenha uma área maior de superfície que a cabeça. Grampeie o centro da flecha no topo de um canudo e encaixe o canudo na haste ou no prego através do buraco da tampa. Certifique-se de que o buraco é suficientemente largo para o canudo poder girar livremente. (Instruções mais detalhadas para fazer um catavento e outros instrumentos podem ser encontradas em *Make Your Own Weather Station*, de Melvin Berger.)

As crianças devem levar o catavento para fora, usar uma bússola para encontrar o norte e apontar o N do catavento nessa direção. A cabeça da flecha deve indicar de onde vem o vento, de modo que, se a flecha apontar para o oeste, isso significa que o vento está vindo do oeste.

Abril: arte com folhas de árvores

Dê uma caminhada com as crianças e peça que coletem suas folhas favoritas. Sugira que procurem folhas com formas e cores diferentes. Aproveite a oportunidade para observar quais árvores estão perdendo as folhas, quais não estão e explique por que isso acontece. Quando voltarem para a sala de aula, dê a cada criança duas folhas idênticas de papel encerado. Peça-lhes que arrumem as folhas sobre uma das folhas de papel, salpiquem aparas de lápis de cera e cubram com a outra folha de papel encerado. A seguir, passe a ferro as duas folhas de papel.

Maio: alimentando os pássaros

No final do outono, os animais começam a se preparar para os dias frios que vêm pela frente. Os esquilos correm atrás de nozes para armazená-las, e muitos pássaros voam para o sul. Os pássaros que ficam poderão ter dificuldade para encontrar frutas e nozes para comer. Por que não fazer um banquete para eles? Dê a cada criança uma pinha grande e, se possível, faça uma caminhada com elas para que coletem suas próprias pinhas. Misture uma parte de manteiga de amendoim a uma parte de margarina. Deixe as crianças encherem as pinhas com a mistura e depois rolarem as pinhas em alpiste. Pendure os "alimentadores de pássaros" em galhos de árvores, ou deixe que as crianças os levem para pendurar em casa.

Junho: mantendo quente

Converse com as crianças sobre as diferentes maneiras pelas quais os animais mantêm-se aquecidos no inverno (por exemplo, os cachorros ficam com o pêlo mais grosso, os sapos enterram-se na lama do fundo dos lagos, os ursos hibernam. Aproveite essa experiência para mostrar como os animais preparam suas casas para o inverno.

Em um dia frio, misture gelatina com água fervente (siga as instruções do pacote) e derrame o líquido em caixinhas de filmes ou outros recipientes pequenos. Leve as caixinhas para fora e diga às crianças para imaginarem que as caixinhas são pequenos animais que precisam de um lar aquecido. As crianças devem procurar o lugar mais quentinho possível e lá colocar o seu "bichinho". Estimule-as a testarem lugares diferentes – um lugar aberto, ensolarado; embaixo de uma pilha de folhas, sob a neve. Fiquem fora por uns 15 minutos (o exercício ajuda as crianças a se manterem aquecidas?) e depois verifiquem as caixinhas. Quais lugares foram suficientemente quentes para impedir que a gelatina solidificasse? As crianças podem ficar surpresas ao descobrir que a neve é um bom isolante! Se elas fossem animais, onde colocariam sua casa no inverno? Que materiais poderiam mantê-la aquecida?

Julho: mantendo frio

Às vezes, queremos que alguma coisa continue fria, como sorvete no congelador. Faça uma bandeja com cubos de gelo e embrulhe os cubos com materiais diferentes – filme de PVC, papel de alumínio, plástico, camadas de jornal. Com base no experimento de junho, embrulhe um cubo de gelo com neve ou com folhas de árvore. Coloque os cubos de gelo em uma bandeja e pergunte às crianças qual deles vai levar mais tempo para derreter. Verifique os cubos de gelo periodicamente e registre os resultados. Que material é o melhor isolante? Se você quisesse que seu sanduíche se mantivesse frio até a hora do almoço, que tipo de material de embrulho usaria?

Agosto: flocos de neve

Traga um recipiente com neve para a sala de aula e examine os flocos com lentes de aumento ou, se possível, com um microscópio. O que torna um floco de neve diferente de todos os outros? O que eles têm em comum?

Você também pode fazer flocos de neve como um projeto de artes. Dê a cada criança um círculo de papel branco com cerca de 15 cm de diâmetro. Mostre a elas como dobrar o papel pela metade e depois em terços (os flocos de neve são hexagonais). Também mostre como recortar um desenho em todos os lados e depois abra o papel. Pendure os flocos de neve nas paredes ou nas janelas da sala de aula.*

Setembro: medindo a chuva

Em um dia chuvoso, leve para fora recipientes variados – cestas de lixo, bacias, copos de iogurte, potes de geléia. Depois de algumas horas, busque-os e use uma régua para medir a quantidade de água que foi coletada. As medidas são as mesmas ou são diferentes? Por quê? A seguir, use copos de medida para medir a quantidade de água em cada recipiente. As quantidades são as mesmas ou são diferentes? Por quê?

Outubro: sinais de primavera

Diga às crianças que elas fingirão ser detetives da natureza em uma caminhada em busca de sinais de primavera. Dê a cada uma um lápis ou giz de cera, uma folha de papel e um pedaço de papelão para usar como prancheta e peça que escrevam ou desenhem seus achados. Incentive-as a fazerem observações sobre o tempo. Está ventoso? Há poças de água no chão? Elas devem usar todos os sentidos. Que cheiros estão no ar? Que sons elas escutam? Que cores vêem? As cores da primavera são diferentes das cores do inverno? Encoraje as crianças a observarem a vida das plantas e dos animais e como o crescimento e a atividade aumentam na primavera. Elas encontraram flores? Encontraram algum sinal de atividade animal – rastros, ninhos, buracos no chão, frutas ou sementes parcialmente comidas? Quando voltarem à sala de aula, elas devem refletir sobre suas observações e fazer um desenho, um poema ou uma história.

Novembro: estudo das nuvens

Vá para fora todos os dias, durante uma semana ou mais, e peça às crianças que desenhem as nuvens que vêem no céu. De que cores são as nuvens? Que formas elas têm? Estão muito altas no céu, ou mais baixas? Como está o tempo? Peça-lhes que consultem revistas ou livros que falem sobre nuvens para que possam identificar e rotular as nuvens que desenharam.

No final da semana, peça às crianças que reflitam sobre suas observações. Que nuvens estão associadas a tempo bom? À chuva? Depois de observar as nuvens, elas podem dar um bom palpite sobre o tempo que vai fazer amanhã?

---

*N. de R.T. O professor pode adaptar esta atividade para o clima do Brasil em agosto.

Atividade de Ciências 1 para Fazer em Casa

⊃ PLANTAR SEMENTES

Objetivos:
Plantar sementes em diferentes condições.
Determinar quais condições produzem os melhores resultados.

Materiais:
- Vários sacos plásticos pequenos
- Toalhas de papel ou chumaços de algodão
- Um pacote de sementes ou um punhado de feijões (feijão-de-lima, feijão preto, ervilha)

Nota aos pais:
O que faz uma planta ficar mais alta que outra? Por que as plantas morrem quando não chove? As crianças têm muitas idéias sobre o que acontece na natureza. Preparar experimentos para testar essas idéias pode ser uma ótima maneira de ajudá-las a pensarem sobre causa e efeito e as condições que ajudam as plantas a crescer.

Procedimentos:
1. Converse com seu filho/sua filha sobre o que as as plantas precisam para crescer. Água, luz e calor são fatores importantes. Encoraje a criança a fazer perguntas sobre as plantas, a tentar encontrar possíveis respostas para essas perguntas e a compartilhar o que aprendeu na escola ou em casa.
2. Algumas perguntas que você pode fazer à criança incluem:
   - O que acontece a uma semente se faltar um dos elementos necessários para ela se transformar em uma planta (água, luz ou calor)?
   - O que acontece se uma semente receber luz e calor, mas nada de água?
   - O que acontece se ela receber água, mas nenhuma luz?
   - O que acontece se uma semente receber água e luz, mas estiver em um lugar muito frio?

   Peça à criança que a/o ajude a inventar um experimento para descobrir as respostas.
3. Ajude a criança a preparar o experimento:
   - Coloque algumas sementes ou feijões sobre uma toalha de papel ou um chumaço de algodão.
   - Umedeça com água a toalha de papel ou o algodão, ponha em um saco plástico e coloque o saco em um lugar aquecido e ensolarado.
   - Faça com que a criança prepare uma etiqueta, com palavras ou desenhos, mostrando que aquelas sementes recebem água, luz e calor.
4. Vá para as etapas seguintes:
   - Pegue outra toalha de papel ou chumaço de algodão e coloque nela/e algumas sementes ou feijões (use o mesmo tipo de semente ou feijão para todos os experimentos).
   - Não umedeça a toalha/o algodão. Coloque-a/o em um saco plástico em um lugar aquecido e ensolarado.
   - Faça com que a criança prepare uma etiqueta, dizendo que aquelas sementes recebem luz e calor, mas nada de água.
5. Teste o que acontece nas muitas condições diferentes imaginadas pela criança. Tais condições podem incluir:
   - Colocar as sementes em um chumaço de algodão úmido e depois deixar o saco ao ar livre, em um lugar ensolarado – no inverno. (Certifique-se de que o saco plástico fique fora do alcance de animais.) Faça uma etiqueta, mostrando que o saco recebe água e sol, mas não calor.

87

Atividade de Ciências 1 para Fazer em Casa

- Colocar as sementes em um chumaço de algodão úmido e depois deixar o saco dentro de um armário. A etiqueta deve mostrar que o saco recebe água e calor, mas nenhuma luz.
6. Observe os sacos plásticos diariamente por uma semana. Você pode usar o gráfico abaixo para registrar o que acontece. Ou pode ajudar a criança a fazer seu próprio gráfico e inventar alguns símbolos.
7. Faça ao seu filho ou à sua filha perguntas sobre o experimento, tais como:
    - Que sementes brotaram primeiro?
    - Qual foi o melhor lugar para as sementes? Do que elas parecem precisar mais para crescer?
8. Vocês podem plantar as sementes em um pequeno recipiente com terra. Conforme as sementes continuarem a crescer, você pode perguntar à criança:
    - Quais permaneceram sadias?
    - O que aconteceu às outras? Por quê?
9. Ajude a criança a fazer uma afirmação verdadeira sobre os resultados do experimento.

Compartilhar:

Se desejar, a criança pode levar as sementes germinadas, o gráfico ou ambos para a escola. Ela pode explicar os experimentos para os colegas e descrever o que descobriu.

REGISTRO SOBRE GERMINAÇÃO DE SEMENTES

(Faça um desenho)

Domingo	Segunda	Terça	Quarta	Quinta	Sexta	Sábado
Água Luz Calor						
Luz Calor Nenhuma água						
Água Luz Nenhum calor						
Água Calor Nenhuma luz						

➲ COLEÇÕES

Objetivo:
Juntar, identificar, descrever e classificar uma coleção da natureza.

Materiais:
Uma coleção de itens da natureza, como
  Conchas
  Pedras
  Flores
  Folhas
Caixa grande ou folha de papel grande
Cola ou fita adesiva
Caneta ou lápis
Papel

Nota aos pais:
Muitas crianças têm algum tipo de coleção. Elas podem colecionar selos, figurinhas de futebol, conchas, moedas ou borboletas. Essas coleções servem como fontes de aprendizagem e, ao mesmo tempo, é divertido para a criança comparar as peças para ver o que existe de igual ou diferente nelas. As crianças podem classificar seus tesouros por cor, tamanho, lugar onde os itens foram encontrados, ou qualquer outra categoria desejada (por exemplo, elementos da praia).

Procedimentos:
1. Saia para passear e coletar itens interessantes com sua filha/seu filho. Quando voltarem, peça à criança que descreva cada item; ajude-a, se necessário. O que a criança observa no item? Ele é macio? Duro? Colorido? Redondo? Achatado?
2. Faça a criança preparar uma etiqueta para cada objeto em pedaços pequenos de papel, usando palavras ou desenhos. Talvez ela queira incluir informações sobre onde e quando ele foi encontrado, sua cor, tamanho, nome (se ela souber), etc.
3. Diga à criança que pode expor cada item com seu rótulo. Ela pode usar uma caixa, colar os itens em uma grande folha de papel, ou imaginar algum outro método.
4. Discuta com a criança a idéia de que existem muitas maneiras diferentes de organizar ou classificar uma coleção, para que as pessoas possam aprender e divertir-se com ela. Peça-lhe que organize os itens de maneiras diversas. Talvez ela descubra maneiras nas quais você nunca pensou! Algumas perguntas úteis que você pode fazer à criança incluem:
   - Como você irá expor os itens?
   - Você colocará todos da mesma cor juntos?
   - Você colocará todos do mesmo tamanho juntos?
   - Você colocará todos com o mesmo nome juntos?
5. Encoraje a criança a examinar a coleção e mudar alguma coisa, se desejar. Enfatize que existem muitas maneiras diferentes de classificar itens em uma coleção.

Compartilhar:
A criança pode criar uma área de exposição em seu quarto e convidar os amigos e a família para ver a exibição. A classe de sua filha/seu filho também pode querer ver a coleção. Descubram uma maneira segura de levá-la para ser exibida na escola.

■ RECURSOS E REFERÊNCIAS

As atividades descritas são apenas uma introdução à área. Para ajudá-los a explorar melhor o ensino das ciências, apresentamos uma breve lista de recursos que se mostraram valiosos para nós e para nossos colegas. Ela pretende ser uma inspiração, mais que uma revisão da literatura. As fontes usadas na preparação deste livro estão assinaladas com um asterisco.

Agler, L. (1991). *Involving dissolving* (rev. ed.). A GEMS Teacher's Guide. Berkeley: Lawrence Hall of Science, University of California.

Agler, L. (1991). *Liquid explorations* (rev. ed.). A GEMS Teacher's Guide. Berkeley: Lawrence Hall of Science, University of California.

* Berger, M. (1991). *Make your own weather station*. New York: Scholastic.

Braus, J. (Ed.). (1987). *NatureScope: Incredible insects*. Available from National Wildlife Federation, 1400 Sixteenth St., Washington, DC 20036.

Cohen, J. (1990). *GrowLab: Activities for growing minds*. Available from National Gardening Association, 180 Flynn Ave., Burlington, VT 05401.

Doris, E. (1991). *Doing what scientists do*. Portsmouth, NH: Heinemann.

* Elementary science study. (1971). *Drops, streams, and containers*. St. Louis: McGraw-Hill.
* Elementary science study. (1968). *Light and shadows*. St. Louis: McGraw-Hill.
* Gertz, L. (1993). *Let nature be the teacher: Seasonal natural history activities for parents and other educators to share with young children*. Belmont, MA: Habitat Institute for the Environment.

Gold, C. (1991). *Science express: 50 scientific stunts from the Ontario Science Centre*. Reading, MA: Addison-Wesley.

* Herbert, D. (1959). *Mr. Wizard's experiments for young scientists*. New York: Doubleday.
* Holt, B. G. (1982). *Science with young children*. Washington, DC: National Association for the Education of Young Children.
* Katz, L. G.; Chard, S. C. (1990). *Engaging children's minds: The project approach*. Norwood, NJ: Ablex.
* Nelson, L. W.; Lorbeer, G. C. (1984). *Science activities for elementary children* (8th ed.). Dubuque, IA: W. C. Brown.

Petrash, C. (1994). *Earthways*. Mt. Rainier, MD: Gryphon House.

* Pitcher, E. V., Feinburg, S. G.; Alexander, D. A. (1989). *Helping young children learn* (5th ed.). Columbus, OH: Merrill.

Richards, R., Collis, M.; Kincaid, D. (1990). *An early start to science*. Hemel-Hempstead, UK: Macdonald Educational.

* Sprung, B., Froschl, M.; Campbell, P. B. (1985). *What will happen if...* Brooklyn, NY: Faculty Press.
* VanCleave, J. (1989). *Chemistry for every kid*. New York: John Wiley; Sons.
* Williams, R. A., Rockwell, R. E.; Sherwood, E. A. (1987). *Mudpies to magnets: A preschool science curriculum*. Mt. Rainier, MD: Gryphon House.

Zubrowski, B. (1991). *Messing around with baking chemistry: A Children's Museum activity book*. Boston: Little, Brown.

ATIVIDADES DE MÚSICA

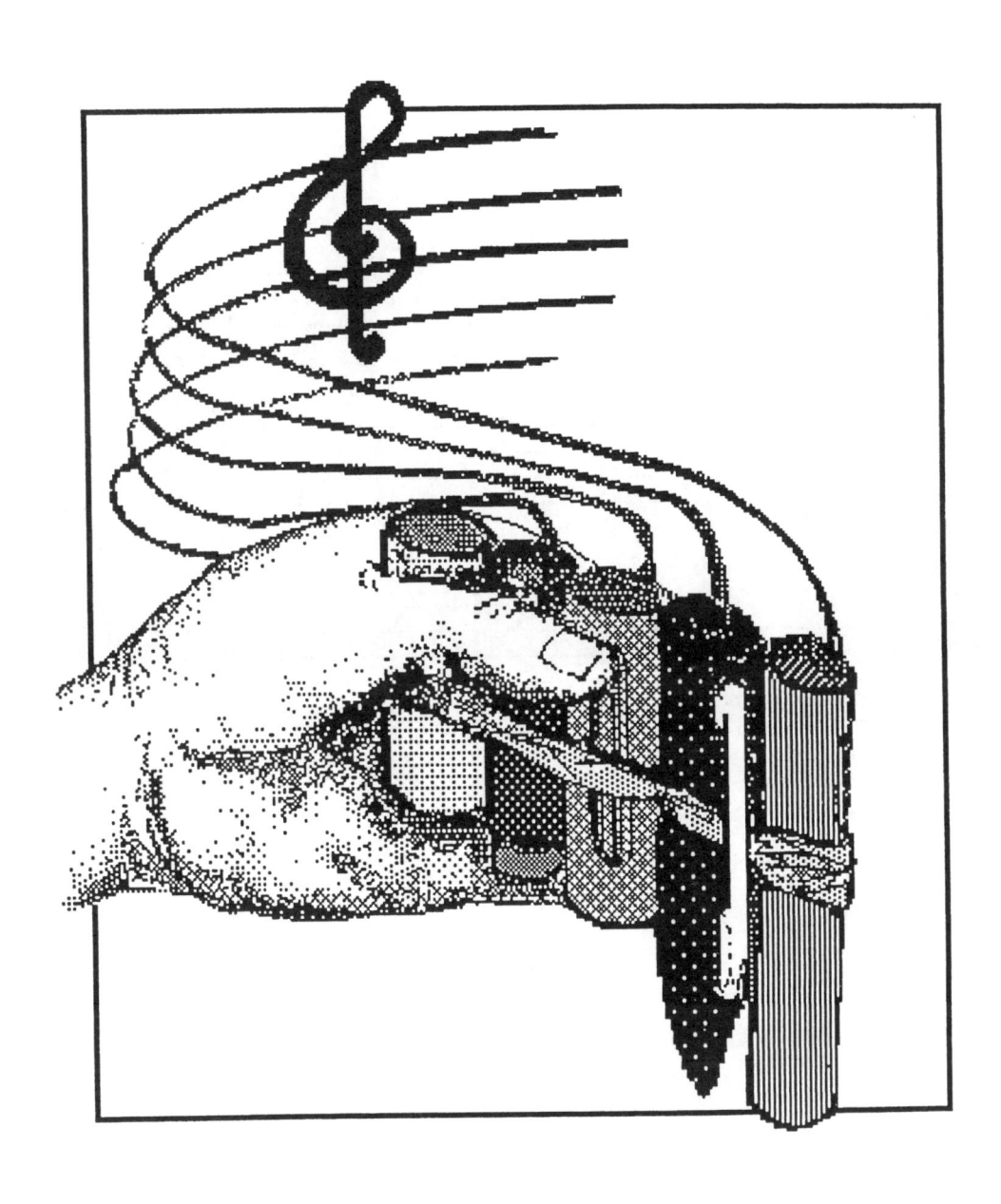

SUMÁRIO

- **INTRODUÇÃO**

  Um resumo das atividades de música 93
  Descrição das habilidades-chave 94

- **ATIVIDADES DE MÚSICA**

  Percepção musical
  Cilindros de som alto e baixo 95
  Combinação de cilindros de som 96
  Loto musical 97
  Qual é a música? 98
  Esconde-esconde com xilofone 99
  Retrate a música 100
  Xilofone com garrafas de água 101

  Produção musical
  Explorar os sons dos instrumentos 102
  Sons e instrumentos ao ar livre 104
  Kazoo de pente e papel encerado 105
  Poema rítmico 106
  Grupo de execução pentatônico 107

  Composição musical
  Escrever uma música 108
  Padrões de ritmo 109
  Degraus da melodia 110
  Notação numérica 111
  Compor uma melodia com blocos musicais 112
  Criar a trilha sonora para um filme 113

- **ATIVIDADES PARA FAZER EM CASA**

  1 Eu ouço um trem se aproximando! 114
  2 Favoritas da família 115

- **RECURSOS E REFERÊNCIAS**

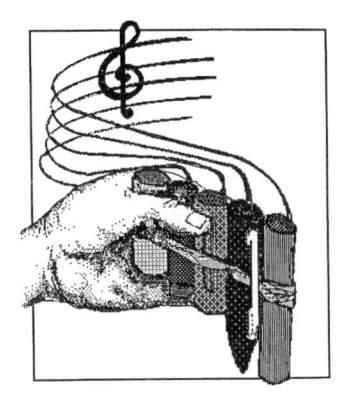

■ UM RESUMO DAS ATIVIDADES DE MÚSICA

A música alegra a nossa vida. Alguns de nós tocam um instrumento musical e lêem música. Praticamente todos nós cantamos, dançamos, ouvimos apresentações e gravações e compomos, mesmo que seja só uma melodia que cantarolamos para nós mesmos. A música acompanha-nos durante o dia todo, ou como uma música de fundo no carro, em casa e no local de trabalho, ou como o ponto culminante de execuções artísticas, festas e outros eventos especiais. No entanto, relativamente poucos de nós recebem muita instrução formal, talvez porque na cultura ocidental a capacidade musical tem sido tradicionalmente considerada um "talento" de alguns poucos, em vez de uma capacidade intelectual intrínseca a todos nós. As atividades musicais desta seção pretendem expandir o tipo e a profundidade das oportunidades relacionadas à música disponíveis para todas as crianças na sala de aula.

Uma vez que nem todas as crianças encaram a música ou gostam dela igualmente, esta seção oferece uma ampla gama de atividades, incluindo experiências de criação musical, interpretação dramática e audição musical. As atividades pretendem imergir as crianças no mundo da música e estimular três capacidades musicais essenciais: produção, percepção e composição. As crianças exploram os conceitos de altura de som, ritmo e timbre (tom) e fazem exercícios de notação e composição simples. As atividades de música também convidam as crianças a usarem vários instrumentos simples de percussão e melodia. Os instrumentos de percussão incluem triângulos, tambores, blocos de madeira, blocos de madeira com lixa e tamborins. Os instrumentos de melodia simples incluem sinos, xilofones infantis, um pequeno teclado eletrônico e copos ou garrafas com água afinados.

As atividades podem complementar algum programa musical da escola e também ser adaptadas ao gosto musical das crianças. Para enriquecer as experiências delas com a música, você pode tocar discos ou deixar que usem fones de ouvido para escutar fitas entre as atividades estruturadas. Escolha discos que sejam compatíveis com o interesse das crianças e com o seu nível de entendimento musical. Esses discos também podem ilustrar instrumentos específicos, grupos de instrumentos, tipos de vozes, estilos e períodos musicais.

A maioria das atividades desta seção pode ser dirigida por professores sem treinamento musical. Muitas não envolvem cantar em grupo, embora você possa incluir isso se desejar. Talvez você queira trabalhar junto com o especialista em música da escola, ou convidar pais para cantarem ou tocarem instrumentos para as crianças em sala de aula.

Introduza as atividades musicais (ou a área de música, se você estiver organizando uma mesa de instrumentos ou audição) de uma maneira que pareça apropriada à sua classe e que deixe você à vontade. Você pode começar perguntando às crianças: "O que vocês sabem sobre música?". Anote suas respostas. Podem ser feitas perguntas mais específicas:

- Onde você escuta música?
- Você escuta música em casa? Que tipo de instrumentos escuta?
- Como você cantaria para um bebê?
- Você escuta música em uma floresta? Que tipo de música escuta? Você consegue fazer música, assobiando como os pássaros?
- De que tipo de música você gosta mais?

Você pode apresentar o papel do músico para as crianças, dizendo que elas escutam músicos muito conhecidos em fitas, CDs, rádio, TV ou ao vivo, em concertos. Peça para darem o nome de alguns cantores ou músicos que ouviram em disco, viram na TV ou ao vivo. Enfatize que elas próprias também são músicos, quando cantam ou fazem música.

Quando as crianças nomearem seus músicos favoritos, pergunte-lhes as razões de suas escolhas. Ajude-as a compreenderem que a música pode despertar estados de ânimo e emoções, podendo fazer sentir felicidade, tristeza ou emoção. E nós preferimos certas músicas, quando estamos sentindo determinadas emoções. Pergunte às crianças: Vocês cantam quando estão felizes? Que tipo de música vocês gostam de ouvir quando estão tristes? Se desejar, você pode cantar ou tocar uma música triste e uma música feliz para as crianças. Ou pergunte se alguém quer fazer isso.

Por fim, apresente alguns dos instrumentos que serão usados nas atividades de música e deixe que as crianças os toquem. Peça-lhes que nomeiem todos os instrumentos musicais que conhecerem (por exemplo, guitarra, violão, corneta, violino). Mostre-lhes os instrumentos, especialmente aqueles menos convencionais, como blocos de madeira, blocos de madeira com lixa e garrafas de água afinadas. Demonstre como esses instrumentos fazem música e reforce a idéia de que existem muitas maneiras diferentes de fazer música. Convide as crianças a experimentarem os instrumentos.

■ DESCRIÇÃO DAS HABILIDADES-CHAVE

Percepção musical

- é sensível à dinâmica (alto e baixo);
- é sensível ao tempo e aos padrões rítmicos;
- discrimina alturas de som;
- identifica estilos musicais e de músicos;
- identifica diferentes instrumentos e sons.

Produção musical

- é capaz de manter um tom exato;
- é capaz de manter o tempo e os padrões rítmicos exatos;
- revela expressividade quando canta ou toca algum instrumento;
- é capaz de lembrar e reproduzir propriedades musicais de músicas e outras composições.

Composição musical

- cria composições simples com certo senso de início, meio e fim;
- cria sistemas notacionais simples.

⊃ CILINDROS DE SOM ALTO E BAIXO

Objetivo:
Usar cilindros de som para aprender sobre o papel dos diferentes sons na música.

Principais componentes:
Percepção musical
Identificação de diferentes sons

Materiais:
Seis cilindros de sons diferentes (comprados ou feitos à mão)

Procedimentos:
1. Coloque os cilindros de som diante das crianças e diga-lhes que cada cilindro contém materiais diferentes. Peça a elas que sacudam os cilindros e pensem em maneiras de classificá-los (por exemplo, pelo peso, pelo tipo de som, etc.).
2. Discuta as categorias sugeridas pelas crianças. Encoraje-as a fazerem perguntas aos colegas. Faça perguntas, como: Que sentidos você usou para classificar (ou agrupar) os cilindros?
3. Sugira a elas que usem os ouvidos para organizarem os cilindros do mais alto ao mais baixo. Incentive-as a experimentarem métodos diferentes para fazer isso.
4. Discuta com as crianças os métodos que elas consideram mais eficientes para organizar os cilindros. Se necessário, ajude-as a experimentarem o seguinte sistema:
   - Sacuda os cilindros um de cada vez. Descubra qual é o mais alto e separe-o.
   - Entre os restantes, encontre o que é mais alto e coloque-o ao lado do primeiro.
   - Entre os restantes, encontre o mais alto e coloque-o ao lado do segundo.
   - Repita isso até que o som dos cilindros esteja alinhado em uma fileira do mais alto ao mais baixo.
5. Peça às crianças que misturem os cilindros e experimentem fazer o jogo novamente.
6. Peça-lhes que pensem em maneiras de usar os cilindros ou chocalhos altos e baixos na música. Quais elas usariam se estivessem tentando fazer adormecer um bebê? Quais usariam em uma música sobre uma dança de elefantes?

Variações:
Deixe que as crianças façam seus próprios cilindros de som. Dê a elas caixinhas vazias de filmes e pergunte que materiais gostariam de pôr dentro para fazer chocalhos (por exemplo, clipes de papel, arroz, massinha seca). Cole as tampas para evitar que abram e derramem. Depois que estiverem prontos, deixe os cilindros de som disponíveis em momentos apropriados, para que as crianças possam explorar e experimentar os sons.

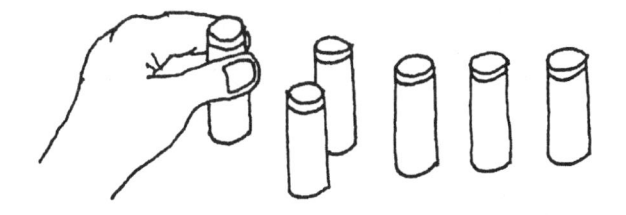

COMBINAÇÃO DE CILINDROS DE SOM

Objetivo:
Praticar as habilidades auditivas, combinando pares de cilindros de som.

Principais componentes:
Percepção musical
Identificação de diferentes sons

Materiais:
- Seis pares de cilindros de som, cada par cheio de um material diferente dos demais pares

Procedimentos:
1. Mostre às crianças os cilindros de som e diga que você sabe um segredo sobre os sons que eles fazem. Dê uma pista: elas precisam sacudir todos os cilindros e ouvir os sons cuidadosamente para descobrirem o segredo.
2. Dê os cilindros às crianças. Deixe que trabalhem em pequenos grupos, tentando descobrir qual poderia ser o segredo. Depois que elas relatarem seus achados, deixe que discutam e questionem as idéias umas das outras.
3. Revele o segredo: cada cilindro tem um cilindro que combina ou faz par com ele, contendo exatamente o mesmo material e produzindo o mesmo tipo de som.
4. Ajude as crianças a criarem uma maneira eficiente de encontrar os cilindros que combinam.
   - Escolha um dos cilindros e sacuda-o.
   - Segure-o em uma das mãos e sacuda-o enquanto pega um outro cilindro com a outra mão, sacudindo-o também. O som é exatamente igual ao primeiro? Se não for, coloque o segundo cilindro de volta, pegue outro e sacuda-o.
   - Continue tentando até encontrar um cilindro que combine com o primeiro. Organize em uma fileira os pares prontos de cilindros, colocando lado a lado aqueles que combinam.

Variações:
1. Encoraje as crianças a fazerem seus próprios conjuntos de cilindros que combinam. Elas podem propor desafios umas às outras, usando esses cilindros.
2. Use os cilindros como instrumentos de ritmo a serem tocados com música ao vivo ou gravada.
3. Incentive as crianças a dançarem, usando os cilindros de som como acompanhamento.

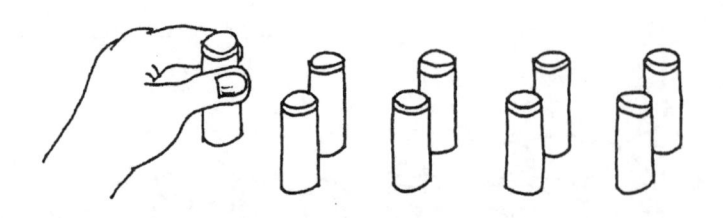

⊃ LOTO MUSICAL

Objetivo:
Aprender sobre os sons dos instrumentos.

Principais componentes:
Discriminação de sons
Identificação de diferentes instrumentos

Materiais:
Gravador
Fitas cassete com diferentes sons de instrumentos
Fotos ou figuras de instrumentos tocados na fita

Procedimentos:
1. Na preparação para essa atividade, toque fitas de diferentes instrumentos para as crianças, a fim de que elas se familiarizem com os sons. Se possível, traga alguns instrumentos para que as crianças vejam como eles são.
2. Tocando a fita para uma única criança: toque a fita com os diferentes sons dos instrumentos. Peça à criança que combine as fotos com os sons específicos de cada instrumento da fita.
3. Tocando a fita para um pequeno grupo: faça com que as crianças sentem em um círculo e dê a cada uma a foto de um instrumento musical. Quando a criança ouvir o som do instrumento que acha que está em sua foto, ela deve levantar a foto.

Variações:
Peça às crianças que planejem e gravem sua própria fita de instrumentos musicais e outros sons, como de carros, máquinas, pássaros, sinos e diferentes animais. Elas podem fazer seu próprio jogo de combinar o som com aquilo que o produz, desenhando ou fotografando as fontes de som, ou recortando figuras de revistas.

➲ QUAL É A MÚSICA?

Objetivo:
Aprender sobre as propriedades musicais, adivinhando melodias familiares.

Principais componentes:
Capacidade de lembrar as propriedades musicais dos sons
Capacidade de manter o tom exato
Capacidade de manter o ritmo exato

Materiais:
- Uma lista de músicas conhecidas pelas crianças (inclua músicas que elas cantam na aula e melodias populares que escutam no rádio e na TV)

Procedimentos:
1. Deixe as crianças revezarem-se, escolhendo um título da lista. O primeiro jogador cantarola a melodia, sem a letra, e os colegas tentam descobrir "qual é a música".
2. Para tornar o jogo mais desafiador: o jogador pode cantarolar apenas as três primeiras notas, parar e ver se os outros conseguem reconhecer a melodia. Se eles não conseguirem, o jogador cantarola as quatro primeiras notas... depois as cinco primeiras... depois seis... acrescentando uma nota de cada vez, até que a música seja reconhecida.
3. Mantenha um registro do jogo e descubra quem é capaz de reconhecer as músicas depois de ouvir o menor número de notas.

Variações:
1. Em vez de as crianças cantarolarem a melodia, elas podem usar *kazoos* (espécie de brinquedo musical). Ou você pode tocar um disco ou uma fita até que alguém identifique a música. Peça-lhes que identifiquem e discutam as características da música que ajudaram no reconhecimento (por exemplo, uma voz, um instrumento, uma determinada passagem).
2. Conforme as crianças ficarem mais à vontade, adivinhando e reproduzindo músicas, você pode introduzir variações no jogo e fazer perguntas como:
   - Você é capaz de mudar o ritmo da música (a duração das notas, o tempo entre elas ou as notas enfatizadas)?
   - Você é capaz de mudar o tempo ou a velocidade da música?
   - Você consegue cantarolar a música mais alto ou mais baixo?
   - Que mudanças tornarão difícil reconhecer a música?
   - Que mudanças você pode fazer para que a música soe quase igual?

⊃ ESCONDE-ESCONDE COM XILOFONE

Objetivo:
Fazer um jogo para desenvolver a capacidade de reproduzir tons.

Principais componentes:
Discriminação de tons
Lembrança de propriedades musicais

Materiais:
Dois xilofones (com teclas individuais, removíveis)
Duas baquetas
Tela divisória de papelão

Procedimentos:
1. Ao introduzir a atividade, saliente como os dois xilofones parecem iguais e têm o mesmo som. Demonstre isso, tocando notas idênticas em cada xilofone.
2. Convide duas crianças a sentarem em lados opostos da tela com um xilofone de cada lado. As crianças revezam-se, tocando uma nota e pedindo ao parceiro que faça o mesmo tom em seu xilofone. (Se necessário, comece com apenas algumas das teclas do xilofone; por exemplo, remova todas, menos três, e acrescente-as de volta conforme as crianças ficarem hábeis no exercício.)
3. Certifique-se de que a criança continua batendo na mesma nota até que o parceiro dê seu palpite final. As crianças podem dizer de que cor é a tecla em que estão batendo para verificar se seu palpite está certo, ou a outra pode olhar por cima da tela divisória enquanto o parceiro continua a bater na tecla que acha ser a certa.
4. Depois de dominar a habilidade de discriminar tons isolados, as crianças podem começar a combinar mais de uma nota de cada vez.

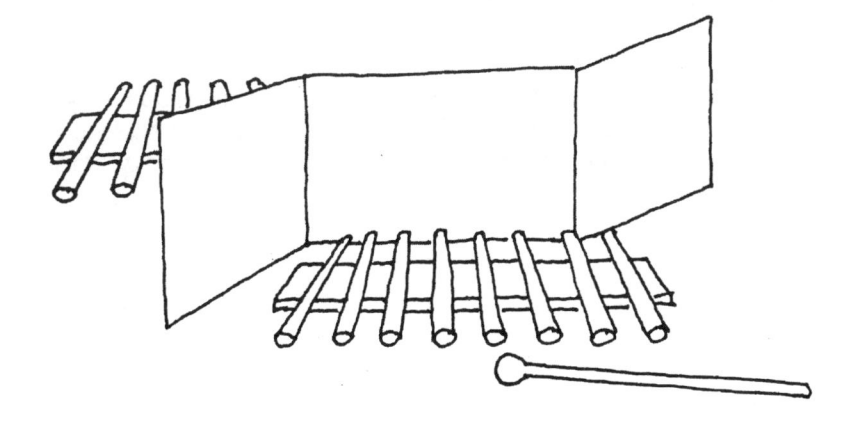

◯ RETRATE A MÚSICA

Objetivo:
Explorar o humor e a dinâmica da música, encontrando fotos ou figuras que reflitam seleções musicais.

Principais componentes:
Sensibilidade à dinâmica e aos estilos musicais

Materiais:
- Gravador ou toca-discos
- Várias fitas ou discos (incluindo, se possível, *Pictures at an Exhibition*, de Mussorgsky-Ravel)
- Revistas para recortar
- Papel ou cartolina
- Cola ou fita adesiva

Procedimentos:
1. Peça às crianças que fechem os olhos. Toque várias passagens musicais de uma fita ou disco. Pergunte o que elas sentem ao ouvir aquela música. Pergunte se a música lembra alguma coisa ou alguém em especial. Discuta como ela pode despertar determinados pensamentos ou sentimentos. *Pictures at an Exhibition*, de Mussorgsky-Ravel, ilustra bem esse conceito. O compositor russo Modest Mussorgsky compôs a suíte original para piano, com cada movimento representando uma pintura diferente. Mais tarde, a música foi orquestrada por Maurice Ravel. Se possível, toque a música ou algumas passagens para as crianças e converse sobre como os diferentes movimentos realmente soam como os quadros que representam.
2. Agora toque outra música ou sons. Diga às crianças que escolham personagens, figuras ou cenas de ação de livros ou revistas que pareçam ilustrar a música que ouviram. Exemplifique a atividade, escolhendo uma foto de uma revista, enquanto você escuta uma música. As crianças podem escolher uma paisagem tranqüila para combinar com uma música calma e uma cena urbana agitada para combinar com uma música rápida, mais envolvente. Ou podem escolher figuras de pássaros para retratar uma música de flauta. Toque passagens musicais que representem vários estilos e emoções. Peça-lhes que expliquem as associações que fizeram. Que aspectos da música levaram-nas àquela seleção?
3. Se desejarem, as crianças podem montar as figuras recortadas para formar um cartaz ou livro que acompanhe a música.

Nota ao professor:
O filme *Fantasia*, de Disney, é um bom exemplo de como as imagens podem ser coordenadas com música. Você pode alugá-lo e mostrar às crianças passagens selecionadas para ilustrar como a música pode sugerir diferentes imagens visuais.

⊃ XILOFONE COM GARRAFAS DE ÁGUA

Objetivo:
Explorar tons, construindo um xilofone com garrafas contendo quantidades diferentes de água.

Principais componentes:
Discriminação de tons
Produção musical
Composição musical

Materiais:
Oito garrafas idênticas, de aproximadamente um litro
Água
Jarra
Funil
Baquetas de xilofone

Procedimentos:
1. Encha as garrafas com quantidades diferentes de água. Ajuste a quantidade de água em cada garrafa para produzir uma escala musical aproximada (mais água aumenta o tom). Deixe as crianças usarem as baquetas para tocarem o xilofone de garrafas de água criado por você. Explore com elas a razão pela qual o som difere de acordo com a quantidade de água na garrafa. (À medida que enchemos a garrafa com água, a coluna de ar diminui, produzindo vibrações mais rápidas e um tom mais alto.)
2. Derrame a água das garrafas, esvaziando-as, e convide as crianças a encherem as garrafas com diferentes quantidades de água, usando a jarra e o funil. Depois, elas podem tocar o xilofone de garrafas de água construído por elas mesmas.
3. Elas podem revezar-se, criando músicas com esses xilofones. Ajude-as a rotularem cada garrafa com um símbolo – a nota tradicional ou um símbolo sugerido por elas. Depois, podem criar músicas e escrever a "partitura", desenhando os símbolos na ordem certa. Também podem aprender as músicas dos colegas, compartilhando as partituras (veja a seção de Composição Musical para atividades relacionadas).

Variações:
1. As crianças podem soprar no topo das garrafas em vez de baterem nelas com a baqueta.
2. Coloque canudinhos dentro das garrafas e deixe que as crianças soprem bolhas na água. Agora, vocês têm um órgão! (Para garantir que nenhuma criança engula água por engano, você pode fazer um pequeno buraco na extremidade dos canudos para impedir a sucção.)

Produção Musical Pequeno/Grande Grupo Dirigido pelo Professor

⊃ EXPLORAR OS SONS DOS INSTRUMENTOS

Objetivo:
Experimentar e aprender os sons, tocando instrumentos simples.

Principais componentes:
Expressividade ao tocar um instrumento
Identificação do som de diferentes instrumentos

Materiais:
Tambores, triângulos, varetas e outros instrumentos de ritmo
Xilofone
Teclado (ou piano, se disponível)
Baquetas de borracha, madeira e plástico

Procedimentos:
1. Junte vários instrumentos que você pretende usar com as crianças durante o ano. Diga-lhes que vocês terão bastante tempo para explorar os instrumentos e experimentar maneiras diferentes de usá-los para criar sons e fazer música. Convide uma ou duas crianças de cada vez para escolher um instrumento e ver quantos sons diferentes consegue criar.
2. Incentive as crianças a experimentarem. Eis algumas sugestões para orientar sua exploração, baseadas nas recomendações de Bjornar Bergethon em *Musical Growth in the Elementary School*:
    - tambores – bata em lugares diferentes. Bata com a ponta dos dedos, com a mão aberta, com a mão fechada e com diferentes objetos. Bata em um tambor grande e em um pequeno.
    - xilofone – bata na mesma tecla com uma baqueta de borracha, uma baqueta de plástico e uma baqueta de madeira. Toque na tecla de metal quando bater nela.
    - varetas de ritmo – bata perto das extremidades, depois perto de suas mãos. Bata em numa escrivaninha, no chão, em um livro, no aquecedor. Tente varetas de comprimentos e diâmetros diferentes.
    - teclado – toque a mesma nota nas oitavas mais baixas e mais altas. Toque uma série de notas separadamente e em acorde. Se houver um piano disponível, observe como o som é produzido pela ação do martelo sobre as cordas. Experimente usar diferentes pedais.
3. Conforme as crianças experimentam, peça que descrevam os sons que estão criando. Faça perguntas do tipo:
    - Como o som muda?
    - O que acontece com o som quando você...?
    - Como você pode fazer um som mais alto? Mais baixo?
    - Como você tocaria esse instrumento para uma canção de ninar? Em uma banda em um jogo de futebol? Para festejar um aniversário? Para dizer adeus?

Variações:
1. Compare como soam os diferentes instrumentos quando tocam a mesma frase musical. Peça um voluntário para o papel de maestro/compositor (as crianças devem revezar-se). O maestro pode criar um padrão rítmico e reger a "orquestra" que irá tocá-lo. Depois, pode sinalizar para determinados instrumentos tocarem a frase sozinhos ou em pequenos grupos. Discuta a variedade de sons resultante de diferentes combinações de instrumentos.

2. Improvise uma música para todo o grupo, com as crianças tocando uma de cada vez ou em pequenos grupos. Incentive-as a descobrirem quais instrumentos devem usar para criar os efeitos desejados. Por exemplo, escolha um tema como "A Tempestade" ou "O Circo". Qual instrumento deve tocar a parte do elefante? Do acrobata? Do palhaço?

Produção Musical Pequeno/Grande Grupo Dirigido pelo Professor

⮕ SONS E INSTRUMENTOS AO AR LIVRE

Objetivo:
Faça uma caminhada para explorar diferentes sons e como eles são produzidos.

Principais componentes:
Identificação de diferentes sons
Exploração da música no meio ambiente

Materiais:
Baquetas de tambor
Varetas rítmicas
Colheres
Sino
Tigela de água

Procedimentos:

1. Planeje uma caminhada ao ar livre com um grupo pequeno ou a classe toda. Explique às crianças que elas usarão os ouvidos para escutar sons. Para ilustrar que o som pode ser causado por uma vibração, bata um sino. Deixe que as crianças toquem imediatamente no sino e sintam a vibração. Para ampliar a ilustração, mergulhe a ponta do sino em uma tigela com água e aponte as ondulações formadas pelo sino que está vibrando. Diga-lhes que, em sua caminhada em busca de sons, elas procurarão coisas que vibram e fazem sons quando se bate nelas.
2. Dê a cada criança uma baqueta, uma vareta de ritmo ou uma colher. Durante a caminhada, elas usarão essas varetas ou colheres para bater levemente em objetos avistados e descobrir que sons eles produzem. Se necessário, combine regras básicas: bater com delicadeza, não bater em nada vivo ou que possa quebrar. Deixe as crianças baterem em cercas, latas de lixo, postes e letreiros, árvores e caixas de correio. Diga-lhes para compartilharem seus achados com os colegas, que nesses momentos devem interromper as próprias batidas para acompanhar as alheias. Faça algumas perguntas: Que objetos têm um som agradável? Que objetos não têm um som muito agradável? Que objetos produzem um som alto? Quais produzem um som baixo? Observe que alguns sons duram muito e desaparecem gradualmente, enquanto outros são muito curtos.
3. Veja quais objetos ou "instrumentos" descobertos na caminhada podem ser levados para a escola. Agrupe os instrumentos de som alto, separando-os dos de som baixo, e os de som agudo dos de som grave. Forme uma banda com os instrumentos e acompanhe música gravada. Ou, se os instrumentos recém-descobertos forem suficientemente variados, faça as crianças formarem uma pequena banda e criarem sua própria música.
4. Converse sobre sons e instrumentos ao ar livre. Peça às crianças que fechem os olhos e tentem lembrar os sons que ouviram em sua caminhada. Ajude-as a pensarem em palavras para descrever os sons: tinido, batidas leves, estalido, estrondo, rangido, som de sino, etc.

Variação:
Pegue um gravador e leve junto na caminhada, para gravar tudo o que vocês ouvirem ao ar livre (por exemplo, os sons da natureza – vento, pássaros, animais – e os sons de coisas mecânicas – máquinas, sinos, apitos, sirenes, carros). Tudo isso pode tornar-se parte da "música" do cotidiano. De volta à sala de aula, veja quantos sons as crianças conseguem identificar.

⊃ *KAZOO* DE PENTE E PAPEL ENCERADO

Objetivo:
Fazer seu próprio instrumento (um *kazoo*, que é uma espécie de pequeno brinquedo musical) e usá-lo para tocar melodias simples.

Principais componentes:
Produção musical
Expressividade
Composição musical

Materiais:
Um pequeno pente plástico para cada criança
Papel vegetal ou manteiga
Papel de seda e outros tipos de papel

Procedimentos:
1. Dê a cada criança um pente e um pedaço de papel encerado mais ou menos do tamanho do pente. Diga-lhes para dobrarem o papel sobre o pente.
2. Elas devem segurar o lado plano do pente contra os lábios e cantarolar. O papel vegetal vibra, produzindo um som em zumbido.
3. Sugira que formem uma Banda de *Kazoos* e toquem algumas músicas bem-conhecidas, como "Atirei um Pau no Gato", "O Meu Chapéu Tem Três Pontas" ou "Se Essa Rua Fosse Minha".
4. Encoraje as crianças a experimentarem o papel de seda e outros tipos de papel sobre o pente. Peça que comparem os sons produzidos pelos diferentes papéis.

Variações:
Deixe que as crianças tentem criar outros instrumentos. Dê a elas materiais diversos e muito tempo para experimentar. Eis algumas sugestões:

- Tire a tampa de uma caixa pequena e resistente e estique atilhos de espessura diferente para fazer uma harpa de atilhos. O instrumento pode ficar mais elaborado se as crianças colocarem a tampa de volta e recortarem um buraco nela, para fazer uma "caixa de ressonância", ou colocarem um lápis embaixo dos atilhos para funcionar como o "cavalete de um instrumento de cordas".
- Faça flautas-de-pã com tampas de caneta hidrocor. Junte quatro ou cinco tampas de tamanhos diferentes. As crianças irão soprar no topo das tampas e depois organizá-las do som mais alto ao mais baixo. Cole as tampas firmemente em um palito de picolé. De modo geral, quanto maior a tampa, mais claro o tom.
- Faça cilindros de som (descritos na p. 95) ou chocalhos maiores com recipientes de cereal ou chocolate em pó. Evite latas de metal que possam ter bordas cortantes. Que tipos de "enchimentos" (por exemplo, moedinhas, arroz, clipes de papel) ocorre às crianças?
- Se houver um adulto para supervisionar, as crianças podem fazer um tipo diferente de chocalho, colocando duas tampas de garrafa de costas uma para a outra e pregando o par em um bastão de madeira. Deixe-as fazerem diversos pares e experimentarem diferentes maneiras de colocá-los no bastão. Por exemplo, elas podem colocar todas as tampas em uma extremidade do bastão, ou colocar alguns pares em cada extremidade e segurar o bastão pelo meio.
- Corte pela metade uma garrafa plástica de um litro de refrigerante. As crianças podem fazer um tambor com a parte inferior, colocando um papel encerado no topo e prendendo-o com atilhos de borracha.

➔ POEMA RÍTMICO

Objetivo:
Aprender sobre ritmo e tempo, batendo palmas ao som de poemas.

Principais componentes:
Capacidade de manter um ritmo preciso

Materiais:
Quadro-negro e giz ou papel grande e canetas
Gravador

Procedimentos:
1. Toque um rap ou qualquer música com uma batida bem forte. Faça as crianças baterem palmas, acompanhando a batida. Mais tarde, experimente ritmos mais complexos.
2. Ensine às crianças os poemas sugeridos, enfatizando o ritmo com palmas nas sílabas acentuadas. Mantenha um ritmo regular à medida que as sílabas de cada linha aumentam. Mostre-lhes as palavras no papel ou no quadro-negro. Se você acha que as crianças gostariam de cantar, faça uma melodia para acompanhar o poema. Se quiser, introduza a palavra *ritmo* (veja mais atividades rítmicas na seção de Movimento).

    (1) Sleep, sleep, sleep, sleep.

    (2) Lit-tle fair-ies tip-toe in and

    (3) fly through the air and they spar-kle like gold as they

    (4) tick-le all our nos-es and they sprink-le us with ros-es while we

    (5) sleep, sleep, sleep, sleep.*

    Esse poema demonstra os seguintes valores de tempo: semínimas na primeira linha, colcheias na segunda, tercilhos na terceira, semicolcheias na quarta e semínimas na quinta.

3. Encoraje as crianças a escreverem um poema rítmico durante a atividade de linguagem ou redação. Como exemplo, elas podem agrupar os nomes dos colegas pelas sílabas acentuadas e improvisar, se não houver nomes suficientes de colegas com as sílabas tônicas apropriadas.

    Jane, Kim, Luke, Juan,

    Robert, William, Trini, Heather,

    Helena, Jennifer, Estefan, Cynthia,

    Pollyana, Christiana, Thumbelina, Rosemaria,

    Lee, Mike, Sun, Steve.

*N. de T. (1) Sono, sono, sono, sono. (2) Fadinhas entram na ponta dos pés, (3) voam pelo ar e brilham como ouro, (4) fazem cócegas no nosso nariz e cobrem-nos de pétalas de rosas durante o nosso (5) sono, sono, sono, sono.

⮕ GRUPO DE EXECUÇÃO PENTATÔNICO

Objetivos:
Compor e executar uma música no xilofone, para aprender a escala pentatônica (de cinco tons).

Principais componentes:
Produção musical
Expressividade
Composição musical

Materiais:
- Xilofones (com teclas removíveis)
- Dois ou mais instrumentos de ritmo (por exemplo, pratos, maracas ou chocalhos, tambores africanos).

Procedimentos:
1. Apresente a palavra *pentatônico*. Explique que a escala pentatônica consiste em apenas cinco tons ou sons. Em um pequeno xilofone (oito teclas), a escala é tocada na primeira, segunda, terceira, quinta e sexta tecla. Peça às crianças que removam as outras teclas para criar um xilofone pentatônico. No piano, as teclas pretas formam uma escala pentatônica.
2. Sugira que cada criança crie uma música na escala pentatônica e toque-a para a classe. Elas devem fazer uma música com uma parte alta, uma parte baixa, uma parte rápida e uma parte lenta. Também devem variar as *notas*, o *ritmo* e o *tempo*. Revise esses termos, se necessário. Ajude as crianças a perceberem que algumas notas são agudas e outras graves, mas que todas podem ser tocadas alto ou baixo, em surdina. Tente encontrar diferentes combinações de alto e baixo com agudo e grave.
3. Depois que as crianças estiverem familiarizadas com a escala pentatônica, peça a um pequeno grupo para compor uma peça com a escala pentatônica. Pratique e ensaie a música.
4. Peça ao grupo que toque a música para a classe. Acrescente outros instrumentos de ritmo. Escolha um maestro ou líder para apresentar os membros do grupo, descrever seus instrumentos e anunciar o nome da música. As crianças devem decidir como o "maestro" mostrará aos músicos o momento em que devem começar a tocar, o momento em que apenas um deles deve tocar e se devem tocar baixo ou alto, rápido ou devagar.

Nota ao professor:
Usamos a escala pentatônica porque suas cinco notas quase sempre soam agradavelmente quanto tocadas juntas.

Composição Musical Pequeno/Grande Grupo Dirigido pelo Professor

⊃ ESCREVER UMA MÚSICA

Objetivo:
Aprender a usar símbolos para representar os sons musicais de forma escrita.

Principais componentes:
Discriminação de tons
Lembrança de propriedades musicais de canções
Criação de um sistema notacional simples

Materiais:
Papel
Papel pautado para música
Canetas ou lápis de cor
Gravador
Músicas gravadas bastante conhecidas

Procedimentos:
1. Toque uma música no gravador. Escolha alguma que as crianças conheçam bem – talvez uma que vocês tenham cantado juntos.
2. Peça-lhes que imaginem uma maneira de escrever a melodia dessa música (não as palavras) em um papel, de modo que alguém que não conhece a música possa cantá-la. Diga que podem usar o papel liso ou o pautado. Elas podem usar canetas ou lápis de cores diferentes para representarem o ritmo e a melodia da música.
3. Depois que as crianças terminarem suas notações, pergunte se gostariam de cantar a música enquanto lêem o que escreveram no papel. Na opinião delas, sua notação ajudaria alguém que não conhece a melodia?
4. Mostre-lhes partituras de músicas e explique que esse é o sistema "oficial" usado pelas pessoas para lembrar e tocar músicas. Ele não é necessariamente um sistema melhor do que os inventados por elas, mas é usado por músicos e compositores no mundo inteiro, que assim podem ler as músicas uns dos outros. Mostre às crianças que a notação transmite tanto a melodia (pela posição das notas na pauta) quanto o ritmo (por sinais de tempo e pela aparência das notas – cheias, vazias, pontilhadas, etc.). Peça-lhes que comparem o sistema notacional musical oficial com os sistemas criados por elas.

Notas ao professor:
1. Para facilitar a atividade, você pode tocar a música em um xilofone ou em um teclado, além de no gravador. Isso ajudará as crianças a perceberem a progressão das notas e as relações entre elas.
2. Guarde as notações das crianças em um caderno ou nos seus portfólios, para comparar com trabalhos posteriores.

Essa atividade foi adaptada de L. Davidson e L. Scripp. (1988). Young children's musical representations: Windows on music cognition. In J. Sloboda (org.), *Generative processes in music*. Oxford: Clarendon Press.

⮕ PADRÕES DE RITMO

Objetivo:
Aprender que os ritmos podem ser registrados através da notação musical.

Principais componentes:
Discriminação de ritmos
Criação de um sistema notacional simples de ritmo

Materiais:
Instrumentos de ritmo (incluindo os fabricados pelas crianças)
Lápis, giz de cera, canetas
Papel

Procedimentos:
1. Convide as crianças a improvisarem padrões rítmicos interessantes. A princípio, seus padrões poderão ser um pouco erráticos e sem métrica (irregulares). Incentive-as a usarem a imaginação e tente não forçar seus padrões a agrupamentos métricos tradicionais.
2. Encoraje-as a repetirem os padrões que criaram, de modo a memorizá-los. Peça-lhes que também escrevam seus padrões, usando qualquer sistema notacional que as ajude a lembrarem o ritmo.
3. Depois que as crianças escreverem seus padrões de ritmo, ajude-as a tocarem as músicas, uma depois da outra, como uma "composição de percussão". Experimente os padrões em diferentes seqüências, toque o mesmo padrão em diferentes instrumentos e discuta as diferenças resultantes.

Variações:
1. Peça a uma criança que improvise padrões rítmicos, enquanto outra cria movimentos que combinem com os sons ouvidos.
2. Cante uma música conhecida e depois a repita, mudando os padrões de ritmo ou variando o tempo. Faça perguntas, como: O som soa diferente? Por quê? Você consegue imaginar uma maneira de variar o tempo para melhorar essa música? Que palavras você pode usar para descrever as mudanças de tempo?

⊃ DEGRAUS DA MELODIA

Objetivo:

Usar uma escada para ajudar as crianças a visualizarem a relação entre sons musicais e notas escritas.

Principais componentes:

Criação de um sistema notacional simples
Discriminação de tons

Materiais:

Blocos construtores
Peças do jogo de damas
Papel e lápis
Xilofone

Procedimentos:

1. Use os blocos para construir uma escada em miniatura com oito degraus. Explique que as notas do xilofone são como os degraus da escada. Toque uma escala no xilofone, batendo nas teclas, uma de cada vez, da esquerda para a direita, ao mesmo tempo em que mostra os degraus, do mais baixo ao mais alto.
2. Peça às crianças que se revezem, colocando as peças do jogo de damas nos degraus cada vez que você tocar uma nota no xilofone. Conforme você sobe a escala, da nota mais grave até a mais aguda, elas devem colocar as damas nos degraus correspondentes, do mais baixo ao mais alto. Depois, desça a escala e peça-lhes que comecem no degrau de cima e desçam, colocando as damas nos degraus.
3. O degrau mais alto recebe o número 8. Peça às crianças que cantem os números, enquanto contam os degraus da escada.
4. Toque de três a cinco notas no xilofone. Deixe que as crianças identifiquem as notas que você tocou e coloquem as damas na escada. Peça que identifiquem as notas – e os degraus – pelo número, para reforçar a relação.
5. Incentive as crianças a inventarem um novo método para ilustrar a escala, tal como desenhar uma escada, pássaros voando alto e baixo, ou uma grande família alinhada do membro mais alto ao mais baixo.
6. Encoraje-as a escreverem uma curta melodia, usando seu sistema notacional. Depois, elas irão cantar e explicar suas músicas.

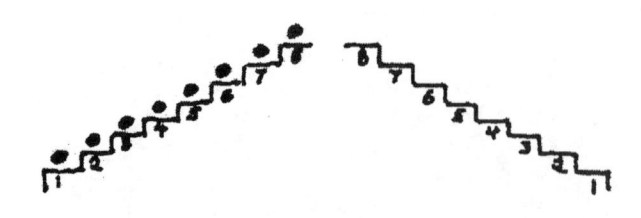

Composição Musical   Pequeno/Grande Grupo Dirigido pelo Professor

⊃ NOTAÇÃO NUMÉRICA

Objetivo:
Usar os números para escrever e tocar melodias conhecidas e originais.

Principais componentes:
Discriminação de tons
Uso de um sistema notacional numérico na música

Materiais:
Xilofone
Lápis e papel

Procedimentos:

1. Use a atividade Degraus da Melodia para introduzir o conceito de que os números podem ser usados para representar notas musicais. (As crianças podem achar mais fácil ver a relação das notas com números do que com letras ou posições na pauta.)
2. Use a notação numérica para escrever algumas melodias simples e conhecidas ou porções de melodias (veja os exemplos a seguir). Cante ou toque as melodias em um xilofone, enquanto você escreve. Você pode ajudar as crianças a perceberem a correspondência entre as notas e os números, escrevendo ou colando os números nas teclas do xilofone.
3. Deixe as crianças tocarem o xilofone com base nas notações numéricas.
4. Incentive-as a usarem o sistema notacional numérico para escrever uma melodia e tocá-la para a classe.

Mary Had a Little Lamb

3 2 1 2 3 3 3   2 2 2   3 5 5
Ma-ry had a lit-tle lamb, lit-tle lamb, lit-tle lamb.

3 2 1 2 3 3 3   3   2   2 3   2 1
Ma-ry had a lit-tle lamb whose fleece was white as snow.*

Row, Row, Row Your Boat

1   1   1   2 3   3 2 3   4 5
Row, row, row, your boat. Gent-ly down the stream.

8   8   5   5 3   3 1   1   5 4 3 2 1
Mer- rily, mer-rily, mer-rily, mer-rily. Life is but a dream.**

---

* N. de T. Mary tinha um carneirinho, um carneirinho, um carneirinho./ Mary tinha um carneirinho branquinho como a neve.

** N. de T. Reme, reme, reme seu barco. Descendo mansamente a correnteza./ Alegremente, alegremente, alegremente, alegremente. A vida é só um sonho.

○ COMPOR UMA MELODIA COM BLOCOS MUSICAIS

Objetivo:

Organizar blocos musicais e tocar as notas em um xilofone para aprender sobre notação musical.

Principais componentes:

Composição musical

Materiais:

Xilofone
Lápis
Papel pautado
Blocos musicais (veja Notas ao Professor)

Procedimentos:

1. Explique às crianças que as notas musicais, às vezes, são chamadas pelo nome das letras: A, B, C, D, E, F e G. Mostre essas letras no xilofone (talvez você precise escrevê-las ou colá-las).
2. Depois de ter praticado a escala, nomeie algumas notas e veja se as crianças conseguem localizá-las no xilofone. A seguir, deixe que uma criança diga as notas, enquanto outra as localiza no xilofone.
3. Apresente os blocos musicais. Explique às crianças que, ao organizarem as letras de maneiras diferentes, elas poderão escrever melodias simples. Demonstre o conceito, arranjando os blocos aleatoriamente, tocando as notas no xilofone, reorganizando os blocos e tocando a nova melodia.
4. Peça às crianças que componham uma melodia, arranjando os blocos musicais da maneira que desejarem. Diga-lhes que experimentem vários arranjos até encontrarem um do seu agrado. Incentive-as a usarem lápis e papel para escrever as melodias que compuserem, usando letras para representar as notas. Aquelas que desejarem poderão desenhar as notas no papel pautado e escrever as letras embaixo. Elas podem usar essa notação para executar as suas melodias e as dos colegas.

Nota ao professor:

Para fazer os blocos musicais, pegue um conjunto de blocos de madeira, todos do mesmo tamanho, e pinte ou cole as letras de A a G, uma letra em cada bloco. Ou escreva as letras em um papel pautado, juntamente com a notação musical. Cole o papel pautado nos blocos de modo que, quando eles forem alinhados, a pauta ficará contínua, como uma partitura.

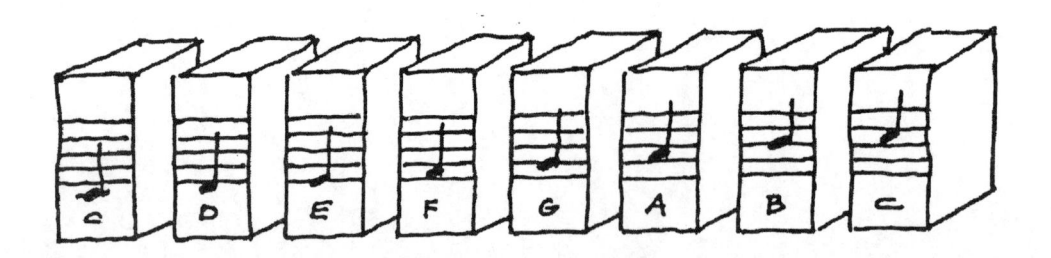

⊃ CRIAR A TRILHA SONORA PARA UM FILME

Objetivo:
Produzir e gravar uma música vocal e instrumental para o segmento de um filme, a fim de aprender sobre o papel da música nos filmes.

Principais componentes:
Criação de composições simples
Relação entre estilos musicais e imagens visuais

Materiais:
Um filme, vídeo ou desenho animado curto
Gravador e fita cassete virgem

Procedimentos:
1. Escolha um trecho de desenho animado, vídeo ou filme com 2 a 5 minutos de duração, preferivelmente com bastante ação. Assistam ao segmento do filme ou desenho *sem* som. Enquanto assistem, pare ocasionalmente e discuta com o grupo como *poderiam* ser as vozes dos personagens. Que tipo de música funcionaria melhor como música de fundo? Explique que, na TV e no cinema, os personagens principais muitas vezes têm uma música especial que toca quando eles se aproximam ou aparecem em cena. A música também cria um clima, ou avisa o espectador de que alguma coisa apavorante ou importante está prestes a acontecer. Fale sobre o tipo de música que poderia introduzir os personagens nesse filme e acompanhar a ação.
2. Depois dessa conversa, ajude as crianças a gravarem uma fita com música e efeitos sonoros para a história a que acabaram de assistir. Elas precisam considerar o seguinte:
   - Como podem usar suas vozes e os instrumentos da sala de aula (incluindo aqueles confeccionados por elas mesmas) para compor uma trilha sonora para a história?
   - Como diferentes crianças podem representar diferentes personagens no drama?
   - Como podem usar coisas da sala de aula para produzir os efeitos sonoros desejados?
   - Como podem coordenar suas vozes e a música criada com os personagens e a ação do filme?
3. Sincronize a trilha sonora com o filme e deixe a classe assistir ao espetáculo.

Nota ao professor:
Produzir a trilha sonora de um filme é um projeto a longo prazo. As crianças precisam assistir ao filme e ensaiar a voz, a música e os efeitos sonoros muitas vezes para completar a tarefa com sucesso. Para uma atividade menos estruturada, você pode desligar o som do vídeo e deixar que elas se divirtam, experimentando sem gravar as tentativas.

Atividade Musical 1 para Fazer em Casa

⇒ EU OUÇO UM TREM SE APROXIMANDO!

Objetivos:

Aprender sobre os tons, usando sons para calcular se um veículo está aproximando-se ou afastando-se.
Aprender a imitar diferentes sons.

Materiais:

Nenhum

Nota aos pais:

Você está dirigindo pela rua e ouve uma sirene. Sem pensar, sabe se a ambulância está aproximando-se ou afastando-se. Como você sabe isso? Por causa do *efeito de Doppler*: o tom do som parece ficar mais agudo, quando a ambulância se aproxima, e mais grave (ou mais profundo), quando ela se afasta.

Usar o som para calcular se uma ambulância, um trem, um carro ou outro veículo está aproximando-se ou afastando-se de você é uma boa maneira de seu filho/sua filha aprender sobre tons e aguçar a audição.

Procedimentos:

1. Você pode tentar fazer essa atividade diante de casa, em uma caminhada, em uma parada de ônibus ou em qualquer lugar onde passem veículos. Explique à criança que os veículos fazem um som agudo quando se aproximam e que o som muda para um ruído surdo conforme eles passam e afastam-se. Faça a criança escutar atentamente e imitar os sons dos carros, caminhões ou ônibus que passam. Incentive-a a fazer perguntas sobre tais mudanças no som.
2. Agora faça um jogo. Quando vir um carro (ônibus, trem ou outro veículo) aproximando-se, peça à criança para fechar os olhos e escutar atentamente o som do veículo. Pergunte a ela: "Parece que o carro [ônibus, trem, etc.] está aproximando-se ou afastando-se de nós?". Faça a mesma pergunta quando o veículo passar diante de vocês, e mais uma vez quando ele estiver afastando-se.
3. Vocês podem inventar outros jogos. Por exemplo, sua/seu filha/filho pode fingir que foi contratada/o para criar efeitos sonoros para um programa de rádio. Peça-lhe que faça com a voz o som de um trem que chega na estação, passa diante de vocês e vai embora; de um carro de polícia em uma perseguição em alta velocidade; de um carro de bombeiros que está correndo para um incêndio; da banda escolar a caminho de um jogo de futebol.

Compartilhar:

Faça a criança perguntar a outros membros da família se eles conseguem descobrir se um carro está aproximando-se ou afastando-se. A criança também pode ensinar o jogo aos colegas no período em que passam no pátio da escola.

Atividade Musical 2 para Fazer em Casa

⮕ FAVORITAS DA FAMÍLIA

Objetivos:

Coletar e comparar as canções de ninar, de aniversário e feriados cantadas pela família e por outras famílias.
Aprender a cantar as músicas tradicionais.

Materiais:

Nenhum

Nota aos pais:

A música pode ser uma parte importante da tradição familiar. Muitas famílias têm músicas especiais que cantam na hora de dormir, em aniversários, feriados religiosos e outras celebrações. Cada família pode ter sua maneira própria de cantá-las. Por exemplo, existem muitas variações da canção "Parabéns a Você" e pode ser estimulante para a criança descobrir essas versões diferentes. Nessa atividade, a criança irá praticar memória musical e perceber as diferenças entre as músicas. Ela também estará explorando as origens dos sons e seu papel na preservação das tradições familiares e culturais.

Procedimentos:

1. Escolha uma música que sua família cante com freqüência. Vocês têm uma cantiga de ninar especial, ou uma música que a criança goste de ouvir em feriados ou em outras celebrações familiares? Ensine-a à criança.
2. A seguir, peça-lhe que pergunte a um amigo (ou vizinho, avó ou outro parente) qual é a música que a família dele canta na mesma ocasião. Faça com que a criança também aprenda essa música.
3. Faça perguntas que ajudem a criança a comparar diferentes aspectos das músicas. Por exemplo:
   - As músicas têm semelhanças? Têm a mesma melodia?
   - Falam sobre o mesmo tema, mas usam palavras diferentes?
   - Usam basicamente as mesmas palavras, mas em línguas diferentes?
   - De que outras maneiras as música são diferentes?
   - De onde vêm as músicas? Elas lhe dizem algo de especial sobre sua família ou a família de seu amigo?
   - Como os membros de sua família e da família de seu amigo aprenderam essas músicas ao longo dos anos?

Compartilhar:

Vocês podem fazer essa atividade sozinhos ou em combinação com a professora. Por exemplo, ela pode deixar que as crianças comparem as músicas cantadas pela família em aniversários ou em um feriado especial.

■ RECURSOS E REFERÊNCIAS

As atividades descritas são apenas uma introdução á área. Para ajudá-los a explorar melhor o ensino da música, apresentamos uma breve lista de recursos que se mostraram valiosos para nós e para nossos colegas. Ela pretende ser mais uma inspiração, mais que uma revisão da literatura. As fontes usadas na preparação deste livro estão assinaladas com um asterisco.

Bayless, K. M.; Ramsey, M. E. (1987). *Music: A way of life for the young child* (3rd ed.). Columbus, OH: Merrill.
Beall, P.; Nipp, S. (1984). *Wee sing and play.* Los Angeles: Price/Stern/Sloan.
* Bergethon, B. (1980). *Musical growth in the elementary school.* New York: Holt, Reinhart and Winston.
Birkenshaw, L. (1982). *Music for fun, music for learning* (3rd ed.). Toronto: Holt, Reinhart and Winston.
Cohn, A. (1993). *From sea to shining sea.* New York: Scholastic.
* Davidson, L.; Scripp, L. (1988). Young children's musical representations: Windows on music cognition. In J. Sloboda (Ed.), *Generative processes in music.* Oxford: Clarendon Press.
DeBeer, S. (Ed.). (1995). *Open ears: Musical adventures for a new generation.* Roslyn, NY: Ellipsis Kids.
Dunleavy, D. (1992). *The language beat.* Portsmouth, NH: Heinemann.
* Flemming, B. (1977). *Resources for creative teaching in early childhood education.* New York: Harcourt Brace Jovanovich.
Jalongo, M. (1996, July). *Using recorded music with young children: A guide for non musicians.* Young Children, 51, 11-14.
Jenkins, E. (1984). *Learning can be fun* [video]. Washington, DC: National Association for the Education of Young Children.
Hart, A.; Mantell, P. (1993). *Kids make music! Clapping and tapping from Bach to rock!* Charlotte, VT: Williamson.
* Krone, B. (1959). *Help yourselves to music.* San Francisco: Howard Chandler.
McDonald, D. T. (1979). *Music in our lives: The early years.* Washington, DC: National Association for the Education of Young Children.
Nichols, B. (1989). *Beethoven lives upstairs.* [audiocassette]. Toronto, Ontario: Classical Kids.
Page, N. (1995). *Sing and shine on! The classroom teacher's guide to multicultural song leading.* Portsmouth, NH: Heinemann.
Prokofiev, S. (1977). *Peter and the wolf* [audiocasette]. New York: Columbia Records.
Upitis, R. (1990). *This too is music.* Portsmouth, NH: Heinemann.
Upitis, R. (1992). *Can I play you my song?* Portsmouth, NH: Heinemann.

ATIVIDADES DE MOVIMENTO

SUMÁRIO

- **INTRODUÇÃO**

    Um resumo das atividades de movimento 119
    Descrição das habilidades-chave 120

- **ATIVIDADES DE MOVIMENTO**

    Técnicas básicas
    Aquecimento "na fazenda" 122
    Alongamentos de aquecimento 124
    Exercícios de relaxamento 125

    Controle corporal
    O espelho 126
    Estátua 127
    Quatro quadrados 128
    Curso de obstáculos 129

    Sensibilidade ao ritmo
    Batimentos cardíacos 132
    Eu tenho ritmo 133
    Tambores mensageiros 134

    Expressividade
    Qual é o sentimento? 135
    Posso ser como...? 136
    Dança de uma história 137

    Criação de idéias de movimento
    Dança da anatomia 138
    Criação de formas 139
    Saltitar, saltar, pular 140
    Máquinas corporais 141

    Responsividade à música
    Dança livre 142

- **ATIVIDADES PARA FAZER EM CASA**

    1 Alongamento 143
    2 Câmera lenta 144
    3 Febre de dança 145

- **RECURSOS E REFERÊNCIAS**

■ UM RESUMO DAS ATIVIDADES DE MOVIMENTO

A atividade física é uma parte importante do desenvolvimento da criança pequena. Ela usa o corpo para expressar emoções e idéias, explorar habilidades atléticas e testar os limites de suas capacidades físicas. As atividades de movimento descritas nessa seção oferecem à criança oportunidades de experimentar estilos de movimento criativos e atléticos. (Porém, enfatizamos o movimento criativo, uma vez que a maioria dos programas de educação infantil já inclui jogos e exercícios físicos.) As atividades têm por objetivo desenvolver as capacidades da criança de controle corporal, sensibilidade ao ritmo, criação de idéias de movimento e uso do corpo para expressar sentimentos, emoções e pensamentos.

A consciência corporal-cinestésica da criança geralmente ocorre em estágios seqüenciais: (1) ela reconhece seu próprio corpo, (2) executa uma variedade de movimentos e padrões de movimento e (3) o seu movimento é uma fonte de expressão criativa. Entender esses estágios e os ritmos diferentes em que cada criança progride através deles pode ajudar no planejamento de sessões de movimento em sala de aula.

As atividades incluídas nessa seção estão organizadas de acordo com alguma capacidade-chave, em uma ordem que reflete os estágios desenvolvimentais. Cada seqüência começa com uma atividade introdutória básica e é seguida por atividades mais complexas. Por exemplo, as atividades de ritmo começam com a criança tendo de encontrar e examinar seu próprio batimento ou ritmo – os batimentos cardíacos. Esse exercício introdutório é seguido por atividades que envolvem reconhecer e mover-se ao som de ritmos diversos. Depois, a criança tem a oportunidade de criar seus próprios padrões de ritmo. Observe que existe apenas uma atividade de Responsividade à Música: essa categoria é pequena, porque a música é uma parte importante de muitas das outras atividades. Você pode avaliar a responsividade da criança à música durante qualquer atividade que inclua música.

Existe também uma seqüência intitulada Técnicas Básicas, a qual apresenta exercícios de aquecimento, alongamento e relaxamento. Os mesmos exercícios de aquecimento/relaxamento podem ser usados em cada sessão, como um método consistente de transição entre atividades de movimento e não-movimento. As atividades de movimento são únicas, no sentido de que a maioria requer orientação do professor, e podem ser perturbadoras para as crianças não-incluídas. Os exercícios de alongamento e relaxamento, todavia, são tranqüilos e relaxantes; depois que o professor explica-os e repete algumas vezes, as crianças normalmente são capazes de fazê-los sozinhas sem nenhum problema.

De acordo com a teoria das inteligências múltiplas, a capacidade de resolver problemas ou criar produtos com o próprio corpo é uma forma distinta de inteligência. Levar uma bola de basquete além da defesa, contar uma história através da dança e equilibrar-se em uma posição difícil são exemplos de como as crianças podem "pensar" de maneiras diferentes com o corpo. Ao dar-lhe oportunidades para ampliar seu vocabulário de movimentos e eficiência corporal, você pode ajudá-la a aprender a usar o corpo como um instrumento de solução de problemas. Além disso, as atividades de movimento proporcionam experiências ativas e prazerosas, através das quais a criança consegue explorar o mundo ao seu redor.

Quando chegam ao jardim de infância e à primeira série, a maioria das crianças já participou de jogos ao ar livre e conhece muitas atividades básicas de movimento atlético. Para apresentar as atividades deste guia, você pode perguntar às crianças o que elas sabem sobre movimento em geral e movimento criativo em particular. Anote suas respostas. Depois, pode dizer que elas participarão de algumas atividades de movimento criativo em que usarão a cabeça, os braços, as pernas e todo o corpo para expressar seus pensamentos e emoções. Elas podem dar liberdade à sua imaginação e fingir ser todo tipo de coisas, usando o corpo para se expressarem.

A seguir, você pode jogar o jogo *Simon Says**. Siga as regras tradicionais, mas, em vez de dar instruções como "Simão manda 'tocar no nariz' ", desafie as crianças a usarem a imaginação e fingirem "ser" coisas diferentes. Dê alguns exemplos, fingindo ser um macaco ou uma flor, para que elas tenham uma idéia do que devem fazer. Encoraje-as a fazerem quaisquer gestos que considerem apropriados às instruções de Simão. Quando estiverem acostumadas a jogar desta maneira, as crianças podem revezar-se no papel de líder. Eis algumas idéias de movimento criativo:

Simão disse para imitar...

uma árvore alta em um dia de vento forte
uma semente transformando-se em uma flor
uma pipoca estourando
espaguete – antes e depois de cozinhar
uma pessoa caminhando na lama
um cachorro caminhando na lama
uma pessoa remando em um barco
um robô
a letra o
um floco de neve caindo do céu

Você pode dizer às crianças que elas estavam agindo muito criativamente, porque usaram sua imaginação – e seu corpo – para fingir ser muitas pessoas e coisas diferentes. Explique-lhes que elas farão mais jogos como esse durante as atividades de movimento.

Algumas das atividades de movimento envolvem lembrar passos específicos em uma seqüência, tarefa que pode ser difícil para as crianças pequenas. Portanto, às vezes, fornecemos um roteiro para ajudá-lo a explicar o exercício para a criança, descrevendo cada movimento que ela deve fazer. Sinta-se livre para substituir as palavras e modificar a explicação.

■ DESCRIÇÃO DAS HABILIDADES-CHAVE

Controle corporal

- revela consciência e capacidade de isolar e usar partes diferentes do corpo;
- planeja, organiza uma seqüência e executa movimentos eficientemente – os movimentos não parecem aleatórios ou desconjuntados;
- consegue repetir os próprios movimentos e os movimentos dos outros.

Sensibilidade ao ritmo

- move-se em sincronia com ritmos estáveis ou mutantes, especialmente na música (por exemplo, a criança tenta acompanhar o ritmo, em vez de não perceber ou desconsiderar mudanças rítmicas);
- é capaz de estabelecer um ritmo próprio e regulá-lo para atingir um efeito desejado.

Expressividade

- evoca estados de ânimo e imagens através do movimento, usando gestos e posturas corporais; o estímulo pode ser uma imagem verbal, um objeto ou uma música;

---

* N. de R.T. No Brasil, esta brincadeira é conhecida como *Simão disse*.

- é capaz de responder ao tom ou à qualidade tonal de um instrumento ou seleção musical (por exemplo, faz movimentos leves e fluidos com uma música lírica e movimentos fortes e destacados com uma marcha).

Criação de idéias de movimento

- tem idéias interessantes e novas de movimento, verbalmente, fisicamente ou ambos; amplia idéias (por exemplo, sugere que os colegas ergam os braços para parecerem nuvens flutuando no céu);
- responde imediatamente a idéias e imagens com movimentos originais;
- coreografa uma dança simples, ensinando-a aos outros.

Responsividade à música

- responde diferentemente a diferentes tipos de música;
- revela sensibilidade ao ritmo e expressividade ao responder à música;
- explora o espaço disponível (vertical e horizontal) com muita liberdade;
- antecipa os outros em um espaço compartilhado;
- experimenta movimentos do corpo no espaço (por exemplo, voltando-se e girando).

Técnicas Básicas Pequeno/Grande Grupo Dirigido pelo Professor

➲ AQUECIMENTO "NA FAZENDA"

Objetivo:
Aquecer-se e alongar-se antes da atividade de movimento criativo.

Principais componentes:
Flexibilidade
Coordenação
Controle corporal

Materiais:
Nenhum

Procedimentos:

1. Peça às crianças para ficarem em pé. Convide-as a passarem um dia imaginário em uma fazenda, como uma maneira divertida de alongar-se e aquecer-se para atividades de movimento criativo (ou atlético). Você pode começar dizendo-lhes: "Fechem os olhos e imaginem que vocês estão sendo acordados pelo canto de um galo".
2. Usando este roteiro ou suas próprias palavras, diga às crianças que pulem da cama e espreguicem-se devagar. Diga para erguerem o braço direito na direção do teto, esticando o lado direito das costelas e inclinando-se levemente para a esquerda. Elas devem repetir o movimento com o braço esquerdo e fazer ambos os alongamentos mais algumas vezes.
3. A seguir, diga-lhes que tirem a preguiça do pescoço, erguendo e baixando a cabeça devagar, depois olhando para a direita, para a esquerda e para a frente de novo. Elas irão erguer os ombros na direção das orelhas, depois baixá-los na direção do solo. Peça que mexam os ombros em círculo – subindo para as orelhas, para trás como se fossem tocar um no outro, para baixo, para a frente e de volta a uma posição de repouso. Depois de mais alguns círculos com os ombros, diga às crianças que chegou a hora de vestir um macacão (elas devem fingir que estão vestindo-se) e ir para fora.
4. Diga-lhes para respirarem profundamente algumas vezes. Que cheiro sentem? De ar puro? De grama? De café com leite e pão quentinho? Elas terão algumas tarefas para fazer antes do café da manhã. Peça-lhes que façam os movimentos a seguir, ou outros inventados por você, para alongar os principais grupos musculares.

   - Acariciar o gato:
     Os gatos de fazenda normalmente são ariscos, de modo que vocês precisam mover-se bem devagar. Começando pela cabeça, inclinem-se na direção do solo. Deixem cair o queixo até o peito e o peso da cabeça levá-los até o chão. Inclinem os ombros e as costas. Fiquem inclinados, com os braços soltos, pendendo para o chão. Acariciem o gato, depois subam enrolando a coluna, endireitando as costas, os ombros e a cabeça, até a posição ereta. (*Repetir*.)

   - Cuidar das galinhas:
     No galinheiro, vejam como as cabeças das galinhas mexem-se para a frente e para trás, quando elas caminham. Vocês conseguem mexer o pescoço e a cabeça como elas, só que mais devagar?

   - *Caminhar na lama* (erguer os joelhos):
     Cuidado – algumas partes da fazenda têm muita lama. Vocês precisam erguer os joelhos até o quadril para poderem caminhar! Sintam como a

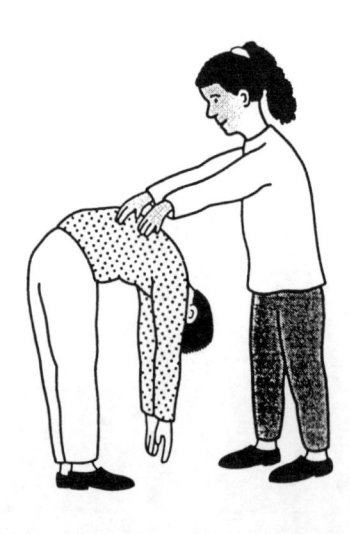

parte superior da coxa estica a cada passo que vocês dão. (*Faça com que as crianças alternem as pernas, mantendo o joelho erguido enquanto contam até três.*)

- *Passar um ancinho no jardim:*
  É início de primavera e hora de passar um ancinho no jardim para prepará-lo para o plantio. Estiquem bem os braços e os dedos e puxem as plantas e folhas secas com seu ancinho.

- *Arrancar ervas daninhas:*
  Vocês puxaram muitas das ervas daninhas, quando passaram o ancinho, mas terão de se abaixar para arrancar o resto. Fiquem em pé, com as pernas ligeiramente separadas, e dobrem lentamente os joelhos. Agora estiquem o braço, arranquem um punhado de ervas daninhas com cada mão, fiquem em pé e atirem as ervas daninhas na pilha de adubo.

- *Colocar feno na carroça:*
  Finjam que estão segurando um forcado e colocando feno (palha) em uma carroça. Como este feno pesa! Sintam o esforço que os braços têm de fazer.

- *Chutar os pneus do trator:*
  Será que os pneus têm ar suficiente? Finjam dar um bom chute em cada pneu, alternando as pernas.

Nota ao professor:
Começar a sessão de movimento com um aquecimento ajudará a criar o hábito de alongar-se antes do exercício, para evitar danos musculares. Contar uma história pode criar um clima divertido para as atividades de movimento, e você pode montar cenários diferentes com base nos interesses das crianças, nas estações do ano ou em uma unidade que estiver ensinando.

Técnicas Básicas   Pequeno/Grande Grupo Dirigido pelo Professor/pela Criança

⮕ ALONGAMENTOS DE AQUECIMENTO

Objetivo:
Relaxar e alongar para aquecer-se.

Principais componentes:
Flexibilidade
Controle corporal

Materiais:
Quadrados de carpete (opcional)

Procedimentos:

- Alongamento 1
  Instruções do professor para as crianças:
  1. Deitem no chão de barriga para baixo, com as mãos ao lado do corpo. (*Use quadrados de carpete, se houver.*)
  2. Inspirando lenta e profundamente, dobrem os joelhos e agarrem os tornozelos, puxando-os levemente. Expirem. (*Repetir duas vezes.*)
  3. O próximo alongamento é igual, só que, quando vocês agarrarem os tornozelos, tentem balançar levemente para a frente e para trás enquanto expiram.
  4. Agora deitem de costas com os joelhos erguidos até o peito. Os braços devem estar esticados ao longo do corpo. Rolem os quadris de um lado para outro, tocando o chão com o joelho de um lado e de outro. Inspirem, quando rolarem, e expirem, quando o joelho tocar no chão. (*Repetir de três a cinco vezes.*)

- Alongamento 2
  Instruções do professor para as crianças:
  1. Sentem no chão com as pernas para a frente e os joelhos ligeiramente dobrados. Inspirem, estendendo os braços para tocar nos pés. Mantenham a cabeça baixa. Continuem indo para a frente até sentirem um leve puxão na parte de trás das pernas. Mantenham essa posição, contando até três. Expirem e voltem devagar à posição sentada. (*Repetir três vezes.*)
  2. Sentem no chão com as pernas abertas e esticadas. Novamente, ao inspirar, inclinem-se para a frente, estendendo os braços para tocar nos dedos do pé esquerdo. Mantenham a cabeça baixa. Inclinem-se para a frente até sentirem um leve puxão na parte de trás da perna. Mantenham essa posição, contando até três, depois expirem e voltem lentamente à posição sentada. (*Repetir o alongamento para a perna direita, depois para a frente.*)

- Alongamento 3 (Alongamento de Gato)
  Instruções do professor para as crianças:
  1. Agora nós vamos esticar-nos como os gatos. Fechem os olhos e imaginem como é um gato e como ele se estica. Fiquem de quatro e arqueiem as costas na direção do teto. Deixem a cabeça bem solta, pendendo para o solo.
  2. Agora baixem bem as costas e ergam a cabeça e os ombros, esticando o pescoço e olhando para o teto. (*Manter por alguns minutos e repetir pelo menos uma vez.*)

Nota ao professor:
O Alongamento de Gato, baseado no alongamento da yoga, é um bom exercício de relaxamento. Você pode usá-lo para ajudar as crianças a se acalmarem, quando estiverem cansadas ou precisarem redirecionar sua energia.

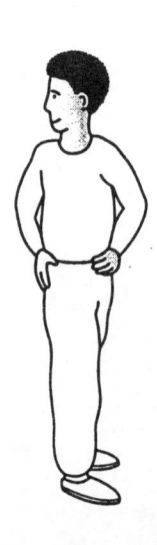

⬒ EXERCÍCIOS DE RELAXAMENTO

Objetivo:
Relaxar depois de uma atividade de movimento criativo.

Principais componentes:
Flexibilidade
Controle corporal

Materiais:
Nenhum

Procedimentos:
1. Para começar os exercícios de relaxamento depois de uma agitada atividade de movimento criativo, aula de ginástica ou recreio, peça às crianças que sentem em um círculo (ou onde houver espaço) e respirem lenta e profundamente. Você pode sugerir: "Fechem os olhos e deixem o queixo cair sobre o peito. Depois de uns instantes, ergam o queixo devagar e abram os olhos".
2. Use este roteiro, ou suas próprias palavras, para orientar um leve alongamento. "Ergam as mãos acima da cabeça e tentem tocar o teto. Agora, baixem os braços e comecem a baixar a cabeça bem devagar – primeiro inclinem a cabeça, depois o pescoço, depois os ombros, depois as costas, um pouquinho de cada vez. Fiquem bem soltos, pendendo, com os braços frouxos ao longo do corpo. Bem lentamente, voltem à posição inicial: primeiro as costas, os ombros, a cabeça, até ficar na posição ereta. Estendam os braços novamente para o teto. Mantenham as mãos acima da cabeça e fiquem na ponta dos pés. Agora, baixem os pés e deixem cair os braços."
3. Repitam várias vezes esse exercício de alongamento/relaxamento. Na última vez, as crianças irão rolar para uma posição sentada no chão.
4. Quando todos estiverem sentados, você pode dizer: "Fechem os olhos e inspirem bem fundo. Segurem a respiração por uns segundos. Agora, expirem lentamente". Repitam três vezes a inspiração profunda, contando até três para inspirar e até três para expirar (por exemplo, inspirar-dois-três, expirar-dois-três).
5. Depois da inspiração profunda, diga às crianças que abram os olhos lentamente. Peça que coloquem os pés no chão e ergam o corpo, de modo a ficarem eretas, mas ainda acocoradas sobre as pernas. Peça-lhes que contem devagar até quatro, enquanto levantam. Contem em voz alta até todo mundo ficar em pé.
6. Pergunte se todos estão sentindo-se relaxados e prontos para passar para outras atividades. Relaxe mais, se necessário.

Nota ao professor:
Se possível, ponha uma música suave durante as atividades de relaxamento.

⊃ O ESPELHO

Objetivo:

Aprender a isolar partes do corpo, tentando espelhar os movimentos de outras pessoas tão precisamente quanto possível.

Principais componentes:

Controle corporal
Geração de idéias de movimento

Materiais:

Nenhum

Procedimentos:

1. Diga às crianças que elas irão brincar de Espelho em pares. Explique que uma delas será o espelho, refletindo exatamente cada movimento que o parceiro fizer.
2. Peça a uma criança para ser sua parceira e exemplifique a atividade. Fiquem a uma distância de aproximadamente um metro, uma de frente para a outra. Diga à criança que faça exatamente o que você fizer, no momento em que estiver fazendo. Os movimentos dela devem espelhar os seus. Mova-se deliberadamente, isolando partes do seu corpo. Por exemplo, gire os pulsos, encolha os dedos das mãos, leve as mãos da cabeça até os ombros, depois até a cintura e os joelhos, e assim por diante.
3. Após vários movimentos diferentes, troque de lugar com a criança. Peça-lhes para fazer os movimentos, enquanto você funciona como espelho.
4. Depois da demonstração, as crianças formam pares e jogam o Jogo do Espelho. Se necessário, lembre-as de que a finalidade do jogo não é confundir o parceiro (indo rápido demais ou mudando subitamente os movimentos), e sim tentar mover-se ao mesmo tempo que o outro, ser uma imagem exata no espelho.

Variações:

1. As crianças podem ensaiar o Espelho durante o recreio, ou durante o tempo de brincadeira livre, e preparar uma apresentação para os colegas. Com a prática, elas podem aperfeiçoar uma série de movimentos relativamente complexa.
2. Elas também podem formar um círculo e ir repetindo um mesmo movimento.

Nota ao professor:

Você pode usar a brincadeira do Espelho para explorar vários componentes do movimento: pode trabalhar o espaço (por exemplo, acocorar-se, dar um passo para trás, espreguiçar-se) ou a expressividade e a qualidade dos movimentos (por exemplo, fazer movimentos fluidos, depois espasmódicos). Você também pode tocar uma música durante a brincadeira e pedir às crianças que a acompanhem, enquanto observa sua responsividade à música. Depois que elas aprenderem a atividade, podem fazer o Espelho em pares entre atividades estruturadas ou nos momentos de brincadeira livre.

⮕ ESTÁTUA

Objetivo:
Responder com movimentos a dicas verbais e rítmicas.

Principais componentes:
Controle corporal
Percepção de tempo
Sensibilidade ao ritmo

Materiais:
Tambor e baquetas

Procedimentos:
1. Explique às crianças como se brinca de Estátua. Diga que você irá bater no tambor, enquanto elas se movem em torno da sala acompanhando a batida. Assim que o tambor parar, elas devem congelar como estátuas, mantendo a posição em que estiverem.
2. Bata quatro vezes e pare. Lembre as crianças de congelarem como estátuas. Bata oito vezes e pare. Congelem!
3. Mude o tempo e a qualidade da batida. Mais rápido, mais devagar, acrescente mais batidas.
4. Identifique um padrão de ritmo como a frase do movimento e outro como a frase do congelamento. Isto é, peça às crianças que se movam em uma das frases e fiquem como estátuas na outra. Por exemplo, elas se movem a um compasso de oito batidas regulares e depois congelam a um compasso de quatro batidas regulares. Repita duas ou três vezes. Mude o padrão de ritmo.
5. Designe poses específicas para as frases de estátua. Por exemplo, mexer-se em um compasso de oito batidas, acocorar-se e congelar por mais oito; ou mover-se ao compasso de oito batidas, equilibrar-se em um pé só ao compasso de quatro, e assim por diante.

Notas aos professor:
1. Você pode preparar-se para essa atividade, brincando de "Siga o mestre" com as crianças. Peça-lhes que formem uma fila atrás de você e façam exatamente o que você fizer, enquanto caminha em torno da sala. Diga, por exemplo: "Quando eu andar, vocês devem andar. Quando eu parar, vocês devem parar. Quando eu pular, vocês vão pular!". Mais tarde, tente uma série mais longa de movimentos sem falar. Diga às crianças que elas devem prestar muita atenção aos seus movimentos e à sua maneira de executá-los, parando quando você parar. Incentive-as a se revezarem no papel de líder.
2. Outra maneira de preparar-se para a brincadeira de Estátua é realizar as atividades de ritmo desta seção (Batimentos Cardíacos e Eu Tenho Ritmo) e da seção de Música (Poema Rítmico).

Controle Corporal

⊃ QUATRO QUADRADOS

Objetivo:
Praticar o controle e o equilíbrio corporal com um jogo conhecido.

Principais componentes:
Controle e equilíbrio corporal
Execução de movimentos planejados
Estratégia

Materiais:
Giz para desenhar no chão
Bola

Procedimentos:
1. Esse jogo é jogado ao ar livre. Com o giz, os jogadores desenham no chão uma grade com quatro quadrados, numerando os quadrados de um a quatro.
2. No centro de cada quadrado fica uma criança. As crianças restantes formam uma fila perto do quadrado 1.
3. A criança do quadrado 4 começa atirando a bola para o quadrado de outro jogador. As crianças atiram a bola de um quadrado para outro até um dos jogadores deixá-la cair.
4. Quando uma das crianças deixar cair a bola, ela deve sair imediatamente do quadrado e ir para o final da fila. Os jogadores fazem uma rotação para preencher o espaço que ficou vazio, e a primeira pessoa da fila entra no quadrado 1.

Notas aos professor:
1. Este é um bom jogo para o pátio, pois, quando as crianças aprendem as regras, podem jogá-lo independentemente.
2. Outros jogos conhecidos, como a amarelinha, também podem ser usados para ajudar as crianças a desenvolverem controle corporal, equilíbrio e estratégias de movimento. Se desejar, você pode variar os jogos, deixando as crianças criarem suas próprias regras. (Possibilidades com o jogo de amarelinha: atirar a pedra, equilibrando-se em uma perna só; fechar os olhos quando for atirar a pedra; jogar com parceiros; mudar o diagrama.)
3. Dê às crianças outros materiais (bambolês, bolas, cordas de pular, sacos de feijão ou de areia) e sugira que criem outros jogos. Se necessário, dê algumas idéias. Elas podem rolar o bambolê, ou deixá-lo no chão para um jogo com a bola ou uma corrida de obstáculos. Sacos de areia ou de feijão podem ser usados para um torneio de arremesso ou de equilíbrio. Deixe as crianças trabalharem em pequenos grupos e depois demonstrarem seu jogo para toda a classe.

Controle Corporal   Pequeno/Grande Grupo Dirigido pelo Professor

⮕ CURSO DE OBSTÁCULOS

Objetivo:
Praticar uma série de habilidades atléticas desenvolvimentalmente apropriadas.

Principais componentes:
- Controle corporal, com ênfase especial em
- Equilíbrio
- Vigor (força explosiva)
- Velocidade
- Agilidade (capacidade de fazer movimentos rápidos, sucessivos, em diferentes direções)

Materiais:
- Fita métrica
- Pranchas de madeira (uma larga, para a rampa de pular; uma estreita, para a trave de equilíbrio)
- Cones (como os de trânsito)
- Barreiras
- Colchões ou colchonetes

Procedimentos:
1. Selecione uma área suficientemente grande para conter um curso de obstáculos com seis postos. Um *playground* é melhor, mas, se não houver, um ginásio ou uma sala reservados para as atividades de movimento também servem.
2. Organize um curso de obstáculos. Os postos descritos a seguir foram planejados para avaliar uma ampla série de habilidades atléticas. Entretanto, sinta-se livre para planejar seu próprio curso de obstáculos, adaptado às necessidades e aos interesses de sua classe.
3. Tente usar os equipamentos disponíveis em sala de aula. Por exemplo, você pode fazer o pulo à distância, prendendo uma fita métrica ao chão. Ao ar livre, pode desenhar uma linha no chão para servir como trave de equilíbrio, ou montar uma trave de equilíbrio com um pedaço de madeira de construção, fita adesiva ou cordão; em um ginásio, você pode usar as linhas pintadas no chão. Como marcos, pode usar cones de trânsito, cadeiras, pilhas de pneus ou de livros, ou alguma outra coisa que seja segura. A rampa de pulo pode ser feita, prendendo-se no chão uma das extremidades de uma prancha larga e fixando-se a outra extremidade a um apoio mais alto. Você pode fazer as barreiras com blocos, faixas ou fitas, ou varetas de bambu.
4. Podem ser necessárias algumas tentativas e erros antes que você encontre o curso de obstáculos mais adequado às suas atividades e ao seu local. O formato de ferradura é uma boa maneira de montar o Curso de Obstáculos do Spectrum, uma vez que proporciona um amplo espaço para a corrida de velocidade no final. Para um curso sem a corrida de velocidade, o formato de círculo ou quadrado geralmente é o mais simples para os professores construírem e para as crianças usarem. Cada posto leva diretamente ao próximo, até a criança chegar novamente ao início e reunir-se ao grupo. Cursos no formato de um oito tendem a confundir as crianças, e as pistas em linha reta deixam muito espaço para elas vagarem.
5. Antes de começar, certifique-se de que todo o equipamento é estável e seguro. Depois, caminhe ao longo da pista com as crianças, demonstrando a tarefa que elas devem realizar em cada posto. Você pode fazer uma "corrida de experiência", ou deixar que todo o grupo pratique os exercícios junto.

6. Peça a cada criança que percorra o curso de obstáculos sozinha, para evitar confusão e permitir-lhe observar bem como ela executa cada tarefa.
7. Em sessões subseqüentes, você pode mudar os exercícios realizados em cada posto, para variar ou adaptar os exercícios ao seu programa instrucional. Peça às crianças sugestões para os materiais do curso (como bambolês) ou jogos (como arremesso de sacos de feijão).

Curso de obstáculos do Spectrum

Posto 1 – Salto à distância

As crianças ficam em pé no ponto onde começa o salto. Demonstre e descreva como manter os pés juntos, antes e depois de pular, e como usar os braços e o torso para impelir o corpo para a frente. Os joelhos devem estar levemente dobrados no início do pulo. Demonstre como os braços devem balançar: eles vão para trás, a fim de criar o impulso necessário para pular, e para frente, a fim de aumentar o impulso quando se está pulando. Enfatize que o movimento horizontal, e não o vertical, é a meta do salto à distância.

Posto 2 – Trave de equilíbrio

As crianças caminham devagar pela trave. Os comportamentos que devem ser enfatizados e exemplificados são alternar os pés, olhar para a frente ao caminhar e usar o corpo para manter o equilíbrio. Se você usar uma trave elevada, é preciso supervisão.

Posto 3 – Corrida com desvio de obstáculos

Nesse estágio, as crianças estão prontas para correr. Peça que corram o mais rápido que puderem em torno de cinco obstáculos ou cones de trânsito, passando o mais perto possível deles. Primeiro, mostre como correr: é preciso prestar atenção aos obstáculos, balançar os braços (não inibido demais nem exagerado), cuidar para erguer os joelhos, correr com leveza, dar impulso com os pés. Enfatize que a meta é chegar tão perto quanto possível dos obstáculos e correr o mais rápido que puder. Após o movimento cuidadoso e deliberado da trave de equilíbrio, correr em torno dos obstáculos dá à criança a chance de se soltar um pouco.

Posto 4 – Salto em altura

A rampa de salto é uma boa transição de correr em torno de obstáculos para correr e pular sobre obstáculos. As crianças costumam gostar deste posto, porque em geral são hábeis nesse tipo de salto e consideram-no um movimento estimulante. Você pode colocar um colchão para amortecer um pouco a queda. Prenda uma das extremidades de uma prancha larga ao chão e fixe a outra extremidade a um suporte com cerca de 60 cm de altura. As crianças irão correr pela prancha e pular, caindo com os pés juntos e os joelhos dobrados sobre o chão ou o colchão. Sugira que usem os braços para manter o equilíbrio.

Posto 5 – Obstáculos

Monte três ou quatro obstáculos a aproximadamente um metro de distância um do outro, dando às crianças espaço suficiente entre os obstáculos para se aprumar, dar um ou dois passos e preparar-se para o próximo obstáculo. Os obstáculos podem ser feitos com hastes de plástico ou bambu apoiados em suportes, de modo que caiam facilmente se a criança bater neles. Mostre-lhes como correr e pular sobre os obstáculos sem parar entre eles. Se uma criança ficar muito hesitante ou não quiser pular, pergunte se ela gostaria de terminar o curso de uma outra maneira (rastejando por baixo dos obstáculos, por exemplo). Ou você pode erguer mais os obstáculos para permitir que as crianças passem por baixo deles, inclinando-se para trás.

Posto 6 – Corrida

Um corrida de velocidade relativamente longa no final da pista pode dar às crianças um senso de realização e conclusão. Tente criar um trecho de aproximadamente 20 metros, com uma cerca ou linha de chegada como meta. Para assegurar-se de que as crianças não correrão para áreas perigosas, você pode marcar o caminho com cones ou obstáculos, de modo que elas não possam sair da pista.

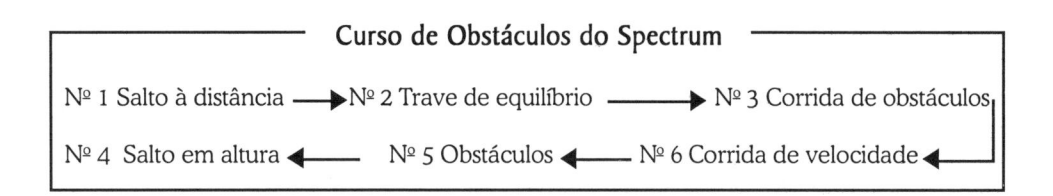

Curso de Obstáculos do Spectrum

Nº 1 Salto à distância ⟶ Nº 2 Trave de equilíbrio ⟶ Nº 3 Corrida de obstáculos

Nº 4 Salto em altura ⟵ Nº 5 Obstáculos ⟵ Nº 6 Corrida de velocidade ⟵

⊃ BATIMENTOS CARDÍACOS

Objetivo:
Familiarizar-se com o ritmo, encontrando as próprias "batidas" naturais.

Principais componentes:
Sensibilidade ao ritmo, especialmente
Identificação do ritmo
Acompanhamento do ritmo com o corpo

Materiais:
Estetoscópios, se disponíveis
Relógio ou cronômetro

Procedimentos:
1. Mostre às crianças como encontrar a pulsação no pescoço ou no pulso. Explique, tão detalhadamente quanto quiser, como o coração dá-nos uma batida própria. É como ter um pequeno tambor dentro do corpo. Quando as crianças encontrarem a pulsação, elas devem marcar a batida com o pé. (Se houver estetoscópios, deixe que elas os usem para ouvir os batimentos cardíacos umas das outras. Podem bater palmas ou bater com o pé para marcar a pulsação.)
2. Explique que podemos cronometrar nossos batimentos cardíacos, ou nossa pulsação, para ver se estão rápidos ou lentos. Use um cronômetro ou relógio e faça com que as crianças revezem-se, contando a própria pulsação por 15 segundos. Cada criança deve fazer a contagem de seus batimentos cardíacos. Como atividade de matemática, elas também podem preparar um gráfico que mostre os diferentes ritmos de pulsação de todos os membros da classe. Qual é o ritmo mais rápido? O mais lento? O mais comum?
3. Faça as crianças participarem de atividades aeróbicas cada vez mais vigorosas. Primeiro, elas irão caminhar, depois pular, pular mais rápido e mais alto, e assim por diante. Se vocês puderem ficar ao ar livre, faça as crianças correrem. Depois de cada atividade, elas cronometrarão os batimentos cardíacos. O que acontece? Cada criança pode fazer um gráfico que mostre como seu coração bate durante as diferentes atividades. Lembre-se de fazer um relaxamento depois do exercício vigoroso.
4. Toque diferentes tipos de música para as crianças e peça-lhes que marquem o ritmo batendo palmas, batendo com o pé no chão, ou cantarolando. Converse sobre cada música. A batida faz as crianças terem vontade de caminhar, pular ou correr?

Nota ao professor:
Essa atividade pode ser estendida a várias sessões e usada para introduzir outras atividades que envolvam gráficos, ritmo ou música. Por exemplo, você pode pedir às crianças que marquem sua própria batida, usando diferentes instrumentos de percussão, ou que usem os instrumentos para mostrar como a batida muda, conforme elas caminham, pulam e correm. As composições podem ser gravadas e mostradas aos colegas.

Esta atividade foi adaptada de E. Nelson. (1979). *Movement games for children of all ages*. Nova York: Sterling.

⮕ EU TENHO RITMO

Objetivo:
Estudar os ritmos, acompanhando com o corpo a batida de um tambor.

Principais componentes:
Movimento em sincronia com um ritmo que vai mudando
Expressividade

Materiais:
Tambor e baqueta
Sino ou xilofone

Procedimentos:
1. As crianças sentam no chão, formando um círculo. Diga-lhes que vocês farão experiências com ritmos e contagem. Peça que escutem atentamente, enquanto você bate um ritmo regular no tambor. Depois de um instante, peça que batam palmas sempre que você bater no tambor.
2. Quando elas estiverem seguras do ritmo, experimente um diferente. Diga para escutarem primeiro e depois baterem palmas, acompanhando o tambor. Faça um ritmo de valsa (um-dois-três, com a batida mais grave ou pesada em *um*) e deixe que batam palmas, acompanhando a batida do tambor.
3. Diga às crianças para levantarem do chão e marcarem com o pé cada batida do tambor. Explique que este exercício é muito parecido com aquele em que elas acompanharam seu próprio ritmo, só que dessa vez estão acompanhando as batidas do tambor.
4. Experimente outros ritmos e varie a velocidade (dois em dois, quatro em quatro, etc.). Deixe as crianças acompanharem os ritmos, andando ou dançando em torno da sala. Incentive-as a criarem uma maneira própria de mover-se e mexer o corpo. Você pode sugerir: "Vocês conseguem acompanhar o ritmo com os braços? Com a cabeça? Com os pés?".

Variações:
1. Depois que as crianças adquirirem alguma experiência com essa atividade, determine movimentos específicos para diferentes compassos. Por exemplo, o primeiro compasso de uma seqüência é um pulo, os dois seguintes são passos de caminhada. Um ritmo de valsa pode ser pulo-passo-passo, pulo-passo-passo. As crianças devem criar seqüências diferentes.
2. Marque o ritmo com um sino, além do tambor. Por exemplo, você pode usar os tambores para um ritmo rápido e o sino (ou xilofone) para um ritmo mais lento. Toque ritmos diferentes e peça às crianças que os identifiquem como rápidos ou lentos. A seguir, elas andarão pela sala, marcando o ritmo. Quando estiverem mais confiantes, varie a batida. Você também pode deixar que elas se revezem, tocando o tambor e o sino para o resto da classe.

⇨ TAMBORES MENSAGEIROS

Objetivo:
Explorar os ritmos, usando vozes e tambores.

Principais componentes:
Sensibilidade ao ritmo
Estabelecimento de um ritmo próprio
Expressividade

Materiais:
Tambores, outros instrumentos de percussão, ou ambos

Procedimentos:
1. Como os batimentos cardíacos ou a pulsação, os ritmos naturais da fala são uma maneira maravilhosa de ajudar as crianças a explorarem os ritmos. Comece fazendo com que elas usem varetas de ritmo, batam palmas ou em um tambor para acompanharem a própria fala. Explique que cada sílaba recebe uma batida e pratique algumas frases juntas. Depois, deixe as crianças fingirem que estão ao telefone com um amigo, estão conhecendo um novo colega, ou em qualquer outra situação inventada. Elas devem bater palmas, marcando o ritmo de tudo o que disserem nos próximos três três minutos.
2. A seguir, peça que deixem de lado as palavras e simplesmente sussurrem a mensagem, enquanto batem no tambor. Saliente que elas devem escutar cuidadosamente o ritmo da mensagem para compreendê-la.
3. Finalmente, incentive-as a abandonarem a voz totalmente e a usarem apenas o tambor ou outro instrumento de ritmo para se comunicar.
4. Discuta por que as mensagens por tambor são difíceis de compreender. Como elas poderiam mudar a batida da mensagem para tornar o significado mais claro? Se necessário, faça perguntas orientadoras. Como soaria uma notícia boa? Como soaria uma notícia má ou triste? Como seria um ritmo tímido? Peça às crianças que demonstrem suas sugestões. Você também pode escrever os comentários delas em uma folha grande de papel, criando um conjunto de "Dicas para Conversar por Tambor".
5. Faça um jogo de adivinhação. Peça às crianças que trabalhem em pares para mandar e adivinhar mensagens, com base nas "dicas" criadas. Veja se elas conseguem manter conversas mais longas. Depois, discutam se as dicas ajudaram.
6. Encoraje as crianças a encenarem as mensagens. Uma criança bate a mensagem no tambor, enquanto outra se move acompanhando o ritmo.

Nota ao professor:
Para saber mais sobre como encontrar o ritmo na palavra falada, veja o Poema Rítmico da p. 106 na seção de Música.

Essa atividade foi adaptada de E. Nelson. (1979). *Movement games for children of all ages*. New York: Sterling.

Expressividade — Pequeno/Grande Grupo Dirigido pelo Professor

⭘ QUAL É O SENTIMENTO?

Objetivo:
Aprender a expressar diferentes sentimentos através do movimento.

Principais componentes:
Resposta a dicas verbais
Evocação de estados de ânimo através do movimento

Materiais:
Fita gravada com músicas de "sentimentos"

Procedimentos:
1. Diga às crianças que elas farão uma atividade de movimento para trabalhar sentimentos. Elas irão ouvir músicas e mover-se pela sala de muitas maneiras diferentes, dependendo do sentimento que a música despertar nelas. Peça-lhes que se espalhem pela sala. Toque trechos de músicas, preferivelmente de uma fita pré-gravada. Solicite aos alunos que descrevam a música em termos de sentimentos, ajudando-os com o vocabulário. A música soa feliz? Triste? Entusiasmante?
2. Comece tocando uma música que exemplifique um sentimento específico, como felicidade. Pergunte qual é o sentimento daquela música. Quando as crianças responderem "feliz" ou "felicidade", diga para fazerem diferentes movimentos felizes. Você pode perguntar: "Como vocês mexem a cabeça quando estão felizes? O que acontece com suas costas? Mostrem-me ombros alegres, pés contentes e joelhos satisfeitos". Continue por dois minutos e deixe que descansem um pouco.
3. A seguir, mude para uma música triste. Ajude-os, mais uma vez: "Como vocês mostram aos amigos que estão tristes sem usar palavras? Como são ombros tristes? Como se mexem braços tristes? E pernas e pés tristes? E como são uma cabeça, uma boca e sobrancelhas tristes? Como as várias partes de seu corpo ficam quando se sentem tristes?". Continue por um ou dois minutos e pare.
4. Repita o processo, tocando músicas "apavorantes", "furiosas", "entusiasmantes" e de outros tipos. "Deixem o corpo ficar apavorado (zangado, entusiasmado, surpreso, etc.). Agora, mexam-se pela sala." Outra estratégia é fazer com que as crianças imaginem algumas situações: "Vocês estão fazendo uma festa de aniversário!" ou "Seu melhor amigo está se mudando".
5. Para ampliar essa atividade, incentive as crianças a pensarem em músicas (ou trazê-las gravadas) que evoquem emoções específicas. Encoraje-as a discutirem os aspectos da música (ritmo, tempo, melodia, palavras) que fazem com que se sintam felizes, zangadas, tristes, etc. Elas podem trabalhar em pequenos grupos para coreografar movimentos para toda ou parte da música que escolheram. Depois, podem apresentar a coreografia para os colegas.

Nota ao professor:
Você pode gravar (ou comprar) uma fita de "sentimentos", composta por uma seleção musical que evoque diferentes sentimentos (por exemplo, raiva, felicidade, tristeza, calma, etc.). Alguns exemplos de músicas incluem:

Tristeza: "Jeannie with the Light Brown Hair" (Stephen Foster)
Raiva: "Overture Coriolan" (Ludwig van Beethoven)
Medo: "Night on Bald Mountain" (Modest Mussorgsky)
Alegria: "Isn't She Lovely" (Stevie Wonder)
Confusão: "Confusion" (Fela Kuti)

Essa atividade foi adaptada de G. Hendricks e K. Hendricks. (1983). *The moving center: Exploring movement activities for the classroom.* Englewood Cliffs, NJ: Prentice Hall.

➲ POSSO SER COMO...?

Objetivo:
Explorar maneiras diferentes de usar o movimento para criar imagens.

Principais componentes:
Expressividade
Criação de idéias de movimento
Habilidades observacionais

Materiais:
Nenhum

Procedimentos:
1. Peça às crianças para ficarem em pé. Explique que vocês farão um jogo em que usarão o corpo para imitar diferentes ações, pessoas e coisas. Por exemplo, como elas mexeriam o corpo se fossem uma pipoca estourando? Ou se estivessem caminhando em um lamaçal profundo? Converse com o grupo sobre movimento em termos de: *qualidade* do movimento (por exemplo, como é um movimento leve? Pesado? Animado? Espasmódico?); *velocidade* do movimento (por exemplo, que coisas se movem devagar? Muito devagar? Rápido?) e *orientação no espaço* (por exemplo, que coisas se movem pelo chão? Bem alto no ar? Entre elas?)
2. Pergunte às crianças como elas se moveriam se fossem um tigre perseguindo uma presa, um peixe nadando em um aquário ou uma folha levada pelo vento. Encoraje-as a encenarem tais imagens.
3. Com a ajuda das crianças, faça combinações esquisitas. Por exemplo, pergunte como elas voariam se fossem um pássaro usando um casaco e como andariam se fossem um tigre com uma pata quebrada. Incentive-as a fazerem suas próprias combinações.
4. Depois, as crianças formarão pares e, com a sua ajuda, pensarão em papéis e criarão uma cena curta para apresentar aos colegas, tal como:
   - remar um barco e pescar;
   - jantar;
   - patinar;
   - ser apanhado por uma chuvarada súbita;
   - ser pássaros que estão montando um ninho juntos.

   Que outras cenas elas gostariam de representar?

Notas ao professor:
1. Você pode transformar esse exercício em mímicas. Faça movimentos, e as crianças devem adivinhar quem (ou o que) você é ou está fazendo. Depois, inverta os papéis e deixe-as representarem.
2. Você pode fazer um jogo mais estruturado, preparando cartões com figuras de diferentes cenas (é possível escolher um tema, como animais, atividades esportivas ou livros). Uma criança escolhe um cartão e encena a figura até que um colega adivinhe o que está no cartão. Esse colega é o próximo a "atuar".

DANÇA DE UMA HISTÓRIA

Objetivo:
Explorar o potencial expressivo do corpo, usando movimentos para encenar uma história.

Principais componentes:
Expressividade
Criação de idéias de movimento

Materiais:
- Livros com muitas figuras, com ou sem palavras (por exemplo, *Where the Wild Things Are*, de Maurice Sendak)

Procedimentos:
1. Comece lendo um livro curto. Fale sobre como as palavras e as figuras contam a história. Peça às crianças que pensem sobre o que uma determinada figura transmite a elas. Se não pudessem falar, como poderiam contar a mesma história?
2. Mostre como podemos usar apenas o movimento para encenar parte de uma história. Escolha uma página com um texto que possa ser encenado claramente, tal como "O Sr. Smith fecha a porta". Encene fechar a porta.
3. Explique que todas as histórias podem ser encenadas. Faça as crianças encenarem uma história escolhida por você. Leia todo o livro, página por página, mostrando as figuras e fazendo todas as crianças encenarem a página. Repita desde o início, para aperfeiçoar, pelo menos uma vez.
4. Como projeto, deixe que pequenos grupos escolham livros que gostariam de encenar. Distribua diferentes locais da sala (ou diferentes momentos) para os grupos reunirem-se e trabalharem em suas histórias. Uma criança do grupo narrará a história, enquanto as outras irão encená-la. Circule pela sala, ajudando os grupos. Depois, cada grupo apresenta a história para o restante da classe.

Nota ao professor:
Se você filmar em vídeo ou fotografar a atividade, pode criar na sala de aula uma biblioteca de "histórias em ação".

➲ DANÇA DA ANATOMIA

Objetivo:

Explorar e criar idéias de movimento através do foco no movimento de partes isoladas do corpo.

Principais componentes:

Controle e consciência corporal
Criação de idéias de movimento
Expressividade

Materiais:

Cachecóis (opcional)
Fitas gravadas ou rádio

Procedimentos:

1. Diga às crianças que, nessa sessão de movimento, elas irão mover-se, acompanhando a música (mas não dançar). Explique que o nosso corpo é capaz de muitos movimentos diferentes, porque nele temos muitas partes diferentes que podem mover-se independentemente. No todo, o corpo pode fazer muitas combinações diferentes de movimento. Essa atividade explorará as diferentes maneiras pelas quais cada parte do corpo pode mover-se.
2. Faça as crianças pensarem em todas as partes do corpo que elas podem mover. Faça uma lista em uma folha grande de papel. Dê sugestões ou incentive-as a criarem uma lista completa.
3. Peça-lhes que fiquem em pé. Começando do topo da lista, elas devem demonstrar maneiras diferentes de mexer cada parte do corpo. Relacione os termos para esses movimentos: por exemplo, a lista para "olhos" poderia incluir "fechar, piscar, apertar"; para ombros, "encolher, sacudir, fazer círculos", etc.
4. No mesmo dia ou em outra ocasião, repita o exercício com música. Focalize uma parte do corpo de cada vez, usando a lista como guia. Toque diferentes tipos de música e veja se as crianças trazem novas idéias. Incentive-as a discutirem como a música ajuda a encontrar novas possibilidades de movimento. Quando a música muda, elas mudam sua maneira de se movimentar?
5. Você pode usar a música de modos diferentes. Por exemplo, as crianças podem mexer diferentes partes do corpo com a mesma música. O que os movimentos das diferentes partes do corpo têm em comum? Pequenos grupos também podem coreografar e demonstrar danças curtas baseadas nos movimentos da lista da Dança da Anatomia.

Nota ao professor:

A música pode inspirar as crianças a criarem movimentos diferentes; por isso, você deve providenciar músicas variadas. Os alunos também podem trazer suas músicas favoritas. Ou você pode usar o rádio e parar aleatoriamente em estações que estejam tocando diferentes tipos de música. Também pode trazer cachecóis leves e deixar que as crianças experimentem usá-los nessa atividade.

Essa atividade foi adaptada de G. Hendricks e K. Hendricks. (1983). *The moving center: Exploring movement activities for the classroom.* Englewood Cliffs, NJ: Prentice Hall.

CRIAÇÃO DE FORMAS

Objetivo:
Melhorar a consciência espacial, usando o corpo para criar formas geométricas.

Principais componentes:
Criação de idéias de movimento
Reconhecimento de formas
Consciência espacial
Resolução de problemas

Materiais:
- Cartões de formas (cartões com figuras de triângulos, quadrados, círculos e outras formas geométricas)

Procedimentos:
1. Divida a classe em grupos de cinco ou seis. Desafie as crianças a trabalharem juntas, nos grupos, e a usarem os corpos para criar as formas que você sugerir. Comece mostrando a figura de um quadrado.
2. Espalhe as crianças pela sala e deixe que tentem criar as formas. Circule entre os grupos, enquanto eles trabalham. Depois, peça que façam uma ou duas formas básicas diferentes.
3. Peça que façam formas mais complexas, como um hexágono. Depois que cada grupo criou uma forma, pode mostrá-la para o restante da classe. Estimule todas as idéias trazidas pelas crianças. Se as crianças de um grupo não conseguirem fazer direito alguma forma, ajude-as a se reorganizarem para criar a forma certa.

Variações:
As crianças também podem usar o corpo, individualmente ou em grupo, para formar as letras do alfabeto. Encoraje-as a tentarem métodos diferentes, como deitar, sentar e ficar em pé, e saliente em que aspectos suas idéias são diferentes das dos outros.

Nota ao professor:
Se as crianças tiverem dificuldade nessa atividade, deixe que usem hastes flexíveis para criar as formas ou letras, como uma etapa inicial antes de usarem o corpo.

⇨ SALTITAR, SALTAR, PULAR

Objetivo:
Expandir o repertório de idéias de movimento, pensando em diferentes maneiras de atravessar a sala ou o *playground*.

Principais componentes:
Criação de idéias de movimento
Controle corporal
Expressividade

Materiais:
Nenhum

Procedimentos:
1. Peça às crianças para formarem uma fila em uma extremidade da sala ou do *playground*. Diga que todas atravessarão até a outra extremidade. Porém, elas terão de pensar em uma nova maneira de atravessar!
2. Desafie as crianças a descreverem ou demonstrarem maneiras diferentes de atravessar (saltitar, saltar, pular, galopar). Talvez você precise incentivá-las. (O que podem fazer com as pernas e os braços? A única coisa que podem fazer é caminhar?)
3. Deixe-as trazerem suas idéias, ou dê as seguintes sugestões:
   - caminhar agachado;
   - enlaçar o braço e a perna nos de um colega e caminhar devagar como se os dois fossem uma só pessoa;
   - fechar os olhos e deixar que alguém o conduza;
   - andar na ponta dos pés;
   - marchar, batendo os pés com força;
   - andar em ziguezague;
   - caminhar de costas;
   - andar de quatro (de gatinhas);
   - andar de quatro e de costas;
   - andar como um caranguejo;
   - rolar (dar voltas);
   - saltitar de lado.
4. Depois, discuta a atividade com as crianças, listando (em uma folha grande de papel) as muitas idéias diferentes de movimento trazidas por elas.
5. Acrescente música à atividade, pedindo aos alunos que variem os movimentos conforme a sugestão da música.

Essa atividade foi adaptada de G. Hendricks e K. Hendricks. (1983). *The moving center: Exploring movement activities for the classroom.* Englewood Cliffs, NJ: Prentice Hall.

➲ MÁQUINAS CORPORAIS

Objetivo:
Fazer uma "máquina" com o corpo para explorar como as partes móveis – e as crianças – podem trabalhar juntas.

Principais componentes:
Criação de idéias de movimento
Compreensão de relações causais

Materiais:
Moedor de alimentos
Outras máquinas simples com partes móveis (opcional)
Papel e lápis de cor

Procedimentos:
1. Coloque sobre a mesa um moedor de alimentos ou uma outra máquina pequena. Peça às crianças que a examinem e revezem-se operando-a, se ainda não tiveram a oportunidade de fazê-lo na atividade mecânica (veja Desmontagem e Montagem na seção de Mecânica e Construção, p. 39-40).
2. Oriente uma discussão sobre como a máquina funciona em termos de relações de causa e efeito (por exemplo, o que acontece com o alimento, o núcleo em espiral e o disco de moer, quando giramos a manivela?). Demonstre como um mecanismo afeta o próximo.
3. Diga às crianças que elas farão máquinas com seus corpos. Cada pessoa agirá como uma parte da máquina, exatamente como as partes que estão sobre a mesa combinam-se para formar uma máquina de verdade. Use o moedor de alimentos como modelo. Peça voluntários e deixe que cada criança finja ser uma das partes do moedor. As crianças podem representar seu papel isoladamente e depois em combinação com as outras, todas juntas.
4. Divida a classe em grupos de cinco a oito crianças. Os grupos pensarão em várias máquinas que podem representar e em qual será o movimento que cada criança irá fazer. Eles podem examinar a sala de aula em busca de uma máquina de verdade para imitar (por exemplo, apontador de lápis).
5. Também podem inventar uma máquina imaginária (como um esmagador de batatas). Os grupos podem começar desenhando a máquina imaginada. Ajude as crianças a pensarem nas partes necessárias às suas máquinas (por exemplo, uma parte para esmagar a batata, um braço para erguer e baixar o esmagador, uma mola para mover o braço); nas relações de causa e efeito entre as diferentes partes e em como elas podem mexer o corpo para agir como as partes mecânicas.
6. Após uma sessão de ensaio, cada membro do grupo descreve sua parte. Depois, o grupo demonstra a máquina para o restante da classe.

Variações:
1. Construa uma máquina, acrescentando uma criança de cada vez. Quando você chamar o nome de uma criança, ela deve acoplar-se à máquina como uma nova "peça", até toda a classe estar envolvida. Se possível, filme a atividade, para que as crianças possam vê-la depois.
2. Dê pistas verbais, como "Estou derramando manteiga de amendoim dentro desta máquina" ou "Estou pondo óleo nas engrenagens". Faça com que as crianças mostrem como as suas ações afetarão o movimento da máquina.
3. Remova uma "peça" e diga à criança que encontre um outro lugar para se encaixar. Como todas as outras partes se ajustam?

Essa atividade foi adaptada de E. Nelson. (1979). *Movement games for children of all ages*. New York: Sterling.

➲ DANÇA LIVRE

Objetivo:
Explorar como diferentes tipos de música sugerem tipos diferentes de movimento e maneiras de dançar.

Principais componentes:
Responsividade à música
Criação de idéias de movimento
Expressividade
Controle corporal

Materiais:
Gravador
Fita gravada com vários tipos de música

Procedimentos:
1. Diga às crianças que você colocará uma fita com vários tipos diferentes de música e que elas dançarão, acompanhando cada uma e respondendo ao sentimento despertado pelas diferentes seleções musicais.
2. Ponha a fita para tocar e deixe as crianças moverem-se livremente pelo espaço. Pergunte: "Esta música dá vontade de se mexer de que jeito?". Se uma criança disser, por exemplo: "Para mim, parece uma música de marcha", marche com as crianças pela sala.
3. Acrescente um novo componente. Peça às crianças que continuem dançando até a seleção terminar. Então, elas devem parar o mais rápido que puderem e congelar na posição em que estiverem.
4. Continue colocando músicas, lembrando as crianças de que elas devem congelar quando cada seleção terminar. Encerre a sessão de dança com uma música escolhida pelas crianças.
5. Ajude-as a relaxarem, tocando uma música calma, suave, em um volume mais baixo. Cada criança deve encontrar um lugar e sentar no chão devagar. Faça as crianças fecharem os olhos e ouvirem a música.
6. Desligue a música e peça-lhes que escutem sua própria respiração. Diga-lhes para deixarem cair o queixo sobre o peito e respirarem lenta e profundamente. Depois de um ou dois minutos, diga às crianças para erguerem a cabeça e abrirem os olhos; erguerem os braços acima da cabeça e sacudirem as mãos, baixando os braços lentamente. Após um momento, elas podem voltar aos seus lugares.

Notas ao professor:
1. Esta é uma ótima atividade para um dia de chuva. Também pode ser usada quando as crianças estiverem mais agitadas.
2. Peça às crianças que tragam fitas com suas músicas prediletas.
3. A Dança Livre dá às crianças a oportunidade de mostrarem várias capacidades importantes de movimento. Observe as seguintes habilidades:
   - ritmo – crianças que se adaptam às mudanças de ritmo de música para música e concentram-se no ritmo durante toda a música;
   - uso do espaço – crianças que experimentam movimentos altos e baixos e em diferentes direções por toda a sala e nos espaços disponíveis;
   - expressividade – crianças que demonstram muita expressão e a variam de música para música;
   - criação de idéias de movimento – crianças que mostram ou sugerem a outras crianças uma grande diversidade de movimentos nas diferentes músicas.

➲ ALONGAMENTO

Objetivos:

Aprender a função de diferentes músculos.
Aprender a relaxar e a contrair os músculos.

Materiais:

Nenhum

Nota aos pais:

A consciência corporal é um elemento importante tanto no movimento atlético como no criativo. Essa atividade tem por objetivo tornar a criança mais consciente dos diferentes músculos de seu corpo. Ela também irá ajudá-los a observar se seu filho/sua filha sabe quais músculos está alongando e se é capaz de esticar ou relaxar músculos específicos sem mover músculos próximos.

Procedimentos:

1. Peça à criança que deite no chão e espreguice-se, exatamente como faz quando acorda de manhã. A seguir, peça que estique, ou alongue, um grupo de músculos de cada vez, sentindo bem a sensação de alongar: pescoço, ombro, braços, dedos das mãos, peito, barriga, pernas, pés, dedos dos pés.
2. A seguir, peça à criança para contrair os músculos, uma parte do corpo de cada vez. Depois que contrair um músculo, ela deve mantê-lo contraído até todos os músculos estarem contraídos. Após um momento, ela deve relaxar um grupo muscular de cada vez, até todos os músculos estarem relaxados.
3. Peça ao seu filho/sua filha que mova um músculo (ou conjunto de músculos) sem mexer os músculos que estão em volta. Por exemplo, ele/ela consegue mexer o "músculo do tornozelo" sem mexer o "músculo do dedo do pé"? Mexer o dedo mínimo sem mexer o anular?

Compartilhar:

Talvez seu filho/sua filha queira demonstrar esses exercícios para os amigos na escola, ou compartilhá-los com o professor.

⮕ CÂMERA LENTA

Objetivo:
Planejar uma série de movimentos e executá-los.

Materiais:
Nenhum

Nota aos pais:
Essa atividade enfatiza o controle corporal e a memória para movimentos. Você pode observar a capacidade de seu filho/sua filha de lembrar e imitar movimentos, bem como de planejar uma série de movimentos e executá-los.

Procedimentos:
1. Peça à criança para fechar os olhos e imaginar alguém correndo uma longa distância. Ela deve imaginar a pessoa correndo em câmera lenta. O que as pernas do corredor estão fazendo? Seus braços? Rosto? Dedos das mãos?
2. Peça à criança que abra os olhos e finja estar correndo em câmera lenta.
3. A seguir, ela irá fingir que é um jogador de futebol, ciclista, pianista, motorista de caminhão ou alguém que esteja realizando uma atividade física. Lembre-a de prestar atenção a todas as partes do seu corpo para que a ação pareça real.

Compartilhar:
Na escola, a criança pode encenar um esporte, ou outra atividade, e deixar que o professor ou os colegas adivinhem o que ela está fazendo.

⇨ FEBRE DE DANÇA

Objetivo:
Criar uma dança curta baseada na música que a criança escuta no rádio e em movimentos que ela vê na televisão ou em filmes.

Materiais:
Fita gravada de música para dançar ou um vídeo de música

Nota aos pais:
Dançar dá à criança uma chance de expressar seus sentimentos e também de aperfeiçoar várias habilidades de movimento. Enquanto seu filho/sua filha dança, observe sua sensibilidade ao ritmo, sua capacidade de usar o movimento para comunicar sentimentos ou idéias, sua consciência de espaço e sua responsividade à música.

Procedimento:
1. Se vocês têm uma fita de vídeo com música para dançar, deixe a criança escolher uma música e escutá-la várias vezes. Depois, peça-lhe que crie uma dança parecida como a que está no vídeo. Como alternativa, você pode usar uma fita cassete ou um CD e deixar que a criança invente uma dança.
2. Ajude seu filho/sua filha a criar uma dança que combine com a música. A dança deve ser lenta ou rápida, feliz ou triste, vigorosa ou suave?
3. Para ajudar a criança a se concentrar em sua dança, você pode tirar a imagem da TV e deixar apenas o som. Ou pode desligar o som e deixar que a criança invente uma nova melodia para a dança.
4. Encoraje seu filho/sua filha a dar à dança um nome que diga à audiência o que significam a música e os movimentos.
5. Se a criança está com vergonha de dançar sozinha, vocês podem dançar com ela, ou pedir aos irmãos mais velhos que também dancem.

Compartilhar:
Quem se apresenta precisa de um público. Deixe a criança apresentar-se para vocês e para o restante da família, ou mesmo para o professor e os colegas.

■ RECURSOS E REFERÊNCIAS

As atividades descritas são apenas uma introdução à área. Para ajudá-los a explorar melhor o ensino do movimento, apresentamos uma breve lista de recursos que se mostraram valiosos para nós e para nossos colegas. Ela pretende ser uma inspiração, mais que uma revisão da literatura. As fontes usadas na preparação deste livro estão assinaladas com um asterisco.

Belknap, M. (1980). *Taming your dragons: A collection of creative and relaxation activities for home and schooll*. Buffalo, NY: DOK .

Benzwie, T. (1980). *A moving experience: Dance for lovers of children and the child within*. Tucson, AZ: Zephyr Press.

Boal, A. (1992). *Games for actors and non-actors*. New York: Routledge.

Carr, R. (1980). *See and be: Yoga and creative movement for children*. Englewood Cliffs, NJ: Prentice Hall.

Cole, J. (1989). *Anna banana, 101 jump rope rhymes*. New York: Scholastic.

Fluegelman, A. (1981). *New games book*. NewYork: Doubleday.

Fraser , D. L. (1991) .*Playdancing: Discovering and developing creativity in young children*. Princeton, NJ: Princeton Books.

Gilbert, A. (1977). *Teaching the three Rs through movement experience*. New York: Macmillan.

Gregson, B. (1982). *The incredible indoor games book*. Belmont, CA: Fearon Teacher Aids.

* Hendricks, G.; Hendricks, K. (1983). *The moving center: Exploring movement activities for the classroom*. Englewood Cliffs, NJ: Prentice Hall.

Jenkins, E. (1989). *Adventures in rhythm* [audiocasette]. Washington, DC: Smithsonian/Folkways; Cambridge, MA: Rounder Records.

Jones, B.; Hawes, B. L. (1972). *Step it down: Games, plays, songs and stories from the Afro-American heritage*. Athens: University of Georgia Press.

Joyce, M. (1973). *First steps in teaching creative dance*. PaIo Alto, CA: National Press.

Lowden, M. (1989). *Dancing to learn: Dance as a strategy in the primary school curriculum*. London: Falmer Press.

* Michaelis, B.; Michaelis, D. (1977). *Learning through non-competitive activities and play*. Palo Alto, CA: Learning Handbooks.

Nelson, E. (1989). *Dance sing and listen* [audiocasette]. Available from Dimension 5, Box 403-Kingsbridge Station, Bronx, NY 10463.

Nelson, E. (1987). *Everybody sing and dance!* Available from Dimension 5, Box 403 Kingsbridge Station, Bronx, NY 10463.

* Nelson, E. (1979). *Movement games for children of allages*. New York: Sterling.

Orlick, T. (1982) .*The second cooperative sports and games book*. New York: Pantheon Books.

* Pangrazi, R.; Dauer, V. (1981). *Movement in early childhood and primary education*. Minneapolis, MN: Burgess.

Sullivan, M. (1982). *Feeling strong, feeling free: Movement exploration for young children*. Washington, DC: National Association for the Education of Young Children.

Yolen, J., (Ed.). (1992). *Street rhymes around the world Honesdale*, PA: Wordsong/Boyds Mill Press.

ATIVIDADES DE MATEMÁTICA

SUMÁRIO

■ INTRODUÇÃO

Um resumo das atividades de matemática 149
Descrição das habilidades-chave 149
Descrição dos materiais 150

■ ATIVIDADES DE MATEMÁTICA

Raciocínio numérico
Calcular a quantidade 152
Pesos e medidas 153
Padrões do calendário 155
Batalha 157
Jogo dos cincos 158
Dados 159
Jogo do dinossauro 161

Raciocínio espacial
Gráfico em setores 163
Relacionar a área ao volume 165
Reproduzir blocos 166
Reproduzir geoplanos 167
Caça ao tesouro 168
Criar uma colcha de retalhos 170

Solução de problemas
NIM 171
Confeitaria 172
Jogo do ônibus 173

■ ATIVIDADES PARA FAZER EM CASA

1 Quantos minutos faltam para o jantar? 174
2 Qual é a sua altura? 175
3 Matemática com biscoitos 176

RECURSOS E REFERÊNCIAS

■ UM RESUMO DAS ATIVIDADES DE MATEMÁTICA

Esta seção ajudará as crianças a desenvolverem o conhecimento e o pensamento lógico-matemáticos através de atividades de "mãos à obra" e "mentes à obra". As atividades podem enriquecer o currículo fundamental inicial ao relacionar conceitos abstratos a materiais didáticos e situações familiares, reforçando, assim, habilidades apresentadas em currículos como *Everyday Mathematics* ou *Mathematics Their Way*. Ao combinar brincadeiras cooperativas com desafios individuais, as atividades convidam as crianças a verem a matemática de forma divertida e útil, além de uma maneira de responder a muitas de suas perguntas sobre o mundo.

Nas próximas páginas, vocês encontrarão instruções para montar dois jogos de tabuleiro, o Jogo do Dinossauro e o Jogo do Ônibus, que foram desenvolvidos pela equipe do Spectrum para avaliar e reforçar habilidades específicas de matemática. Também estão incluídas diversas maneiras de adaptar jogos conhecidos, como os jogos de cartas Batalha e Jogos dos Cincos, para as crianças praticarem habilidades como contar, somar, estimar, reconhecer padrões e outras habilidades matemáticas. Essas atividades podem servir como modelos para ajudá-las a usar outros jogos bem-conhecidos de números e estratégia, como o Jogo de Memória e *Ticktacktoe*, como veículos para a aprendizagem de matemática.

Os jogos e demais atividades desta seção estimulam a criança a pensar sobre números e quantidades de objetos, fazer e comparar agrupamentos, desenvolver estratégias para resolver problemas, trabalhar e trocar idéias com os colegas. Elas se baseiam em três princípios: (a) ajudar a criança a explorar as muitas facetas dos números e as várias relações que existem entre eles; (b) fazer com que a criança aja e reflita sobre a ação para chegar a um entendimento e (c) encorajar a criança a pensar ativa e autonomamente em uma grande diversidade de situações.

Esta seção está organizada em três partes correspondentes a três capacidades-chave na área de inteligência lógico-matemática: raciocínio numérico, raciocínio espacial e solução lógica de problemas. Em cada categoria, as atividades progridem de experiências exploratórias relativamente simples com números, padrões e relações, para atividades mais complexas, com objetivos e orientadas para projetos. A seção de solução lógica de problemas inclui poucas atividades, uma vez que essa capacidade é avaliada em muitas atividades das outras seções.

Ao apresentar as atividades de matemática, você pode começar descrevendo alguns dos materiais que as crianças encontrarão, incluindo quebra-cabeças, jogos, blocos e instrumentos de medição. Você pode mostrar como algumas atividades que elas apreciam muito – cozinhar, comprar guloseimas, marcar pontos nos jogos – dependem da matemática. Incentive-as a dizerem o que pensam da matemática, fazendo perguntas como: O que a matemática significa para você? De que maneira você a usa em casa, na rua ou na escola? Quando as pessoas precisam da matemática? Para que ela serve?

Se puder reservar uma área especial para as atividades de matemática, diga às crianças que nesse espaço vocês trabalharão com números, formas, tamanhos, pesos, alturas, tempo e dinheiro. Elas também poderão jogar e inventar jogos. Explique que elas aprenderão a resolver problemas com algumas ferramentas especiais da matemática, como escalas, cubos Unifix, relógios, réguas e fitas métricas. Se possível, mostre esses instrumentos e fale sobre os diferentes usos que as crianças e os adultos podem dar a eles.

■ DESCRIÇÃO DAS HABILIDADES-CHAVE

Raciocínio numérico

- é hábil em cálculos (por exemplo, encontra atalhos);
- é capaz de fazer estimativas;

- é competente ao quantificar objetos e informações (por exemplo, mantendo registros, criando notações eficazes e gráficos);
- é capaz de identificar relações numéricas (por exemplo, probabilidade e razão).

Raciocínio espacial

- descobre padrões espaciais;
- é hábil em quebra-cabeças;
- usa a imaginação para visualizar e conceituar um problema.

Solução lógica de problemas

- focaliza as relações e a estrutura global do problema, em vez de fatos isolados;
- faz inferências lógicas;
- generaliza regras;
- desenvolve e usa estratégias (por exemplo, quando joga algum jogo).

■ DESCRIÇÃO DOS MATERIAIS

Jogo do dinossauro do Spectrum

Este jogo é fácil de fazer, usando-se um tabuleiro de isopor de aproximadamente 70x80 cm, diversos dinossauros pequenos de plástico, dois dados com números e um dado com direção (veja a ilustração). Para fazer o tabuleiro do jogo, desenhe em um papel pardo um grande dinossauro e um fundo de rochas e árvores, colando-o no tabuleiro de isopor. Com canetas, faça um caminho de 35 espaços numerados, começando na boca do dinossauro, continuando pelas costas e terminando na ponta da cauda. Escreva *Início* ou *I* sob o espaço 15. Você pode colorir o último espaço, o 35, com uma cor diferente e escrever sob ele *Final* ou *F*. Use dois dados comprados em loja, ou faça dados com cubos de aproximadamente um centímetro. Você pode fazer o dado com direção com um cubo, desenhando um sinal de mais (+) em três lados e um sinal de menos (-) nos outros três.

Jogo do ônibus do Spectrum

Este jogo é composto por um ônibus, um tabuleiro, paradas de ônibus, uma estação, passageiros, caneta e papel para anotações. Para fazer o tabuleiro, use um retângulo de isopor com aproximadamente 50x85 cm. O ônibus irá sair de um canto, percorrer todo o perímetro interno até chegar no canto ao lado. Cole papel contact colorido para fazer um caminho semelhante a uma rua e acrescente árvores ou outros cenários, se desejar. Se você revestir o tabuleiro com papel contact transparente, ele ficará mais durável.

Use sua imaginação para fazer quatro paradas de ônibus, cada uma com 8 a 10 cm de altura. A versão do Spectrum inclui paradas feitas com pena, chave, escova de dentes e pinha. Monte os materiais com massa de modelar, ou fixe-os em tampas plásticas grandes com uma resina endurecedora. Coloque a estação logo depois da última parada. Você pode montá-la com uma pequena caixa de papelão e usar tinta ou papel contact colorido para criar uma porta, janela e uma tabuleta dizendo *Estação Rodoviária*.

Você pode fazer o ônibus com uma caixa de sapatos pequena ou alguma outra caixa de papelão (mais ou menos 18x22x10 cm) coberta por isopor. Pinte ou use papel contact para fazer as janelas, mas não corte a caixa, porque os "passageiros" devem ficar fora da vista da criança. Perto da frente do ônibus, corte uma porta que possa abrir e fechar, para que os passageiros entrem no ônibus. Na parte de trás, corte outra porta para permitir a fácil remoção dos passageiros depois de cada viagem do ônibus.

Você pode fazer os passageiros – 10 adultos (10 cm) e seis crianças (5 a 7 cm) – com um papelão resistente e montá-los em pequenas bases de madeira ou papelão. Como os jogadores precisam manter a contagem de quantos adultos *versus* quantas crianças entram e saem do ônibus, seus tamanhos devem ser claramente distinguíveis. Você pode desenhar os personagens, cortar fotos de revistas ou usar personagens personagens de plástico compradas em loja (tipo Playmobile).

⮕ CALCULAR A QUANTIDADE

Objetivo:
Praticar habilidades de cálculo e estimativa através de jogos.

Principais componentes:
Contagem e estimativa
Elaboração e verificação de predições
Raciocínio espacial

Materiais:
Copo de medida
Tigela ou pote grande
Recipientes variados (por exemplo, copos de papel, caixas pequenas)
Nozes, feijões, massa seca ou arroz
Água

Procedimentos:
1. Peça às crianças que adivinhem quantos copos cheios de água caberão na tigela e escrevam seus palpites em um papel.
2. Use o copo de medida para encher a tigela, enquanto as crianças contam quantos copos você derrama nela. Peça-lhes que comparem a contagem real com sua estimativa. Quão perto elas chegaram?
3. Dê às crianças recipientes e "enchimentos" (por exemplo, nozes, feijões, arroz ou massa seca) variados. Cada uma executará seu próprio experimento: elas devem estimar quantos copos serão necessários para encher o recipiente e depois verificar sua estimativa, enchendo-o.

Variações:
1. Dê às crianças algumas nozes e três ou quatro copos de papel, com tamanhos diferentes. Peça a elas que respondam às seguintes perguntas, primeiro fazendo uma estimativa e depois enchendo os copos:
   - Quantas nozes cabem no copo menor?
   - Quantas nozes cabem no copo maior?
   - Em quais desses copos cabem mais de 10 nozes? Menos de 5?
   - Em algum deles cabem exatamente 15 nozes?

⇨ PESOS E MEDIDAS

Objetivo:
Realizar uma série de tarefas práticas para conhecer unidades de medida padronizadas e não-padronizadas.

Principais componentes:
Comparação e contraste
Aprendizagem por tentativa e erro
Raciocínio lógico

Materiais:
Régua
Palitos de dente
Clipes de papel
Lápis
Papel colorido
Massa de modelar
Blocos de madeira
Tigela ou garrafa grande
Sacos pequenos
Pedaços de isopor
Pregos de madeira
Copos pequenos de papel
Barbante
Cabide de arame
Garrafas

Procedimentos:
1. Medindo comprimento: Dê às crianças uma régua, palitos de dente, uma corrente de clipes de papel e lápis. Elas devem medir o comprimento de uma lateral do quadro-negro, de um livro, de uma mesa, de uma porta ou da parede da sala de aula. Estimule-as a pensarem em outras maneiras de medir os objetos, como, por exemplo, usando as mãos ou os pés. Peça que preencham a folha de registro, respondam às perguntas a seguir e depois comparem os resultados entre si. Converse com elas sobre unidades de medida padronizadas e não-padronizadas. As unidades de medida não-padronizadas podem ser convenientes, mas não muito exatas – nossas mãos e pés estão sempre conosco, mas será que você e seu professor obteriam o mesmo resultado?
2. Medindo área: Dê a cada criança uma série de formas recortadas em papel de diferentes cores. Peça que coloquem as formas em ordem, começando pela menor e chegando à maior, usando apenas os olhos. A seguir, peça que tentem descobrir uma maneira de medir a área das formas. Depois de um tempo, sugira que recortem as formas e arranjem-nas em novas formas mais fáceis de comparar (por exemplo, transformar um triângulo em retângulo e ver quantas vezes o retângulo menor encaixa-se nele). Solicite-lhes que coloquem as formas novamente por ordem de tamanho e comparem esse novo alinhamento com sua "estimativa por adivinhação".
3. Medindo massa: Dê às crianças três ou quatro pedaços de massa de modelar e peça que descubram qual é a mais pesada e qual é a mais leve. Como no outro exercício, dê a elas um bloco de madeira, um saco pequeno e alguns pedaços de isopor, solicitando que encham o saco com isopor até ele pesar o mesmo que o bloco. Encoraje-as a tentarem maneiras diferentes de medir o

peso, tal como usar as próprias mãos como balança, ou construir uma balança. Por exemplo, elas podem fazer pratos de balança com copos de papel e suspendê-los amarrando-os com o cordão em um cabide de arame ou em um prego de madeira (elas devem amarrar o cordão em cada copo em três ou quatro lugares para manter os copos bem firmes). Ou, então, podem fazer uma balança parecida com uma gangorra, equilibrando uma régua em um lápis.

4. Medindo volume: Dê às crianças três ou quatro garrafas de diferentes formas e tamanhos e encha-as com água. Peça a elas que descubram qual recipiente tem mais água. Encoraje-as a pensarem sobre a diferença entre peso e volume. (Se uma das garrafas fosse enchida com arroz em vez de água, o volume seria diferente? O peso?) Por que uma garrafa ou tigela grande seria melhor do que uma balança para medir volume?

FOLHA DE REGISTRO DE PESOS DE MEDIDAS

	quadro-negro	livro	mesa	porta	parede	outros
Régua (Qual é o comprimento?)						
Palitos de dentes (Quantos?)						
Clipes de papel (Quantos?)						
Lápis (Quantos?)						
Pés (Quantos?)						
Outros						

Qual dos instrumentos é o mais fácil de usar para medir os objetos? _____
Por quê? _____

Qual dos instrumentos é o mais difícil de usar para medir os objetos? _____
Por quê? _____

PADRÕES DO CALENDÁRIO

Objetivos:
Aprender as relações entre dias, semanas e meses.
Explorar os padrões numéricos nos calendários.

Principais componentes:
Compreensão do calendário
Reconhecimento de padrões
Adição e subtração

Materiais:
Canetas ou lápis
Cartolina (aproximadamente 40x50 cm)
Régua
Papel contact transparente
Papel pardo

Procedimentos:
1. Use a cartolina para preparar uma grade de calendário com sete blocos na horizontal e cinco na vertical. Diga às crianças que elas ajudarão a fazer um calendário para marcar eventos importantes. Explique a grade. Por que existem sete blocos na horizontal? As crianças devem dizer quais são os dias a serem escritos na parte de cima, começando pelo domingo.
2. Cubra a grade com o papel contact, de modo que as crianças possam colar os números e as figuras sem estragar o calendário. Peça um grupo de voluntários para recortar, do papel de construção, os números de 1 a 31.
3. No primeiro dia de cada mês, as crianças podem retirar os números e reorganizá-los para o mês que está começando. Também podem recortar figuras para indicar datas especiais, como feriados, aniversários e passeios. Ou você pode usar o calendário para registrar o tempo (veja a p. 84) ou eventos semanais (aula de música na terça-feira, ginástica na sexta).
4. Explore o uso do calendário com as crianças. Aqui estão algumas perguntas que você pode fazer a respeito dos padrões de números que formam o calendário (invente outras perguntas):
   - Se você olhar na coluna dos dias, o que esses dias têm em comum? (Eles são todos o mesmo dia da semana.)
   - Quantos dias há em um mês? Quantas semanas há em um mês?
   - Se é quarta-feira, quantos dias faltam para sexta-feira?
   - Se quarta-feira é dia 10, que dia será sexta?

   As próximas perguntas são mais desafiadoras:
   - Faça uma lista das datas de terça, das datas de quarta e das datas de sábado.
   - Você percebe algum padrão nesses números? (Somamos sete a cada um para chegar ao próximo.)
   - Por que isso funciona assim? (Porque existem 7 dias na semana.)
   - Que outros padrões você percebe no calendário?

Variações:
1. Explore padrões, dando a cada criança uma pequena grade de calendário (as crianças podem preencher os números). Diga para procurarem o espaço com o número 2 e pintá-lo de vermelho. Peça para somarem 2 e colorirem aquele espaço de vermelho, e assim sucessivamente (sempre somando 2 e pintando

1	2 (vermelho)	3 (azul)	4 (vermelho)	5	6 (vermelho) (azul)	7
8 (vermelho)	9 (azul)	10 (vermelho)	11 (vermelho)	12 (vermelho) (azul)	13	14 (vermelho)
15 (azul)	16 (vermelho)	17	18 (vermelho) (azul)	19	20 (vermelho)	21 (azul)
22 (vermelho)	23	24 (vermelho) (azul)	25	26 (vermelho)	27 (azul)	28 (vermelho)

o espaço de vermelho) até completarem o calendário. A seguir, elas devem encontrar o número 3 e pintá-lo de azul. Elas continuarão somando 3 e colorindo os espaços de azul até completarem o calendário (alguns espaços ficam pintados de vermelho e azul). Que padrão elas vêem?

2. Dê a cada criança um quadro com 10 espaços verticais e 10 horizontais (100 quadrados). Que padrão ou desenho elas formarão agora se colorirem todos os números pares? Todos os múltiplos de 3, usando uma cor diferente? Você pode fazer uma grade bem grande com 100 quadrados para a sala de aula, a fim de mostrar os padrões que resultam quando as crianças contam de 2 em 2, 5 em 5, 10 em 10, e assim por diante. Também pode usar o quadro como calendário e comemorar a passagem de 100 dias de aula.
3. Incentive as crianças a inventarem suas próprias grades e padrões. Talvez algumas queiram criar padrões em suas grades sem colocar números, enquanto outras gostarão de colocar os números e ver qual é a maior grade que conseguem fazer.

⮕ BATALHA

Objetivo:
Jogar um jogo de cartas para praticar a comparação e a soma de números.

Principais componentes:
Identificação de números
Comparação de números
Adição

Materiais:
Baralho de cartas

Procedimentos:
1. Mostre às crianças como jogar Batalha. Nessa versão, retire do baralho todas as cartas com figuras. Peça-lhes para dividirem as cartas restantes (de ás até 10) em duas pilhas iguais e dê uma pilha, com as cartas viradas para baixo, a cada jogador.
2. Os jogadores viram a primeira carta da pilha e comparam suas cartas. Aquele que tiver o número mais alto pega ambas as cartas e coloca-as embaixo de sua pilha. Se as cartas viradas tiverem o mesmo número, os jogadores viram mais uma carta (batalha!). O jogador que tiver o número mais alto pega as quatro cartas. O jogo continua até um dos jogadores ganhar todas as cartas.
3. A seguir, experimente o Batalha de Adição. É igual à Batalha, só que os jogadores viram duas cartas de cada vez e comparam as somas. O jogador com a soma mais alta fica com as quatro cartas. Quando os jogadores tiverem a mesma soma, ambos viram uma terceira carta. O jogador com a soma mais alta pega as seis cartas. Se as crianças tiverem dificuldade para somar, você pode deixar que usem fichas para contar e somar os números das cartas.

Variações:
Batalha pode ser jogado entre três/quatro crianças. Nessa variação, as crianças precisam comparar mais cartas e, portanto, mais números.

Nota ao professor:
Você pode incentivar as crianças a jogarem outros jogos de cartas, como Memória e Paciência, para reforçar o reconhecimento de números, o reconhecimento de padrões, a adição e outras habilidades matemáticas.

⬆ JOGO DOS CINCOS

Objetivo:
Jogar cartas para praticar habilidades de adição.

Principais componentes:
Adição
Contagem

Materiais:
Dois baralhos de cartas
Bandeja

Procedimentos:
1. Pegue os dois baralhos e peça às crianças que encontrem todas as cartas numeradas de 1 a 4, em um total de 32 cartas. Divida essas cartas igualmente entre dois, três ou quatro jogadores. As crianças devem manter as cartas em pilhas, viradas para baixo. As que sobrarem ficam dentro da bandeja, viradas para cima. Assegure-se de que há, no mínimo, uma carta na bandeja (por exemplo, se apenas duas crianças estiverem jogando, as últimas duas cartas devem ir para a bandeja, e não para os jogadores).
2. Para começar o jogo, cada jogador deve virar uma carta e depois mais uma. Se as duas cartas somarem 5, o jogador põe-nas de lado. Se elas não somarem 5, o jogador pode descartar uma delas na bandeja e trocá-la por outra que já está na bandeja e que, somada à que ele tem na mão, dá 5 como resultado. Se nenhuma das cartas da bandeja somar 5 com a sua, o jogador espera sua próxima vez e vira duas cartas como habitualmente (de modo que talvez fique com quatro cartas viradas para cima). Nesse momento, o jogador pode fazer mais de uma combinação para chegar a 5. O jogo continua até todas as cartas serem usadas.
3. Os jogadores comparam e registram as diferentes combinações que somam 5.

Notas ao professor:
1. Para tornar o jogo mais desafiador, use mais cartas e incentive as crianças a somarem mais de duas cartas para chegarem a 5.
2. Jogos como Batalha de Adição e Jogo dos Cincos estimulam a aprendizagem ativa e autônoma. As crianças precisam resolver sozinhas problemas de adição e chegar a uma concordância sobre as respostas. O *feedback* imediato dos colegas ou do professor geralmente é mais efetivo do que uma simples correção. Por exemplo, se uma criança diz que 4 + 2 = 5, em vez de corrigi-la você pode perguntar: "Como você conseguiu 5?". A criança, então, tentará explicar seu raciocínio e talvez se corrija espontaneamente.

⮕ DADOS

Objetivo:
Jogar para aprender sobre probabilidade e gráficos.

Principais componentes:
Gráficos
Uso de estratégia

Materiais:
Dados
Folhas de registro ou papel milimetrado
Lápis

Procedimentos:
1. Dê a cada criança um dado, um lápis e uma folha de registro (veja um exemplo a seguir). Faça perguntas como: Quantas faces tem um dado? Quantos números tem um dado? Cada número aparece com a mesma freqüência que os outros? Ou algum número aparece mais que os outros? Vamos fazer um experimento para ver com que freqüência cada número aparece.
2. Peça um voluntário para jogar o dado. Cada criança registra o número pintando, por exemplo, o espaço acima do mesmo número em sua folha de registro.
3. Faça com que as crianças trabalhem de modo independente. Elas devem continuar jogando e registrando os números até uma das colunas atingir o topo do gráfico. Discuta os resultados com as crianças. Os números que elas conseguiram foram muito diferentes ou semelhantes? Cada criança diz o número que tirou mais vezes. Ajude-as a compararem os resultados e a reconhecerem que todos os números aparecem aproximadamente o mesmo número de vezes.
4. Para tornar a atividade mais desafiadora, as crianças podem jogar dois dados de uma vez, registrar a soma e comparar os resultados. Você deve distribuir uma folha de registro com 12 colunas, ou ajudá-las a fazerem uma.
5. A seguir, jogue um jogo que exija pensamento estratégico. Peça às crianças para fazerem duas colunas em uma folha de papel. Depois, elas jogam um dado e decidem se escreverão o número na coluna da esquerda ou da direita. Elas jogam o dado novamente e escrevem o número na coluna vazia. Se o número da coluna da esquerda for menor do que o da direita, a criança ganhará um ponto. As crianças devem pensar em estratégias que as ajudem a ganhar pontos (por exemplo, se elas tirarem um 4, 5 ou 6 no primeiro arremesso, seria bom colocar esse número na coluna da direita).

FOLHA DE REGISTRO DO ARREMESSO DE DADOS

1	2	3	4	5	6				

JOGO DO DINOSSAURO

Objetivo:
Jogar para aprender conceitos de número, habilidades de contagem e estratégia.

Principais componentes:
Habilidades de contagem
Adesão a regras
Capacidade de manejar duas variáveis
Adição e subtração

Materiais:
Jogo do Dinossauro do Spectrum (veja Descrição dos Materiais, na p. 150)

Procedimentos:
1. Introduza o jogo em um momento de grupo. Quando descrever as regras e o objetivo, dê exemplos com os materiais. Explique que os jogadores fingem ser pequenos dinossauros, correndo pelas costas de um grande diplódoco que quer comê-los. A meta do jogo é mover as peças (pequenos dinossauros de plástico) até a ponta da cauda do diplódoco, o mais longe possível de boca faminta do dinossauro. Duas ou três crianças podem jogar ao mesmo tempo. Para começar, elas colocam suas peças do jogo sobre o espaço assinalado *I* (início) no tabuleiro (espaço 15). Depois, elas se revezam, jogando o dado para mover as peças de espaço em espaço.
2. Leve o tempo que for necessário para mostrar e discutir como os dados são usados. Dois dados têm pontos que marcam os números de um a seis, como um dado comum. Os jogadores jogam os dados e somam os números para descobrir quantos espaços devem avançar. Você pode perguntar às crianças: "Se eu tirei esses números, quantos espaços posso avançar? Lembrem-se de que vocês estão tentando escapar da boca faminta do diplódoco, de modo que avançar significa afastar-se da boca e aproximar-se da cauda".

   O terceiro dado tem sinais de menos e de mais que dizem aos jogadores se devem afastar-se ou aproximar-se da boca. Você pode perguntar às crianças: "Qual sinal, de mais ou de menos, significa que podemos avançar para a ponta da cauda? (+) Se eu jogar os três dados desse jeito, para onde devo mover meu dinossauro?". (Deixe as crianças praticarem com os dados até ter certeza de que elas compreenderam que avançar significa aproximar-se da cauda.)
3. Algumas outras regras: se os jogadores tiverem de aproximar-se da boca do dinossauro e acabarem dentro do espaço da boca do diplódoco, eles simplesmente ficam lá até tirarem um sinal que os mande avançar para a cauda. O primeiro a chegar no último espaço da cauda do dinossauro é o vencedor.

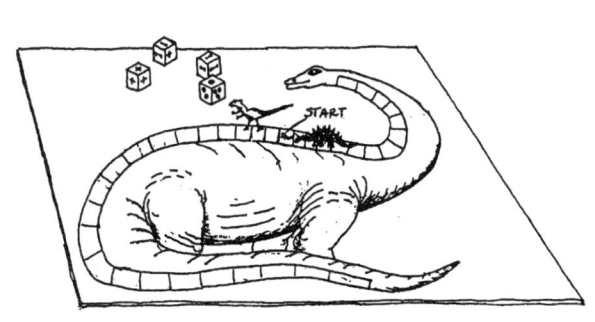

Variações:
1. Acrescente outro dado, para que as crianças precisem somar três números a fim de descobrir quantos espaços devem andar.
2. Mude as regras e passe a usar o dado com sinais de menos e de mais para indicar se os números tirados nos dois dados devem ser somados ou subtraídos, em vez de indicar a direção a seguir. Comece com todas as peças na boca do dinossauro e avance sempre rumo à cauda.

Antes que as crianças joguem essa versão, ajude-as a treinarem com os três dados. Peça que falem em voz alta as frases numéricas. O que acontece se elas tiram 2, 5 e +? Ou 1, 6 e – ? Explique que elas não podem tirar um número maior de um menor, de modo que precisam fazer a frase numérica 6 – 1 =? Pergunte o que deve ser feito quanto sair –, 4 e 4. Quanto é 4 – 4? Quantos espaços o jogador deve avançar?

3. Certifique-se de que você numerou todos os espaços no tabuleiro do jogo. Peça às crianças que usem adição e subtração para descobrirem para onde devem ir no tabuleiro, em vez de contarem de um em um. Por exemplo, se um jogador está no espaço 5 e tira +, 3 e 5, ele faz os cálculos para descobrir que deve ir para o espaço 13.
4. Incentive as crianças a trabalharem em pequenos grupos e a construírem seus próprios tabuleiros. Converse sobre os outros jogos de números que elas jogam fora da escola, como *Candy Land, Chutes* ou *Ladders*, e faça com que expliquem as regras para os colegas. Depois, dê a elas materiais diversos – discos giratórios, dados, cartas de baralho, pedaços grandes de papelão, etiquetas, réguas, peças de jogo, figuras pequenas de plástico, carrinhos de brinquedo, marcadores – e sugira que criem seus próprios jogos. Elas devem incluir no jogo algum marcador de números (por exemplo, um disco giratório, dados, cartas). Quando os jogos estiverem prontos, os alunos podem reunir-se em pequenos grupos para explicarem as regras aos colegas e jogarem.

Para uma atividade mais estruturada, você pode especificar um conceito matemático para as crianças usarem no jogo, tal como adição, subtração ou direção do movimento (para a frente ou para trás). Ou, então, você pode especificar um tema para o jogo (por exemplo, animais, poluição) para ligá-lo a outras áreas curriculares ou interesses da classe.

Notas ao professor:

1. Quando as crianças jogarem o Jogo do Dinossauro pela primeira vez, observe quem se lembra das regras e quem precisa que elas sejam repetidas. Para ver se as crianças compreenderam as regras e a lógica do jogo, peça que expliquem as regras umas às outras.
2. Se algumas crianças tiverem dificuldade com números, tente trabalhar pessoalmente com cada uma para entender melhor que aspectos do jogo elas compreenderam e que aspectos não compreenderam.

➲ GRÁFICO EM SETORES

Objetivo:
Mostrar como os gráficos podem ser usados para organizar informações.

Principais componentes:
Separação e classificação
Comparação de quantidades

Materiais:
Giz
Barbante
Tesouras

Procedimentos:
1. Divida as crianças em grupos segundo a cor dos olhos ou algum outro critério (por exemplo, homem e mulher, número de irmãos e irmãs).
2. Se vocês estiverem ao ar livre, desenhe com giz um grande círculo no chão; dentro da sala, use o barbante. Peça às crianças que se alinhem em torno do círculo, de mãos dadas, com os membros de cada grupo um ao lado do outro.
3. Faça um X no centro do círculo. As crianças devem desenhar linhas (com giz ou barbante) que partam do X e cheguem à margem do círculo, nos pontos entre os grupos.
4. Diga a elas que acabaram de criar um gráfico de fatias vivo e gigante. Que grupo forma a maior fatia de torta? A menor? Tente criar gráficos de fatias para outras características, como idade, número de irmãos, gênero, cor de cabelo.

Variações:
1. Faça um gráfico de barras tridimensional, usando blocos construtores. Agrupe as crianças novamente em categorias, mas dessa vez elas podem usar um bloco para representar cada criança e empilhar os blocos em colunas que representem os grupos.
2. Pense (através de *brainstorm*) em maneiras de apresentar as mesmas informações, usando diferentes tipos de gráficos. Mostre às crianças exemplos de gráficos de barras e gráficos de figuras (veja ilustrações). Deixe-as sugerirem outros tipos de informação que podem apresentar usando gráficos (por exemplo, comidas favoritas, programas de TV prediletos, animais de estimação). Encoraje-as a usarem gráficos para registrarem os resultados de experimentos científicos e outras investigações.

QUAL O MÊS DE SEU ANIVERSÁRIO?

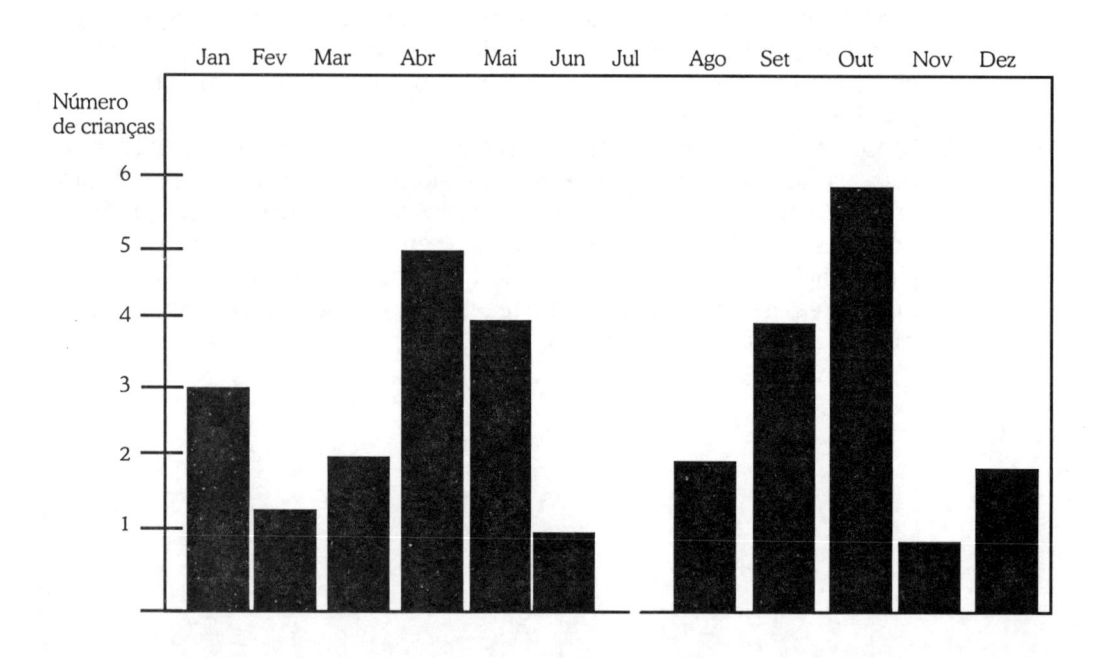

Número de crianças / Jan Fev Mar Abr Mai Jun Jul Ago Set Out Nov Dez

⤵ RELACIONAR A ÁREA AO VOLUME

Objetivo:
Realizar um experimento, relacionando a área ao volume.

Principais componentes:
Solução de problemas
Contraste e comparação
Elaboração de conclusões

Materiais:
Quadro-negro ou papel grande
Giz ou canetas
Papel pardo bem grosso
Tesouras
Fita adesiva
Arroz, feijão ou massa seca

Procedimentos:
1. Introduza a atividade, perguntando às crianças o que elas sabem sobre área e a relação entre a área (uma medida bidimensional ou a quantidade de superfície dentro de um conjunto de linhas) e o volume (uma medida tridimensional ou a quantidade de espaço ocupado por um objeto). Escreva as respostas das crianças no papel grande ou no quadro-negro.
2. As crianças devem realizar o seguinte experimento: cortar ao meio um pedaço de papel (por exemplo, 22x30 cm). (Certifique-se de que elas sabem que os dois pedaços de papel são do mesmo tamanho.) Enrole cada pedaço de papel, formando um tubo, mas enrole um dos pedaços ao comprido, de modo que o tubo fique mais estreito, e o outro na largura, de modo que o tubo fique mais largo. Feche as extremidades com a fita adesiva.
3. Pergunte às crianças se em ambos os tubos cabe a mesma quantidade de arroz (ou feijão, massa, etc.). Se não, em qual deles cabe mais – em outras palavras, qual tem um volume maior? Peça-lhes que encham os tubos para descobrir.

Variações:
1. Se sua sala de aula tiver carpete, peça às crianças que estimem o comprimento, a largura e a quantidade de superfície (área) que ele cobre. Depois, deixe que elas meçam. Caminhem pela escola e procurem outros espaços onde o carpete poderia caber. Meça esses espaços para ter certeza. Ou, então, tente descobrir para que outros locais da sala você poderia mover móveis grandes, como mesas e armários de livros.
2. Faça mais atividades com volume. Colete recipientes de tamanhos diferentes e veja em qual das caixas cabem mais livros, ou em qual das latas cabem mais lápis.

Essa atividade foi adaptada de M. Burns. (1975). *The I hate mathematics! book*. Boston: Little, Brown.

➲ REPRODUZIR BLOCOS

Objetivo:
Dar e interpretar instruções, de modo que uma criança possa recriar o arranjo de outra.

Principais componentes:
Raciocínio espacial
Solução de problemas
Uso de imagens visuais

Materiais:
Blocos (dois de cada tamanho e cor)
Divisórias de papelão

Procedimentos:
1. As crianças devem formar pares. Cada criança do mesmo par pega o mesmo número e tipo de blocos; certifique-se de que os dois grupos de blocos são iguais. Coloque uma divisória para que as crianças não possam enxergar os blocos uma da outra.
2. Um dos jogadores faz uma construção ou um arranjo com os blocos. Depois, ele tenta explicar para o parceiro como fazer o mesmo arranjo (por exemplo, coloque o bloco vermelho pequeno em cima do bloco azul grande). O parceiro tenta construir exatamente o mesmo arranjo de blocos, sem espiar.

Variações:
1. Se três crianças jogarem, uma pode construir o arranjo original, outra pode dar as instruções e a terceira pode tentar recriar o arranjo.
2. Para praticar gráficos, use dois tabuleiros de jogo que tenham uma grade coordenada. Um jogador pode empilhar blocos sobre a grade e usar coordenadas para dizer ao parceiro como fazer o mesmo arranjo (por exemplo, colocar o bloco azul em A1 e o bloco vermelho em B6).

⊃ REPRODUZIR GEOPLANOS

Objetivo:

Dar e interpretar instruções, de modo que uma criança possa recriar o arranjo de outra.

Principais componentes:

Habilidades de mapeamento através de coordenadas
Uso de estratégia
Raciocínio espacial

Materiais:

Geoplanos
Elásticos de borracha

Procedimentos:

1. Marque os pinos nos tabuleiros, usando as letras A a E horizontalmente (em cima e embaixo) e os números 1 a 5 verticalmente (nas laterais). Em cada geoplano, ficam duas crianças. Peça a um jogador para criar um arranjo simples, usando um elástico e segurando o geoplano de modo que o outro não consiga enxergar o arranjo. O primeiro jogador usa coordenadas para dizer ao outro como criar exatamente o mesmo arranjo. Por exemplo, ele pode dizer: "Comece com seu elástico em B2 e estique-o até D2". Ele não pode apontar para nenhum pino no geoplano do segundo jogador.
2. O segundo jogador tenta interpretar corretamente as instruções do primeiro. Quando os jogadores terminarem, deixe que comparem os geoplanos. Os resultados geralmente são muito engraçados!
3. Depois, o segundo jogador faz o arranjo e dá instruções ao primeiro.

Nota ao professor:

No momento de grupo, pode ser necessário demonstrar como se joga este jogo e dar instruções, nomeando as coordenadas na grade. Depois que compreenderem os procedimentos, as crianças podem jogar sozinhas.

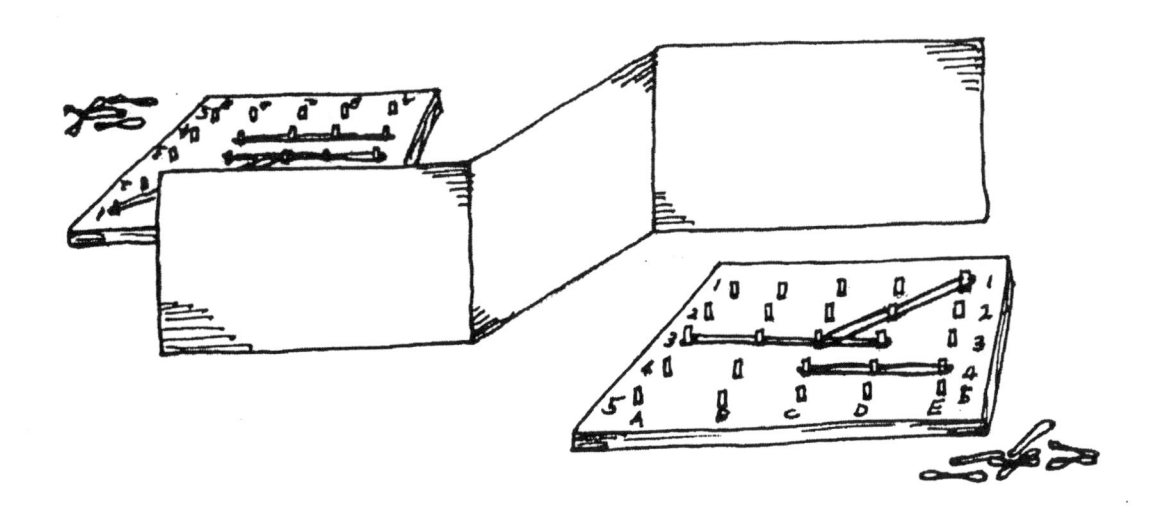

➲ CAÇA AO TESOURO

Objetivo:
Usar habilidades gráficas para resolver um enigma.
Criar uma legenda para um mapa.

Principais componentes:
Uso de estratégia
Criação de uma notação eficaz
Produção de registros

Materiais:
Mapa do Tesouro (veja a próxima página)
Canetas ou lápis de cor

Procedimentos:
1. Explique que esse jogo é jogado por dois jogadores. Cada jogador precisa "esconder" quatro tesouros na grade do Mapa do Tesouro e também adivinhar onde o parceiro escondeu seus tesouros. Dê às crianças as grades, ou mapas do tesouro, em branco e estimule que usem coordenadas para identificar os quadrados (por exemplo, C2, E5).
2. Deixe as crianças pensarem em quatro tesouros e criarem secretamente uma legenda, desenhando um símbolo simples para representar cada um dos quatro tesouros. Por exemplo, elas podem desenhar um círculo para representar uma moeda de ouro, um diamante para representar um anel de diamante, um triângulo para representar um ursinho de pelúcia e um quadrado para representar um presente. Os parceiros devem dizer um ao outro os nomes dos quatro tesouros escolhidos. Se algum dos tesouros for igual, um dos parceiros deverá substituí-lo por um diferente.
3. As crianças "escondem" os quatro tesouros em seus mapas. Por exemplo, sem deixar que o parceiro veja, elas desenham um dos símbolos no quadrado C4, outro no E5, e assim por diante.
4. Então, elas se revezam, tentando adivinhar a localização dos tesouros do parceiro. Cada criança vai registrar os resultados de seus palpites no próprio mapa, usando o sistema que quiser, de modo que no mapa fiquem registradas duas coisas: sua busca pelo tesouro do parceiro e a localização de seus próprios tesouros. Quanto melhores forem os registros da criança, mais capaz ela será de encontrar os tesouros do parceiro. (Se necessário, ajude as crianças a encontrarem uma maneira de registrar seus palpites. Incentive-as a experimentarem diversos métodos.)
5. Se uma criança encontrar um tesouro, ela ganhará outra jogada. O jogo termina quando ambas as crianças tiverem encontrado todos os tesouros.

MAPA DO TESOURO

	A	B	C	D	E	F
1						
2						
3						
4						
5						

Legenda:

1. =	2. =	3. =	4. =

169

➲ CRIAR UMA COLCHA DE RETALHOS

Objetivo:
Explorar o conceito de simetria e criar desenhos geométricos.

Principais componentes:
Raciocínio espacial
Uso de imagens visuais

Materiais:
- Uma grande variedade de papéis coloridos, cortados em quadrados de 7,5 cm, triângulos equiláteros de 7,5 cm, e retângulos de 3,75x7,5 cm
- Papel branco de 22,5x22,5 cm, um pedaço por criança
- Cola em bastão
- Cartolina ou folha de cortiça

Procedimento:
1. Explique às crianças que elas farão uma colcha de retalhos de papel, usando quadrados, retângulos e triângulos. Dê a cada criança um pedaço de papel branco como base. Ele deve ter uma grade desenhada, dividindo o quadrado em nove quadrados menores (três quadrados por lado). Distribua uma grande variedade de quadrados, triângulos e retângulos de papel bem colorido.
2. Peça às crianças que experimentem colocar formas e cores diferentes sobre a grade. Explique que a grade pode ajudá-las a alinharem as peças e a explorarem sua relação geométrica (mas não há problema se alguma criança não se orientar pela grade).
3. A seguir, peça que criem um desenho que tenha, pelo menos, um eixo de simetria – em outras palavras, o padrão é o mesmo em ambos os lados do eixo. (Se as crianças ainda não tiverem discutido simetria, converse sobre o assunto antes dessa atividade.) Quando elas tiverem terminado sua montagem, peça para colarem os papéis coloridos sobre o papel branco.
4. Deixe cada criança criar, pelo menos, mais três colchas de papel. Depois, elas colocarão suas quatro colchas sobre o chão ou sobre uma mesa. Certifique-se de que as margens dos quadrados estão bem emparelhadas umas com as outras. Deixe as crianças moverem os quadrados até encontrarem um arranjo que lhes agrade.
5. Cada criança montará seus quadrados em uma cartolina ou cortiça e irá exibi-la em sala de aula.

➲ NIM

Objetivo:
Jogar para aprender sobre relações numéricas e estratégia.

Principais componentes:
Percepção de relações
Aprendizagem por tentativa e erro
Uso de estratégia

Materiais:
Palitos de dente

Procedimentos:
1. Dê a cada criança 16 palitos de dente. Pergunte de quantas maneiras diferentes elas podem arranjar os palitos em quatro fileiras (por exemplo, quatro fileiras de quatro, duas fileiras de dois e duas de seis, duas fileiras de três e duas de cinco). Peça que anotem os diferentes arranjos criados.
2. Para jogar, duas crianças sentam-se uma de frente para a outra com os 16 palitos entre si, arranjados em quatro fileiras. Elas se revezam jogando, e cada uma pode tirar quantos palitos quiser na sua vez, mas apenas de uma das fileiras. A meta é obrigar o outro jogador a tirar o último palito.
3. Depois que as crianças aprenderam o jogo, você pode pedir que reflitam sobre suas estratégias. Existe uma maneira infalível de evitar ficar com o último palito? Importa quantos palitos cada um deixa em uma fileira? Importa ser o primeiro ou o segundo a jogar?

Variações:
1. Essa variação também requer dois jogadores. Arranje 15 palitos de dente em forma de pirâmide, com um palito na fileira do topo, dois palitos na segunda, até chegar a cinco palitos na quinta fileira. Como no jogo acima, os jogadores podem tirar quantos palitos quiserem na sua vez, mas apenas de uma única fileira. Eles tentam NÃO ficar com o último palito.
2. Dois jogadores arranjam 12 ou mais palitos em tantas fileiras quantas desejarem. Eles se revezam, tirando um ou dois palitos de cada vez. O que ficar com o último palito tem de dar dois pulos. Eles devem refletir sobre a estratégia para jogar esse jogo. Ele é diferente dos jogos anteriores?
3. Faça uma grade com oito quadrados de comprimento e quatro de largura. Dois ou mais jogadores revezam-se, colocando marcas em um ou dois quadrados de cada vez. Os dois quadrados devem estar conectados pelo topo, pela base ou pelo lado, em vez de diagonalmente. Os jogadores devem tentar não ficar com o último quadrado para preencher.

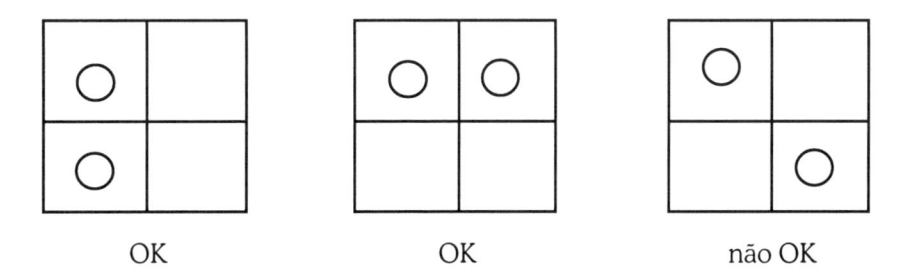

OK   OK   não OK

⮕ CONFEITARIA

Objetivo:
Aprender o valor das moedas e explorar diferentes maneiras de somá-las para atingir um real.

Principais componentes:
Planejamento e tomada de decisão
Adição e subtração

Materiais:
- Dinheiro (de verdade ou de brinquedo), incluindo notas e moedas de um real, 50 centavos, 25 centavos, 10 centavos e 5 centavos
- Balas, bolachas e bolinhos de brinquedo
- Caixa registradora de brinquedo
- Folha de registro (veja a seguir)

Procedimentos:
1. Monte a confeitaria de faz-de-conta. Combine com as crianças os preços dos alimentos. Por exemplo, os bolinhos podem custar 15 centavos, as balas 10 centavos e as bolachas 5 centavos.
2. Podem jogar quatro crianças de cada vez, uma como a dona da confeitaria e três como fregueses. Cada freguês começa com um real. O objetivo é ser o primeiro freguês a gastar exatamente 1 real, nada mais. Cada freguês pode gastar até 20 centavos por vez.
3. À medida que os fregueses fazem seus pedidos, a dona da confeitaria entrega-lhes os alimentos e o troco devido. Todos os jogadores devem prestar atenção aos cálculos, para terem certeza de que estão certos. Depois, um de cada vez, os fregueses devem usar a folha abaixo para registrar com quanto dinheiro começaram, quanto gastaram e quanto lhes restou.

REGISTRO DAS COMPRAS NA CONFEITARIA

Nome _____   **Data** _____

Eu comprei	Comecei com	Gastei	Agora eu tenho

Solução de Problemas — Pequeno Grupo Dirigido pelo Professor/pela Criança

◐ JOGO DO ÔNIBUS

Objetivo:
Jogar para usar números e manter registros.

Principais componentes:
Habilidades de contagem
Adição e subtração
Capacidade de lidar com mais de uma variável

Materiais:
- Jogo do Ônibus (veja a Descrição dos Materiais, na p. 150)
- Dois dados (um com pontos ou números, o outro com um sinal de mais em três lados e um sinal de menos nos outros três lados)
- Lápis e papel
- Fichas

Procedimentos:
1. Faça o tabuleiro e os materiais do jogo de acordo com as instruções da p. 150. Apresente o jogo em um momento de grupo. Explique as regras, exemplificando sempre que possível.
2. Nesse jogo, os jogadores revezam-se como motorista e cobrador do ônibus. O motorista move o ônibus pelo tabuleiro, de uma parada para a seguinte. Nas duas primeiras paradas, o motorista joga o dado de números para saber quantos passageiros devem entrar no ônibus. Na terceira e quarta paradas, o motorista joga também o dado com sinal de mais e de menos, para saber se vai colocar (+) ou tirar (–) passageiros do ônibus. No final da viagem, o cobrador deve dizer quantos passageiros estão no ônibus, sem olhar dentro dele. O cobrador pode usar lápis e papel para manter o registro.
3. Faça uma demonstração. Comece com apenas um ou dois passageiros entrando no ônibus de cada vez. Peça às crianças que mantenham um registro de quantos passageiros entram e saem do ônibus *em cada parada*. Estimule-as a manterem o registro, usando papel e lápis. Se isso for difícil demais, elas podem usar fichas ou outros objetos manipuláveis. Deixe que comparem os diferentes sistemas de notação que criaram para representar cada parada e o número de pessoas que entram e saem do ônibus.
4. Quando as crianças tiverem dominado as regras e um sistema de notação, divida-as em duplas e deixe que joguem sozinhas.

Variações:
1. Você pode introduzir essa atividade apenas com o dado de números e fazer com que as crianças somente acrescentem passageiros em cada parada. Depois, pode introduzir o dado de mais e de menos para que os passageiros possam descer (assim como subir) do ônibus e as crianças possam praticar a subtração.
2. Para dificultar o jogo, tenha passageiros adultos e crianças e faça com que os jogadores mantenham um registro separado dos dois grupos. Eles também podem registrar outras categorias de passageiros, como mulheres e homens, pessoas altas e baixas.
3. Introduza dinheiro. Faça com que os passageiros tenham de pagar a passagem e peça ao cobrador para manter um registro da quantia de dinheiro coletada.

Essa atividade, baseada no trabalho de Joseph Walters e Matthew Hodges, é explicada com mais detalhes no volume 3 da Coleção Projeto Spectrum: A Teoria das Inteligências Múltiplas na Educação Infantil, *Avaliação em Educação Infantil*, publicado pela Artmed Editora.

Atividade de Matemática 1 para Fazer em Casa

⊃ QUANTOS MINUTOS FALTAM PARA O JANTAR?

Objetivos:

Usar um relógio para dizer as horas.
Aprender a relação entre segundos, minutos e horas.

Materiais:

- Um relógio de parede ou de pulso com ponteiros (de preferência, com um ponteiro de segundos e com as horas e os minutos marcados)

Nota aos pais:

Os relógios são a maneira mais comum de mostrar as horas. Esse exercício ajuda a criança a desenvolver um senso de tempo (por exemplo, compreendendo a diferença entre um minuto e uma hora) e aprender a dizer as horas, lendo os ponteiros de um relógio.

Procedimentos:

1. Faça com que seu filho/sua filha a/o ajude a usar o relógio para marcar um minuto e um segundo. Mostre à criança o ponteiro dos segundos, o ponteiro dos minutos e o ponteiro das horas e compare se movem-se rápido ou devagar. Pergunte também à criança: "Qual é o mais comprido – um segundo, um minuto ou uma hora?".
2. Ajude a criança a ficar mais consciente de seus horários. Por exemplo, o ônibus escolar chega às 8 horas todos os dias; a escola termina às 14 horas e 30 minutos; o jantar é servido às 19 horas; às 21 horas é a hora de ir para a cama. A criança pode aprender a antecipar esses eventos e, talvez, preparar-se sozinha para eles.
3. Marque o horário de eventos familiares: uma refeição, um programa de televisão, o banho, a leitura de um livro, a aula na escola, a preparação do jantar. Estimule a criança a pensar em diferentes atividades e marcar sua duração. Ela pode, por exemplo, fazer uma tabela ou gráfico com desenhos ou figuras, mostrando a duração de tais atividades:

Atividade	Hora do dia	Horas	Minutos	Segundos

4. A criança pode consultar a tabela para responder a perguntas como:
   - O que leva mais tempo – um comercial ou um programa de TV?
   - Se você estivesse com fome, gostaria que o jantar ficasse pronto em um segundo, um minuto ou uma hora?
   - Escovar os dentes leva horas ou minutos? E assistir a um filme?
5. Peça ao seu filho/sua filha que procure pela casa outros aparelhos de marcar o tempo, como os marcadores de tempo na cozinha, o cronômetro do forno de microondas, outros cronômetros, o rádio-relógio. Quantos ele/a encontrou?

Compartilhar:

Se seu filho/sua filha fez um gráfico, pode levá-lo para a escola e mostrá-lo aos colegas e ao professor. Ou, então, ao professor pode pedir-lhe que olhe no relógio e avise quando chegar a hora do recreio ou da saída.

Atividade de Matemática 2 para Fazer em Casa

⊃ QUAL É A SUA ALTURA?

Objetivos:
Medir e estimar comprimentos.
Usar um gráfico para registrar as informações.

Materiais:
Barbante
Régua, fita métrica
Folha de papel bem comprida ou uma parede na qual se possa escrever.

Nota aos pais:
As crianças adoram manter um registro de sua altura – elas podem ver as mudanças como um sinal de que estão ficando maiores e também mais adultas. Nessa atividade, elas praticam medir e estimar, usando diferentes unidades de medida.

Procedimentos:
1. Mostre à criança a marca dos centímetros em uma régua ou fita métrica, ou dê a ela um pedaço de barbante com centímetros marcados. Mostre como usar o barbante para medir um livro, uma porta, uma mesa, seu dedo, um ursinho de pelúcia ou outros objetos.
2. Dê a ela uma folha de papel e faça com que pratique fazer linhas de comprimentos diferentes, marcando o tamanho das linhas (por exemplo, linhas com 2 cm, 8 cm, 14 cm).
3. Agora pergunte à criança:
    - Qual é o mais comprido – a porta ou o livro? Como você sabe?
    - Qual é a mais comprida – a linha de 9 cm ou a linha de 3 cm? Como você sabe?
    - Você pode me dizer *quanto* ela é mais comprida?
4. Faça a criança encostar-se na parede. Marque na parede (ou em uma folha de papel bem comprida colada na parede) a altura de seu filho/sua filha (o topo de sua cabeça). Deixe a criança medir, com a fita métrica ou o barbante, do chão até a marca. Agora ela sabe a sua altura e pode registrá-la no gráfico. Guarde o registro para que ela possa manter um controle do seu crescimento.
5. Talvez a criança queira medir os outros membros da família. Faça perguntas: Quem é o mais alto? Quem é o mais baixo? Quanto você cresceu desde a última vez em que se mediu?

Compartilhar:
Seu filho/sua filha pode levar o barbante, a régua ou a fita métrica para medir objetos na sala de aula, ou se oferecer para fazer um gráfico de crescimento para a classe.

➲ MATEMÁTICA COM BISCOITOS

Objetivos:

Aprender sobre volume.
Aprender sobre a relação entre diferentes unidades de medida.

Materiais:

- Conjunto de colheres para medir (de cafezinho, de chá, de sobremesa, de sopa)
- Recipientes transparentes com formas diversas (por exemplo, copos, tigelas, garrafas)
- Copos de medida
- Sal
- Água
- Ingredientes para os biscoitos (listados abaixo)
- Equipamento para assar (tigela grande para misturar, colher de pau, uma ou duas formas)

Nota aos pais:

Essa atividade dará a chance de você observar a capacidade de seu filho/sua filha de seguir instruções, fazer medições exatas e perceber a relação entre diferentes medidas (por exemplo, uma colher de chá e uma colher de sopa). A capacidade de usar instrumentos de mensuração é importante não só para cozinhar e assar, mas também em carpintaria, arte, ciência e muitas outras atividades.

Procedimentos:

1. Peça à criança que use as quatro colheres para medir o sal e faça quatro pilhas de sal, uma ao lado da outra. Peça que identifique a pilha maior e a colher que a fez. Faça com que encontre a colher correspondente a cada uma das outras três pilhas.
2. Peça à criança que tente usar a colher de chá para encher a colher de sopa com sal. Você pode perguntar:
   - Quantas colheres de chá são necessárias para enchê-la?
   - Quantas colheres de cafezinho são necessárias para enchê-la?
   - Se você perdesse sua colher de sopa, o que poderia usar para medir a mesma quantidade?
3. Pegue os recipientes de formas diferentes (os transparentes são melhores, porque podemos ver seus conteúdos). Diga à criança para usar um copo de medida para colocar exatamente um copo de água em cada recipiente. Pergunte:
   - Todos os recipientes têm a mesma quantidade de água? Como você sabe?
   - Por que alguns parecem bem cheios e outros apenas parcialmente cheios?
   - Se você não quisesse um copo de água inteiro, o que faria?
4. Faça biscoitos com seu filho/sua filha. Será muito divertido! Você pode usar a receita de biscoito com pedaços de chocolate que apresentamos abaixo (doada pela antiga diretora do Projeto Zero, Liz Rosenblatt), ou experimentar uma de suas favoritas. Fazer biscoitos é uma boa atividade de matemática, porque a maioria das receitas requer muitas medições. A criança deve usar todos os instrumentos de medição. Talvez haja um pouco de sujeira e bagunça no início, mas seu filho/sua filha precisa de prática para aprender.

Compartilhar:

Deixe a criança levar alguns biscoitos para a classe, juntamente com as colheres e os copos de medida. Ou, então, coma os biscoitos em família, como sobremesa, e deixe que a criança explique como os preparou.

BISCOITOS DA LIZ COM PEDAÇOS DE CHOCOLATE

2 ½ tabletes de manteiga, amolecidos em temperatura ambiente
½ xícara de açúcar granulado
½ xícara de açúcar mascavo
1 ½ colher de chá de extrato de baunilha
½ colher de chá de sal
2 ovos
2 ½ xícaras de farinha
300 g de chocolate picado em pedacinhos

- Pré-aqueça o forno a 180°.
- Bata a manteiga, o açúcar mascavo, a baunilha e o sal em uma tigela grande até a massa ficar cremosa e homogênea. Acrescente os ovos. Adicione a farinha em duas porções e, por último, o chocolate picado. Mexa bem.
- Coloque colheres de sopa da massa sobre uma forma untada, deixando espaço para a massa espalhar-se. Asse por 8 a 10 minutos (não deixe assar demais).
- Tire do forno e deixe esfriar.

■ RECURSOS E REFERÊNCIAS

As atividades descritas são apenas uma introdução à área. Para ajudá-los a explorar melhor o ensino da matemática, apresentamos uma breve lista de recursos que se mostraram valiosos para nós e para nossos colegas. Ela pretende ser uma inspiração, mais que uma revisão da literatura. As fontes usadas na preparação deste livro estão assinaladas com um asterisco.

Anno, M. (1992). *Anno´s counting book*. NY : HarperCollins.
Anno, M. (1987). *Anno´s counting games*. New York: Philomel.
Baker, A.; Baker, J. (1991). *Raps and rhymes in math*. Portsmouth, NH: Heinemann.
Baker, A., Baker, J. (1993). *From puzzle to project: Solving problems all the way*. Portsmouth, NH: Heinemann.
* Baratta-Lorton, M. (1976). *Mathematics their way*. Reading, MA: Addison-Wesley.
Burk, D., Snider, A.; Symonds, P. (1988). *Box it or bag it mathematics*. Salem, OR: Math Learning Center.
Burk, D., Snider, A.; Symonds, P. (1992). *Math excursions 1: Project-based mathematics for first graders*. Portsmouth, NH: Heinemann.
* Burns, M., (1975). *The I hate mathematics! book*. Boston: Little, Brown.
Burns, M.; Tank, B. (1988). *A collection of math lessons*. White Plains, NY: Math Solution Publications.
Gonsalves, P.; Kopp, J. (1995). *Build it! festival*. A GEMS Teacher's Guide. Berkeley, CA: Lawrence Hall of Science, University of California.
Goodman, J. (1992). *Group solutions*. A GEMS Teacher's Guide. Berkeley, CA: Lawrence Hall of Science, University of California.
Hohmann, C. (1991). *High/Scope K-3 curriculum series: Mathematics*. Ypsilanti, MI: High/Scope Press.
* Kamii, C. (1982). *Number*. Washington, DC: National Association for the Education of Young Children.
Kamii, C. (1985). *Young children reinvent arithmetic: Implications of Piaget's theory*. N ew York: Teachers College Press.
National Council of Teachers of Mathematics. (1989). *Curriculum and evaluation standards for school mathematics*. Reston, V A.
National Council of Teachers of Mathematics. (1988, February). *Early childhood mathematics*. [Special issue]. Arithmetic Teacher, 35.
Russell. S.; Stone, A. (1990). Counting: *Ourselves and our families* [for grades K-1]. From the series Used numbers: Real data in the classroom. Palo Alto: Dale Seymour.
Stenmark, J. K.; Thompson. V.; Cossey, R. (1986). *Family math*. Berkeley, CA: The Regents, University of California.
University of Chicago School Mathematics Project (1993). *Everyday mathematics*. Evanston, IL: Everyday Learning Corporation.
Welchman-Tischler, R. (1992). *How to use childrens literature to teach mathematics*. Reston, VA: National Council of Teachers of Mathematics.
Whitin, D.; Wilde, S. (1992). *Read any good math lately?* Portsmouth. NH: Heinemann.

ATIVIDADES DE ENTENDIMENTO SOCIAL

SUMÁRIO

- **INTRODUÇÃO**

  Um resumo das atividades de entendimento social 181
  Descrição das habilidades-chave 182
  Descrição dos materiais 182

- **ATIVIDADES DE ENTENDIMENTO SOCIAL**

  Entendimento de si mesmo
  Resumo de colagem 184
  Baú de tesouros 185
  Impressões digitais 186
  Silhuetas 187
  Roda de sentimentos 188

  Entendimento do outro
  Reconhecimento de rostos 189
  Quem está faltando? 190
  Telefone 191
  Amigos 192
  Marionetes de dedos 193
  Perspectivas 194
  Resolução de um problema 195
  Hospital 196

  Papéis sociais distintos
  Censo na classe 197
  Festa de aniversário 198
  Dia da visita 199
  Nós somos uma equipe 200

- **ATIVIDADES PARA FAZER EM CASA**

  1 A história da minha vida 202
  2 Rostos expressivos 203

- **RECURSOS E REFERÊNCIAS**

■ UM RESUMO DAS ATIVIDADES DE ENTENDIMENTO SOCIAL

As atividades deste capítulo visam a promover a aprendizagem social das crianças e a descobrir suas competências na área de inteligência social. Usamos o termo *inteligência social* em referência às inteligências interpessoal e intrapessoal. A primeira baseia-se na capacidade de perceber distinções entre os outros: diferenças de humor, temperamento, motivação e intenção. A segunda refere-se ao autoconhecimento: ter uma imagem clara das próprias forças, fraquezas, esperanças e emoções; ter a capacidade de responder a situações com base nesse autoconhecimento e a capacidade de utilizar as emoções como um meio de entender e orientar as próprias ações. Embora muitos esforços de examinar o desenvolvimento social das crianças focalizem o comportamento (compartilhar, revezar-se, expressar raiva com palavras e não com golpes), a abordagem do Spectrum tenta lançar uma luz sobre as percepções e os entendimentos das crianças, sobre como elas vêem o mundo dos relacionamentos sociais e seu papel nesse mundo.

Focalizamos principalmente três capacidades-chave que indicam inteligência social nas crianças pequenas: conhecimento de si mesma, entendimento do outro e assunção de papéis sociais culturalmente valorizados. Esses papéis podem ser observados enquanto as crianças interagem com seus iguais, agindo como facilitadoras, líderes, cuidadoras ou amigas. É importante observar que diferentes culturas podem valorizar, e assim incentivar, diferentes papéis sociais. Muitas das atividades de entendimento social estimulam as crianças a examinarem de que maneira elas são diferentes e semelhantes entre si e, portanto, constituem a base para atividades ou discussões sobre diversidade cultural planejadas pelo professor.

Como nas outras seções, as atividades de entendimento social estão organizadas de acordo com a capacidade-chave que estimulam (elas também podem valer-se de outras capacidades-chave, pois as crianças normalmente demonstram sua competência através da interação de todas as capacidades-chave). Muitas das atividades são feitas em grupo, criando, assim, uma oportunidade para as crianças desenvolverem habilidades de reflexão, observação e comunicação, enquanto interagem com seus iguais. Elas trabalharão juntas para resolver problemas, jogar, ou pôr em prática seus planos, como comemorar aniversários com uma festinha.

Você pode usar as atividades de entendimento social ocasionalmente durante o ano todo, ou apresentá-las em uma unidade chamada, por exemplo, "Tudo Sobre Mim" ou "Amizade". Em qualquer caso, uma sessão de orientação pode ajudar as crianças a abordarem mais cuidadosamente as atividades e os materiais da área de entendimento social. Muitos professores criam um espaço de dramatização, com móveis, roupas e outros acessórios que as crianças podem usar para explorar papéis e situações sociais. Como oportunidades de dramatização, você também pode usar um teatrinho de marionetes ou a maquete da sala de aula com figuras de brinquedo, representando as crianças da classe. Além disso, pode "reciclar" materiais de outros domínios – jogos e enigmas de matemática, materiais de arte, gravadores, a "TV" e o microfone de faz-de-conta usados para atividades de jornalista – para examinar como as crianças trabalham e brincam umas com as outras.

Você pode começar a sessão de orientação, perguntando às crianças o que a palavra *social* significa para elas. Significa reunir-se com os amigos? Tem algo a ver com os sentimentos, os pensamentos e as emoções das pessoas? Envolve a maneira pela qual as pessoas se tratam mutuamente? Após as crianças compartilharem suas idéias, você pode dizer que jogos como Telefone, montar peças e histórias com adereços e marionetes são algumas maneiras pelas quais elas podem explorar o entendimento social. Você pode conversar sobre os figurinos, a maquete de sala de aula e outros materiais com os quais elas podem brincar na área de entendimento social. Encoraje-as a falarem sobre o que podem aprender em cada atividade.

■ DESCRIÇÃO DAS HABILIDADES-CHAVE

Entendimento de si mesmo

- identifica as próprias capacidades, habilidades, interesses e áreas de dificuldade;
- reflete sobre os próprios sentimentos, experiências e realizações;
- utiliza essas reflexões para compreender e orientar o próprio comportamento;
- demonstra *insight* sobre os fatores que levam alguém a se sair bem ou a ter dificuldade em uma área.

Entendimento do outro

- demonstra conhecer os colegas e suas atividades;
- presta atenção aos outros;
- reconhece os pensamentos, os sentimentos e as capacidades alheias;
- tira conclusões sobre os outros com base em suas atividades.

Vivência de papéis sociais distintos

Líder:
- freqüentemente inicia e organiza atividades;
- organiza as outras crianças;
- atribui papéis aos outros;
- explica como a atividade é realizada;
- supervisiona e dirige as atividades.

Facilitador:
- freqüentemente compartilha idéias, informações e habilidades com outras crianças;
- medeia conflitos;
- convida outras crianças para brincar;
- amplia e elabora as idéias das outras crianças;
- oferece ajuda quando os outros precisam de atenção.

Cuidador/amigo:
- consola as outras crianças quando elas estão chateadas;
- demonstra sensibilidade aos sentimentos das outras crianças;
- demonstra saber do que os amigos gostam e não gostam.

■ DESCRIÇÃO DOS MATERIAIS

Figurinos e acessórios de dramatização: uma coleção de roupas e acessórios que as crianças podem usar nas atividades de desempenho de papéis (dramatização). Elas podem trazer itens de casa. As professoras também podem usar roupas de segunda mão. Inclua figurinos femininos e masculinos: casacos, cintos, coletes, vestidos, etc. Acessórios que sugerem profissões específicas, como estetoscópios, sacos de carteiro, batuta de maestro, etc., são boas opções.

Para sugestões sobre a montagem de um espaço para dramatização, você pode consultar *Play and Early Childhood Development*, de James Johnson, James Christie e Thomas Yawkey. Os autores sugerem muitas maneiras de organizar os adereços e torná-los acessíveis para o desempenho de diferentes papéis ao longo do ano.

Maquete da sala de aula: uma maquete em escala tridimensional da sala de aula. A maquete de sala de aula do Spectrum foi feita com uma grande caixa de papelão com aproximadamente 60x38x13 cm, decorada com mobília feita de pedaços de tecido, madeira, caixas pequenas e materiais reciclados. Instruções para a montagem da maquete de sala de aula estão incluídas na seção de Artes Visuais (veja a p. 250). A maquete de sala de aula também pode ser usada para as atividades de linguagem.

"TV": uma grande caixa de papelão cortada e decorada para parecer um aparelho de televisão. A "TV" pode ser usada para dramatizações e também para as atividades de repórter do capítulo de Linguagem.

➲ RESUMO DE COLAGEM

Objetivo:
Ajudar as crianças a compreenderem a si mesmas e aos outros, criando resumos de colagem.

Principais componentes:
Habilidades reflexivas
Consciência das próprias capacidades e das capacidades dos outros

Materiais:
Papel
Cola
Tesouras
Fotos
Revistas velhas
Materiais para escrever

Procedimentos:
1. Faça uma breve introdução, mostrando um modelo de resumo de colagem para a classe. Você pode dizer algo assim: "Este é um cartaz sobre a minha filha. Ele tem figuras de livros, animais de estimação e crianças nadando, porque estas são algumas coisas das quais ela gosta. Chamamos esse cartaz de 'resumo de figuras' ou 'resumo de colagem'. Um resumo pode ajudar as outras pessoas a saberem quem somos e o que fazemos. Os adultos escrevem resumos sobre si mesmos e usam-nos para conseguir um emprego. Vocês podem usar palavras, figuras, fotos e desenhos para fazer um resumo de colagem sobre si mesmos".
2. Ajude as crianças a pensarem em maneiras diferentes de se descreverem. Incentive-as a falarem sobre seus interesses, suas capacidades, suas cores, alimentos e animais preferidos.
3. Pense (através de *brainstorm*) com as crianças que itens elas poderiam incluir em seus resumos de colagem. Saliente que, além de fotos e figuras, elas podem colar objetos: uma figurinha de futebol de sua coleção, a embalagem de um chocolate favorito ou os ingressos de algum espetáculo especial.
4. Dê a elas tempo suficiente para planejarem e coletarem seus materiais antes de começarem a organizá-los e colá-los. Você também pode enviar uma nota aos pais, explicando o projeto e pedindo para ajudarem.
5. Depois que os projetos estiverem prontos, estimule as crianças a discutirem com a classe seus resumos de colagem.

Notas ao professor:
1. Os resumos de colagem das crianças podem ser revisados ao longo do ano, à medida que elas se tornarem mais conscientes de suas habilidades e interesses.
2. Os resumos de colagem das crianças podem ser exibidos em uma reunião com os pais.

⊃ BAÚ DE TESOUROS

Objetivo:
Explorar pensamentos, idéias e sentimentos

Principais componentes:
Entendimento de si mesmo
Habilidades reflexivas

Materiais:
Caixas pequenas, uma por criança
Figurinhas auto-adesivas
Cola
Papel
Canetas

Procedimentos:
1. Apresente o projeto, dizendo às crianças que seus pensamentos, idéias e sentimentos são muito especiais porque tornam cada uma delas uma pessoa especial. Explique que cada criança fará um baú de tesouros para seus pensamentos, idéias ou sentimentos especiais.
2. Dê a elas caixas para fazerem baús de tesouros. Mostre-lhes os materiais que podem usar para decorar os baús. Depois, podem escrever ou desenhar suas idéias e guardar os papéis em seu baú de tesouros.
3. Converse com as crianças sobre privacidade. Explique que os baús de tesouros são privados e diga que cada uma é responsável por garantir que ninguém mexa nos baús alheios. Porém, crie um momento de partilha, em que as crianças que quiserem podem compartilhar seus pensamentos e sentimentos especiais com os colegas.

Nota ao professor:
Você pode preparar essa atividade, conversando com as crianças sobre o pensamento. Pode começar contando uma história ou colocando um problema simples. Pare na metade e pergunte-lhes como o pensamento pode ajudar a resolver o problema. Por exemplo, o que vocês pensariam se:

- Você e um/a amigo/a quisessem brincar com o mesmo brinquedo ao mesmo tempo?
- Sua mãe dissesse que você não pode ver televisão antes de acabar suas tarefas?
- Você não lembrasse onde deixou seu casaco?

Pergunte às crianças em quantas soluções diferentes elas conseguem pensar. Saliente como é valioso ouvir seus diferentes pontos de vista.

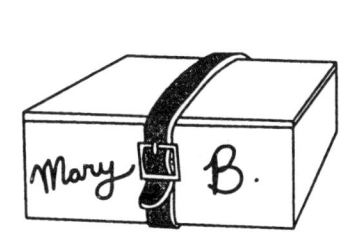

➲ IMPRESSÕES DIGITAIS

Objetivo:
Fazer um conjunto de impressões digitais para salientar a singularidade de cada indivíduo.

Principais componentes:
Entendimento de si mesmo

Materiais:
Almofada de carimbo
Papel
Lente de aumento
Instrumentos para escrever

Procedimentos:
1. Apresente o projeto, explicando que as digitais são uma das muitas coisas que tornam as pessoas únicas. Não existem duas digitais iguais. É por isso que elas são usadas para identificar as pessoas – só existe uma pessoa no mundo com aquelas impressões digitais!
2. Ajude as crianças a fazerem o conjunto de suas impressões digitais. Você pode dar a elas uma folha de papel com o contorno de uma mão, ou mostrar como traçar o contorno da própria mão sobre a folha. Ajude-as a escreverem o nome de cada dedo. Depois, cada uma toca com a ponta do dedo correspondente na almofada de carimbo e imprime a digital sobre o desenho daquele dedo. Estimule-as a examinarem suas impressões digitais com a lente de aumento. Elas também podem comparar suas impressões digitais com as de um colega para ver como são semelhantes e como são diferentes.
3. Existem tipos diferentes de impressões digitais (veja a atividade de ciências Que Ferramentas os Cientistas Utilizam?, na p. 63). Colete uma impressão digital bem clara de cada criança e, se possível, aumente-as em uma máquina copiadora. Faça múltiplas cópias e incentivem as crianças a categorizarem as impressões digitais. Depois, elas podem fazer um gráfico, mostrando como muitas crianças têm digitais com espirais, arcos ou curvas.

Variações:
1. Convide as crianças a fazerem um desenho com suas digitais. Elas podem usar os dedos como carimbo e usar canetas ou lápis de cor para completar o desenho.
2. Em vez de fazer impressões digitais, faça impressões de toda a mão ou do pé, com tinta, em uma folha de papel bem comprida. Essa atividade pode ser feita dentro ou fora da sala de aula em um dia de temperatura agradável – apenas se certifique de ter água e toalhas prontas para a limpeza.

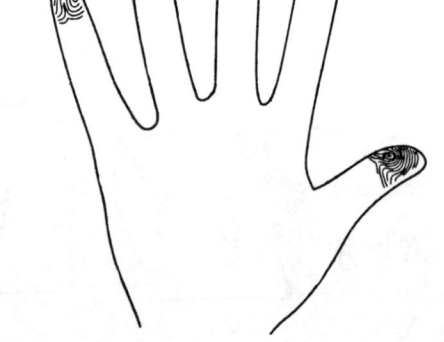

⊃ SILHUETAS

Objetivo:
Fazer uma silhueta para ver a si mesmo de uma maneira nova.

Principais componentes:
Entendimento de si mesmo

Materiais:
Papel
Giz
Lâmpada
Cartolina ou papel colorido
Tesouras
Fita adesiva
Cola

Procedimentos:
1. Cole um pedaço de papel na parede com a fita adesiva. Faça com que uma criança sente-se diante da parede e acenda uma luz do outro lado de sua cabeça, de modo que sua sombra seja projetada sobre o papel.
2. Faça o contorno da sombra com um pedaço de giz. Corte a silhueta e cole-a sobre a cartolina ou papel colorido.
3. Faça uma galeria na classe para exibir todas as crianças. Você pode fazer brincadeiras: as crianças devem tentar identificar as silhuetas, ou combinar etiquetas dos nomes das crianças com suas silhuetas.

Variações:
1. Faça outras atividades que envolvam sombras. Você pode perguntar às crianças:
   - Como você pode fazer você mesmo/a parecer triste? Feliz? Ameaçador/a?
   - Como você pode trabalhar com um colega para fazer uma pessoa com duas cabeças? Dois narizes? Três mãos?
   - Como você pode trabalhar com um amigo para criar uma imagem que mostre amizade? Raiva? Medo?

   As crianças podem mostrar as silhuetas para os colegas e pedir que identifiquem as diferentes imagens e emoções que tentaram criar.

2. Você pode transformar as silhuetas em colagens. As crianças procuram em revistas velhas palavras ou figuras que as descrevam e colam-nas sobre suas silhuetas. Estimule-as a pensarem a respeito de seus interesses, relacionamentos, emoções e também suas características físicas. Convide-as a explicarem suas escolhas aos colegas.

◯ RODA DE SENTIMENTOS

Objetivo:
Ajudar as crianças a identificarem e a aprenderem as palavras para a grande diversidade de seus sentimentos.

Principais componentes:
Habilidades reflexivas
Compreensão dos próprios sentimentos
Compreensão dos sentimentos dos outros

Materiais:
Papel grande e canetas ou quadro-negro e giz
Papel
Lápis de cor
Feelings, de Aliki, ou outros livros sobre sentimentos

Procedimentos:
1. Leia um livro sobre sentimentos. O livro *Feelings*, de Aliki, é particularmente útil, porque ilustra uma grande variedade de sentimentos: culpa, humilhação, ciúme, solidão, orgulho, coragem e excitação.
2. Desenhe um grande círculo sobre o papel ou o quadro-negro e divida-o em seis ou oito partes iguais. Diga às crianças que esta é uma "Roda de Sentimentos". Peça-lhes para dizerem o nome de algum dos diferentes sentimentos sobre os quais acabaram de ler. Você ou as crianças podem escrever o nome de um sentimento em cada parte. Como estímulo, pergunte a elas como se sentiriam nas seguintes situações:
   - Um amigo diz: "Saia daqui!".
   - Alguém as ajuda quando elas levam um tombo.
   - Sua irmã ou seu irmão ganha um presente.
   - É o primeiro dia da escola.
3. Se você considerar apropriado para a sua classe, diga às crianças que nas próximas semanas elas terão a chance de encenar os sentimentos mostrados na roda. Escolha uma das emoções e encoraje-as a falarem sobre momentos em que se sentiram daquela maneira, ou situações que podem fazer alguém se sentir daquela maneira. Por exemplo, o que as deixaria zangadas? Se um/a amigo/a quebrasse acidentalmente um brinquedo favorito? Pergunte quem gostaria de encenar a situação.
4. Converse com elas sobre a encenação. Todas se sentiriam da mesma maneira (nessse caso, zangadas) em tal situação? De que outra maneira elas poderiam se sentir? Tristes? Elas perdoariam o/a amigo/a?
5. Convide um voluntário para colorir a parte do círculo com uma cor que represente a emoção.
6. Em um outro dia, repita a atividade com uma emoção diferente.

Variações:
1. Depois da dramatização, faça um livro "Eu Fico Triste" (ou "Eu Fico Zangado", "Eu Fico Feliz", "Eu me Sinto Sozinho", etc). Dê a cada criança uma folha de papel na qual esteja escrito, embaixo, "Eu fico triste quando _____". Peça que façam um desenho e escrevam algumas palavras sobre a situação. Se necessário, ajude-as a escreverem o texto. Junte as figuras, formando um livro, e encaderne-o, se possível. As crianças revezam-se levando o livro para casa, a fim de lerem para os pais.
2. Encoraje-as a fazerem sua própria roda de sentimentos.

➲ RECONHECIMENTO DE ROSTOS

Objetivo:
Incentivar as crianças a reconhecerem os colegas.

Principais componentes:
Memória visual
Reconhecimento dos colegas
Entendimento de semelhanças e diferenças

Materiais:
Duas fotos de cada aluno da classe

Procedimentos:
Explique o jogo, que é jogado como Memória. As crianças colocam as fotos viradas para baixo em fileiras sobre o chão ou sobre uma mesa. Cada jogador escolhe duas fotos e vira-as. Se as fotos forem da mesma pessoa, ele as guarda consigo e joga de novo. Se as fotos forem de pessoas diferentes, ele as vira novamente para baixo e dá a vez para o jogador que estiver à sua direita. Quem tiver mais fotos no final do jogo é o vencedor. Você pode reunir fotos que tornem o jogo mais desafiador – por exemplo, a mesma criança realizando atividades diferentes, com idades diferentes, de frente e de costas, com e sem boné.

Variações:
Faça quebra-cabeças dos rostos das crianças. Tire uma foto (um *close-up*) do rosto de cada criança da classe. Aumente todas as fotos em uma máquina copiadora. Você pode fazer os quebra-cabeças de duas maneiras diferentes:

- Cole as fotos aumentadas em papelão ou cartolina. Convide as crianças a recortarem sua própria foto em quatro ou cinco pedaços, nas formas que quiserem. Depois, elas montam o próprio rosto com as peças do quebra-cabeça que criaram. Em pequenos grupos, elas também podem usar os quebra-cabeças para fazer a seguinte brincadeira: os jogadores pegam quatro ou mais quebra-cabeças e colocam todas as peças viradas para baixo, formando uma pilha. Cada jogador escolhe uma peça da pilha na sua vez e tenta completar um quebra-cabeça. Os jogadores não podem devolver as peças para a pilha, mas podem trocar peças entre si. No final do jogo, eles vêem quem montou o quebra-cabeças mais completo.
- Deixe as crianças recortarem as fotos de modo que os rostos tenham partes intercambiáveis. Para isso, dobre cada foto pelo meio, ao comprido (produzindo duas metades idênticas), e depois novamente pelo meio, na largura. Deixe-as cortarem nas dobras. Veja que rostos interessantes surgem quando as crianças "misturam e combinam" suas feições com as dos colegas. Termine a atividade, fazendo as crianças montarem o próprio rosto e os dos colegas.

QUEM ESTÁ FALTANDO?

Objetivo:
Jogar para aprender sobre os colegas.

Principais componentes:
Entendimento dos outros
Habilidades de observação

Materiais:
Cronômetro com campainha
Venda para olhos
Cobertor (opcional)

Procedimentos:
1. Peça às crianças para sentarem no chão, formando um círculo. Escolha um jogador para ser o detetive e outro para ser aquele que irá escolher quem sai e controlar o tempo.
2. Cubra os olhos do detetive com a venda. Peça a outra criança para escolher alguém para sair da sala, ou esconder-se sob um cobertor. Os outros jogadores devem trocar de lugar o mais rápido possível.
3. O detetive, então, tira a venda e olha para o grupo. Ele tem um minuto para tentar identificar a pessoa que está faltando, enquanto a outra criança controla o tempo. O detetive pode fazer perguntas sim ou não sobre o membro do grupo que está faltando.
4. O detetive escolhe o próximo detetive.

Variações:
1. Jogue o mesmo jogo, usando a maquete de sala de aula (veja a Descrição dos Materiais, na p. 182, para saber como fazer a maquete). Remova um dos alunos (uma das figurinhas) e peça às crianças que adivinhem a figurinha de qual colega está faltando.
2. Junte as crianças em um círculo e peça um voluntário para ficar no centro. O grupo deve examinar a aparência desse voluntário durante uns trinta segundos. Depois, eles fecham os olhos, enquanto a criança que está no centro muda rapidamente algum detalhe de sua aparência (por exemplo, troca o relógio de um pulso para o outro, tira o prendedor do cabelo, coloca a camiseta para dentro da calça). O grupo deve dizer o que está diferente no colega.
3. Grave as vozes das crianças da classe. Toque a fita em um desses momentos (quando as crianças estão sentadas no chão em um círculo) e peça que adivinhem quem está falando.

➲ TELEFONE

Objetivo:
Compreender a complexidade da comunicação.

Principais componentes:
Comunicação com os colegas

Materiais:
Copos de papel
Barbante
Caixas grandes de papelão
Mangueira de plástico
Funis
Latas
Papel grande e canetas ou quadro-negro e giz

Procedimentos:
1. Peça às crianças que sentem em um círculo ou em fila. Peça a uma delas que pense em uma frase e sussurre-a no ouvido do colega que está ao lado. Esse colega sussurra para a próxima criança e assim por diante até completar o círculo ou terminar a fila. Finalmente, a última pessoa diz a frase em voz alta. Comparem a última frase com a frase inicial. Pergunte às crianças o que elas podem fazer para tornar a mensagem mais clara e liste suas respostas na folha grande de papel ou no quadro-negro. Fale sobre rumores e como as histórias podem mudar ou ser distorcidas quando passadas adiante em um grupo de amigos.
2. Em vez de sussurrar uma frase, peça a uma das crianças que faça baixinho algum som especial (por exemplo, o miado de um gato, o choro de um bebê, o som de uma campainha) no ouvido do vizinho. Em vez de passar o som para apenas um dos vizinhos, a primeira criança deve enviar o som em torno do círculo em ambas as direções. A criança que receber os sons de ambos os lados diz para o grupo se eles são iguais ou diferentes.
3. Dessa vez, passe uma expressão facial em torno do círculo. Uma criança faz uma expressão facial que o vizinho imita e passa para o vizinho do outro lado. (Você pode pedir às crianças para manterem os olhos fechados até o vizinho bater em seu ombro de leve.) A última e a primeira criança fazem a expressão uma para a outra, enquanto o grupo observa as semelhanças e diferenças. (Este e outros jogos de "conhecendo-você" podem ser encontrados em *The Responsive Classroom: Guidelines*, de Ruth Charney, Marlynn Clayton e Chip Wood.)

Variações:
1. Ajude as crianças a fazerem telefones com um copo de papel e uma lata (verifique se as latas não têm extremidades cortantes). Peça-lhes que se revezem, telefonando para as outras para bater um papo, convidar alguém para uma festa ou transmitir um recado.
2. Crie oportunidades diferentes de brincadeiras. Prenda mais de um copo ou lata ao mesmo "telefone", de modo que várias crianças possam ouvir a mesma mensagem. Ou, então, faça "cabines telefônicas" com duas grandes caixas de papelão, cada uma suficientemente grande para caber uma criança sentada ou em pé, e uma mangueira de plástico comprida (pode ser uma mangueira de jardim). Conecte as duas caixas com a mangueira e prenda um funil a cada extremidade. As crianças conversarão baixinho, falando no funil e usando a mangueira como fio do telefone.

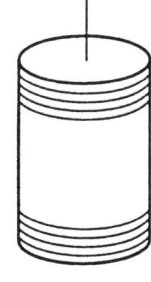

⮕ AMIGOS

Objetivos:
Explorar o conceito e o alcance da amizade.
Aprender sobre os atributos físicos, sociais e intelectuais dos colegas.

Principais componentes:
Entendimento do outros
Identificação dos interesses e das capacidades dos outros

Materiais:
Maquete da sala de aula
Bonequinhos ou figurinhas
The Giving Tree, de Shel Silverstein

Procedimentos:
1. Leia em voz alta *The Giving Tree*, de Shel Silverstein. Discuta com as crianças a amizade entre a árvore e o menino. Converse sobre os diferentes aspectos da amizade:
   - O que é um amigo?
   - O que faz com que alguém seja nosso/a melhor amigo/a?
   - Como fazemos amigos?
   - Por que é bom ter amigos?
   - Quando você está furioso/a com alguém, essa pessoa ainda é seu/sua amigo/a?
   - Por que os amigos brigam?
   - Como os amigos fazem as pazes?
2. Use a maquete de sala de aula para mostrar como se joga um jogo chamado Amigos. Peça às crianças que pensem em um de seus amigos da classe. Convide uma de cada vez para ficar diante do grupo e descrever os atributos desse amigo o mais claramente possível, sem dizer o seu nome. Ela pode pegar um bonequinho da maquete da sala de aula para mostrar onde seu amigo gosta de brincar. As outras crianças devem adivinhar quem é o amigo.
3. Você pode adaptar esse exercício para aumentar a consciência das crianças a respeito das necessidades especiais dos outros. Por exemplo, você pode pedir a elas que organizem a maquete de sala de aula para acomodar uma criança cega ou uma criança em uma cadeira de rodas.

Variações:
As atividades a seguir baseiam-se no conceito de amizade e ajudam as crianças a reconhecerem as capacidades individuais de cada um. Elas podem ser usadas individualmente ou como parte de uma unidade sobre a amizade que inclua ler livros e cantar músicas sobre a amizade, planejar uma festa, cozinhar (medir), escrever cartas ou convites e realizar jogos de movimento que exijam cooperação. Como esses exercícios reforçam um comportamento mais atencioso, eles também ajudam a criar um ambiente positivo na sala de aula.
- Faça uma corrente da amizade. Conecte anéis de papel até fazer uma corrente bem comprida e estenda-a de um lado ao outro da sala. Cada vez que você observar uma criança fazendo alguma gentileza para alguém, escreva isso em um pedaço de papel e prenda-o em um dos anéis da corrente. (Os outros professores da classe devem fazer o mesmo.) Quando todos os anéis estiverem com um papelzinho, faça uma comemoração na sala de aula.
- Faça um jogo da amizade. Peça às crianças que sentem em um círculo e aos pares. Agora, elas devem pensar em alguma coisa legal sobre o parceiro. Bata em um tambor, enquanto as crianças passam uma bola em torno do círculo. Pare de bater no tambor. A criança que estiver segurando a bola quando você parar de bater deve dizer ao grupo algo positivo sobre o parceiro.

➲ MARIONETES DE DEDOS

Objetivo:
Fazer marionetes simples para reencenar situações sociais.

Principais componentes:
Entendimento dos outros
Resolução de problemas sociais
Capacidade de mediação

Materiais:
Luvas velhas
Pedacinhos de feltro
Canetas coloridas
Cola
Tesouras

Procedimentos:
1. Corte os dedos de uma luva velha. Peça às crianças que façam marionetes de dedos, representando personagens imaginários ou pessoas reais – elas mesmas, seus pais, irmãos e amigos. Elas podem criar rostos e roupas com as canetas e os pedacinhos de feltro.
2. Incentive as crianças a usarem as marionetes para reencenar situações gerais vividas por elas, como revezar-se nos balanços, compartilhar um brinquedo, ou planejar um projeto juntas. A classe deve buscar soluções para esse tipo de situação. Você pode propor: "Se todos vocês quisessem usar os balanços ao mesmo tempo, como poderiam fazer?". Esta é uma boa oportunidade para tratar, de maneira não-ameaçadora, questões ou problemas que você percebeu na turma.
3. Depois que as crianças familiarizaram-se com a atividade, elas mesmas podem propor idéias. Ou crie uma "Caixa de Problemas" na sala de aula. As crianças podem relatar (com a ajuda do professor, se necessário) situações que, na opinião delas, merecem atenção. Explique que ao encenar diferentes situações – sem dar nomes ou magoar sentimentos – o grupo pode trabalhar junto para encontrar soluções.
4. As marionetes de dedos e outras marionetes devem ficar disponíveis para serem usadas sempre que as crianças quiserem.

Variações:
1. Faça diferentes tipos de marionetes. Você pode usar sacos de papel (prenda cabelos, olhos e nariz na parte do fundo e faça a boca pertinho da dobra, de modo que ela abra e feche), palitos de picolé (cole um rosto ou um corpo feito com colagem), ou pequenas tiras de papel (para prender em torno de um dedo como um anel). Você encontrará mais idéias na atividade de Marionetes do capítulo de Artes Visuais, p. 258.
2. Desafie um pequeno grupo de crianças a transformar uma caixa grande de papelão bem resistente em um palco de marionetes. Ajude-as a cortarem a caixa. Vocês podem usar pedaços de tecido, como cortinas, ou pintar a caixa para decorá-la. Coloque o palco sobre uma prateleira ou mesa com uma toalha que vá até o chão, de modo que quem manipula as marionetes possa agachar-se e esconder-se.

⮕ PERSPECTIVAS

Objetivos:
Compreender maneiras diferentes de perceber a mesma situação.
Trocar idéias em uma discussão.

Principais componentes:
Compreensão dos outros
Habilidades reflexivas

Materiais:
Figuras de pessoas que expressem diferentes emoções
Papel grande e canetas ou quadro-negro e giz

Procedimentos:
1. Mostre a figura de uma pessoa cujo rosto expresse uma emoção reconhecível (você pode usar fotografias ou figuras recortadas de revistas ou jornais velhos). Discuta com os alunos o que a pessoa estaria sentido e por quê. Discuta figuras que mostrem várias expressões emocionais.
2. Compare diferentes figuras e peça às crianças para categorizá-las. Incentive-as a interpretarem e a categorizarem as figuras de maneiras diferentes.

Variações:
1. Encontre em revistas figuras que mostrem duas pessoas envolvidas em uma situação emocional, como uma mãe abraçando uma criança que chora, ou um pai olhando zangado para o quarto bagunçado de uma criança. O pai e a criança sentem a mesma coisa em relação à bagunça do quarto? Peça aos alunos que desempenhem o papel das pessoas das figuras e finjam ter uma conversa. O que essas pessoas poderiam estar dizendo uma à outra?
2. Peça às crianças que nomeiem algumas coisas que parecem grandes e outras que parecem pequenas para elas. Escreva as duas listas no quadro-negro. Peça-lhes que examinem ambas as listas do ponto de vista de um piloto de avião e de um bebê.

➲ RESOLUÇÃO DE UM PROBLEMA

Objetivo:
Ouvir uma história e discutir possíveis soluções para o problema central.

Principais componentes:
Compreensão de si mesmo e dos outros
Pensamento sobre partilha e justiça

Materiais:
Fotos de crianças e de um professor

Procedimentos:

1. Conte às crianças uma história como a seguinte, retirada do livro *The Moral Child: Nurturing Children's Natural Growth*, de William Damon (1988).

   "Todos estes meninos e meninas estão na mesma classe (mostre as fotos das crianças com seu professor). Um dia, o professor deixou que eles passassem toda a tarde desenhando com lápis de cor e pintando com tinta. O professor achou que os trabalhos ficaram tão bons, que a classe poderia vendê-los na feira da escola. Os desenhos e as pinturas foram vendidos, e a classe ganhou um bom dinheiro. As crianças reuniram-se no dia seguinte e tentaram decidir como usar o dinheiro" (p. 40-41).

2. Faça perguntas sobre a história, como as adaptadas do mesmo livro:
   - O que você acha que a classe deveria fazer com o dinheiro?
   - Algumas crianças ficaram brincando e zanzando, enquanto outras desenhavam e pintavam. As crianças que não trabalharam devem ganhar parte do dinheiro?
   - Alguém disse que as crianças de família pobre devem ganhar mais. O que você acha?
   - Você acha que as crianças que fizeram os desenhos mais bonitos devem ganhar mais?
   - Alguém disse que o professor deve ganhar um pouco, porque foi idéia dele fazer os desenhos e as pinturas. Ele deve ganhar um pouco do dinheiro?
   - Alguém disse que todos devem ganhar a mesma quantidade, independentemente de tudo o mais. Você concorda?

3. Organize uma venda de bolos ou docinhos em sua classe e converse com as crianças sobre como gastar o dinheiro obtido.

⮕ HOSPITAL

Objetivos:
Conhecer melhor a comunidade, dramatizando várias profissões.

Principais componentes:
Compreensão dos outros
Planejamento e organização
Trabalho conjunto

Materiais:
Figurinos e acessórios de dramatização, como
Bandagens e *band-aids*
Estetoscópio, lanterna, aparelho de pressão (de verdade ou de faz-de-conta)
Muletas
Frascos de remédios vazios
Roupa de sala de cirurgia, máscara para o rosto, luvas de borracha
Maca

Procedimentos:
1. Diga às crianças que elas criarão uma sala de hospital ou uma sala de emergência em um canto da sala de aula, onde, por algumas semanas, fingirão ser os pacientes e seus cuidadores. (Se você dispuser de uma área para dramatização, pode usá-la para esse projeto por algum tempo.) Converse com as crianças sobre o que é um hospital e as diferentes razões pelas quais as pessoas vão lá. Se possível, visite um, ou leia livros sobre hospitais.
2. Peça às crianças que pensem em todas as diferentes profissões associadas a um hospital. Liste as profissões em uma folha grande de papel. Solicite-lhes que descrevam essas ocupações e as qualidades das pessoas que poderiam interessar-se por elas. As mulheres podem ser médicas? Os homens podem ser enfermeiros? Reforce a idéia de que o gênero não deve limitar a escolha profissional das pessoas. Se algum pai ou alguma mãe trabalhar em um hospital, convide-o/a a vir conversar com a classe.
3. Junte roupas, brinquedos ou equipamentos relacionados a hospital. Converse com as crianças sobre itens que elas podem trazer de casa, como um par de muletas velhas ou um conjunto de instrumentos médicos de brinquedo, para emprestar por um tempo para o hospital da classe. Liste com elas aquilo que poderiam trazer. Você pode enviar a lista aos pais com uma nota, explicando o projeto.
4. Depois que os itens forem coletados, converse com as crianças sobre como elas gostariam de organizar o hospital. Peça voluntários para ajudá-la a arrumar a área de dramatização.
5. Designe um período de tempo por dia, durante algumas semanas, para as crianças revezarem-se em pequenos grupos e brincarem na área do hospital.

Nota ao professor:
Essa atividade usa o hospital como veículo para explorar diferentes profissões e maneiras de participar da vida da comunidade. Você pode escolher um tema diferente ligado aos interesses das crianças ou a uma determinada unidade curricular. Por exemplo, você pode montar um restaurante com comida de brinquedo, mesas e menus, durante uma unidade sobre alimentos ou nutrição; ou uma loja de artesanato com itens feitos pelas crianças durante uma unidade sobre ferramentas ou a arte de uma outra cultura.

➲ CENSO NA CLASSE

Objetivo:
Aprender sobre os colegas e sobre como trabalhar juntos, realizando um censo na classe.

Principais componentes:
Desenvolvimento de habilidades de comunicação
Aprendizagem sobre os outros
Aprendizagem sobre papéis sociais

Materiais:
Papel
Lápis
Gravador
Quadro-negro e giz ou papel grande e canetas

Procedimentos:
1. Introduza o conceito de censo e o papel das pessoas que fazem o censo. Discuta o processo de censo com os alunos e peça para fazerem um censo na classe.
2. Ajude as crianças a fazerem uma lista de perguntas, como: Quantos meninos existem na classe? Quantas meninas? Quantos alunos vêm a pé para a escola? Quantos vêm de ônibus? Quantos têm irmãs e irmãos? Quantos têm animais de estimação? Quantos fazem aniversário em cada mês? Quantos gostam de jogar, nadar, ler, resolver um problema de matemática? Quantos nasceram nesta cidade e quantos vieram de algum outro lugar?
3. Use as informações para fazer gráficos (veja a atividade do Gráfico em Setores no capítulo de Matemática, p. 163-164). Junte os gráficos e monte um livro ou uma exposição.

Notas ao professor:
1. Esse projeto pode ser realizado ao longo de vários dias. O censo pode ser organizado em sessões: planejamento e tomada de decisões, divisão de papéis, coleta de dados e, finalmente, avaliação e exposição dos dados.
2. As crianças podem usar a "TV" para relatar os resultados do censo.

⮕ FESTA DE ANIVERSÁRIO

Objetivo:
Praticar diferentes papéis sociais, planejando uma festa de aniversário para os colegas.

Principais componentes:
Vivência de diferentes papéis sociais, incluindo
    Organização de uma atividade
    Planejamento e estabelecimento de metas
    Troca de idéias
    Trabalho em grupo para atingir uma meta
Identificação das capacidades pessoais e dos outros

Materiais:
Giz e quadro-negro ou papel grande e canetas

Procedimentos:
1. Planeje uma festa de aniversário em cada mês para os aniversariantes daquele mês. As crianças precisam pensar nos seguintes aspectos:
   - Por que haverá uma festa?
   - Qual é o melhor momento do dia escolar para a festa?
   - Que tipo de comida deverá ser servido?
   - Quem preparará a comida?
   - Além de comida, o que é necessário para a festa?
   - Quem trará essas coisas?
   - Quem limpará tudo depois?
   - Queremos que a festa tenha um tema?
   - O que devemos fazer em relação aos aniversários que caem nas férias de verão?
2. Depois que as crianças decidirem tais questões, ajude-as a listarem no quadro-negro as diferentes tarefas e quem fará o quê.

Notas ao professor:
1. A atividade da Festa de Aniversário pode ser um projeto para todo o ano letivo (garantindo, assim, que todos os aniversários sejam igualmente comemorados). Estimule as crianças a participarem dos processos de planejamento, organização, divisão de papéis, tomada de decisão, preparação, execução e limpeza. As crianças devem assumir papéis diferentes nas próximas festas.
2. Durante o processo de planejamento, ofereça várias alternativas e deixe as crianças escolherem. Liste as questões e estruture a atividade de modo que elas possam fazer escolhas apropriadas dentro de limites. Por exemplo, diga que as festas ocorrerão ou no primeiro ou no último dia do mês, ou no recreio da manhã ou no recreio da tarde. Qual seria a melhor combinação e por quê?

◐ DIA DA VISITA

Objetivo:
Avaliar possibilidades e alternativas por meio de discussão em grupo.

Principais componentes:
Vivência de papéis sociais distintos, incluindo
   Tomada de decisões
   Negociação e chegada a um consenso
   Comunicação de idéias aos outros
   Trabalho em grupo para atingir um objetivo
   Compreensão dos outros

Materiais:
Giz e quadro-negro ou papel grande e canetas

Procedimentos:
1. Convide alunos de uma outra série para visitarem sua sala de aula. Seus alunos precisam planejar como "orientar" os visitantes, como, por exemplo, explicando-lhes coisas que precisam saber para agirem como membros daquela classe. Uma turma de primeira série pode querer convidar uma turma de jardim de infância perto do final do ano e mostrar a essas crianças como será passar para a primeira série.
2. Decida com as crianças o que os visitantes precisam saber sobre sua sala de aula. Liste todas as idéias no quadro-negro. Divida a classe em vários comitês. Cada comitê tem de selecionar os três itens mais importantes e defender essa escolha.
3. Encoraje as crianças a escolherem papéis especiais durante o Dia da Visita: facilitador, repórter, organizador, etc.

Variações:
As crianças fingirão que um visitante do espaço sideral aterrissou no pátio da escola. Diga a elas que têm de decidir quais são as três coisas mais importantes a serem contadas sobre elas mesmas, sua turma da escola, sua família e assim por diante. (Esta é uma boa oportunidade para observar como as crianças trabalham em grupo para trocar idéias e chegar a um consenso.)

➲ NÓS SOMOS UMA EQUIPE

Objetivo:
Aprender a trabalhar em grupo para resolver um problema ou atingir um objetivo.

Principais componentes:
Vivência de papéis sociais distintos, incluindo
Cooperação
Resolução de problemas sociais
Comunicação de idéias aos outros
Identificação de habilidades pessoais e dos outros

Materiais:
Garrafas transparentes com um gargalo estreito
Borrachas pequenas em forma de animais
Barbante
Bambolê
Quebra-cabeças de montar no chão
Blocos construtores
Calendário
Cordas
Vendas para os olhos

Procedimentos:
Diga às crianças que você proporá vários desafios a elas –como montar quebra-cabeças em grupo sem falar, ou passar um bambolê em torno de um círculo sem usar as mãos. Para conseguir realizar as tarefas, elas precisarão trabalhar juntas.

Salvar os Animais

Pegue quatro borrachas em forma de animais e amarre cada uma a um pedaço de barbante. Deixe a borracha cair dentro de uma garrafa com um gargalo comprido, de modo que uma das extremidades de cada barbante fique pendurada para fora da garrafa. Dê a garrafa a um grupo de quatro crianças. Elas devem fingir que os quatro animais caíram em um poço profundo. Quando você disser: "Podem começar", as crianças devem tentar resgatar o mais rápido possível os animais que estão afogando-se. Conte em voz alta para ver quanto tempo elas levam.

Nota: O gargalo da garrafa deve ser estreito o suficiente para permitir que as quatro borrachas saiam ao mesmo tempo. Assim, as crianças terão de trabalhar juntas para tirar uma borracha de cada vez.

Bambolê

As crianças formam um círculo e dão as mãos. Coloque um bambolê sobre os ombros de uma das crianças e peça que passe o bambolê para a criança que está ao seu lado, sem largar as mãos dos vizinhos. As crianças de ambos os lados podem ajudar, desde que não rompam o círculo. Elas devem passar o bambolê por todo o círculo, sem largar as mãos. (Esse jogo foi adaptado de *The Responsive Classroom*, de Ruth Charney, Marlynn Clayton e Chip Wood.)

Presente de Faz de Conta

Divida a classe em grupos de quatro a seis crianças. Cada grupo deve formar um círculo. Através de gestos, uma das criança finge dar um presente para a criança que está à sua esquerda, sem falar nada. A criança que recebe o presente precisa adivinhar o que é. Se ela tiver dificuldade para adivinhar, as outras crianças podem ajudar – sem falar. Depois que a criança adivinhou qual é o presente de faz-de-conta, ela deve dar um presente diferente para a próxima criança do círculo.

Desafio do Quebra-cabeça

Divida a classe em grupos pequenos (três ou quatro crianças) e dê a cada grupo um quebra-cabeça apropriado à sua idade, suficientemente difícil para ser interessante, para montar no chão. As crianças devem montar o quebra-cabeça juntas, sem falar. Uma delas fica responsável por cuidar que ninguém fale no grupo.

Desafio dos Blocos

Divida uma coleção de blocos construtores entre os pequenos grupos. Eles devem construir a torre mais alta que puderem – sem falar. Meça e registre as alturas das torres. Deixe as crianças repetirem uma ou duas vezes a atividade. Elas aprendem com seus erros e melhoram como construtoras de torres?

Quando É o Seu Aniversário?

As crianças devem formar uma fila. Desafie-as a reorganizarem a fila – sem falar – de modo que fiquem em ordem com base no mês do nascimento: a fila começa com os aniversariantes do mês de janeiro e termina com os aniversariantes do mês de dezembro. As crianças que aniversariam no mesmo mês devem ficar juntas, mas não precisam seguir a ordem do dia do nascimento. Deixe à vista um calendário do ano todo para que as crianças possam consultá-lo facilmente; se necessário, numere os meses.

Vamos Fazer uma Forma Juntos?

Organize grupos de três a cinco crianças e dê uma corda a cada grupo. Vende os olhos das crianças. Peça que tentem, como grupo, fazer formas diferentes, como um quadrado, um triângulo ou a letra L. Elas não podem largar a corda, nem tirar a venda até concordarem que chegaram à forma desejada. (Essa atividade foi adaptada de "Move the Fence", in *Cooperative Learning in the Early Childhood Classroom*, de Harvey Foyle, Lawrence Lyman e Sandra Alexander Thies.)

Notas ao professor:
1. Observe as estratégias que os diferentes grupos empregam para resolverem o mesmo problema. Depois de cada desafio, uma criança de cada grupo pode relatar ao restante da classe qual foi a estratégia empregada por seu grupo.
2. Tome nota dos papéis que as crianças assumem ao resolver esses problemas. Seu papel muda, dependendo da atividade ou das outras crianças do grupo? Como resultado de suas observações, talvez você ache necessário designar papéis pelas seguintes razões: para observar determinadas crianças em certos papéis mais cuidadosamente, estimular uma capacidade identificada em uma criança, dando-lhe mais experiência naquele papel, e dar às crianças experiência em papéis que elas assumem raramente (por exemplo, dar a uma criança tímida um papel de liderança).

Atividade de Entendimento Social I para Fazer em Casa

⊃ A HISTÓRIA DA MINHA VIDA

Objetivo:
Ajudar as crianças a compreenderem seu crescimento físico, cognitivo e social.

Materiais:
Fotos de seu filho/sua filha
Desenhos feitos por ele/a
Documentos e outros materiais relacionados à vida de
seu filho/sua filha
Cartolina, papel pardo resistente ou papel dobrado como um livro
Cola
Canetas coloridas

Nota aos pais:
Essa atividade ajudará seu filho/sua filha a perceber como mudou nos últimos anos. Agora, a criança é capaz de fazer muitas coisas que não conseguia fazer há alguns meses.

Procedimentos:
1. Colete materiais e informações que representem, de maneira visual, as capacidades de seu filho/sua filha em diferentes idades. Eles podem incluir:
   - cópia da certidão de nascimento;
   - impressão do pé no nascimento;
   - peso e altura no nascimento;
   - fotos do crescimento físico da criança (por exemplo, engatinhando, caminhando, correndo, brincando ao ar livre, vestindo-se sozinha, andando de bicicleta, amarrando os sapatos);
   - fotos do crescimento cognitivo da criança (por exemplo, falando, lendo com um dos pais, brincando com diferentes brinquedos, usando um computador);
   - fotos do crescimento social da criança (por exemplo, família, amigos, festas e comemorações de feriados, experiências na pré-escola ou na escola fundamental);
   - amostras de desenhos e escritos da criança.
2. Converse com a criança sobre como podemos fazer uma "história de vida" e peça que escolha as fotos e os materiais que representam melhor os diferentes estágios do seu crescimento. Tente incluir também informações sobre a cultura de sua família ou da comunidade.
3. Organize as fotos e os materiais em ordem cronológica. A criança deve colá-los na cartolina ou em um livro feito com folhas de papel. Estimule a criança a desenhar e a enfeitar sua história de vida.
4. Quando a história de vida estiver pronta, examine-a com seu filho/sua filha e converse sobre os marcos em seu desenvolvimento.

Compartilhar:
Deixe a criança levar a história de vida para mostrá-la à sua turma na escola.

Atividade de Entendimento Social 2 para Fazer em Casa

ROSTOS EXPRESSIVOS

Objetivo:
Ajudar seu filho/sua filha a aprender que podemos saber como as pessoas sentem-se, observando suas expressões faciais.

Materiais:
Papel colorido
Tesoura
Pratos de papel pequenos (opcional)
Cola

Nota aos pais:
Seu filho/sua filha identificará sentimentos conhecidos, refletirá sobre o que o/a faz sentir-se de certas maneiras e reconhecerá que as outras pessoas também têm os mesmos sentimentos.

Procedimentos:
1. Corte o papel colorido em formas que representem olhos (felizes e tristes), bocas (sorrindo e contraídas) e outros aspectos faciais. Deixe a criança arranjar os pedaços sobre pratos de papel ou círculos de papel para criar as seguintes emoções: feliz, triste, furioso, apavorado, aborrecido, sonolento. A criança pode acrescentar outras características aos rostos, desenhando neles.
2. Que outras emoções existem? Pergunte à criança de que outras maneiras as pessoas sentem-se e peça que faça rostos que combinem com esses sentimentos.
3. A criança pode fazer uma história simples e ilustrá-la com esses rostos.
4. Discuta situações em que as pessoas experienciem algum tipo de emoção (como alegria, solidão, raiva, orgulho). Pergunte à criança:
   - Quando você se sente orgulhoso/a? (Substitua o orgulho por outras emoções, como felicidade, tristeza, aborrecimento, solidão, excitação, raiva ou vergonha.)
   - Como você se sente em uma festa de aniversário? (Substitua a festa por diferentes situações: entrar na sala de aula, ver TV, ganhar um jogo, etc.)
   - Como podemos saber quando uma pessoa está triste? (Substitua a tristeza por outras emoções, como orgulho, excitação, solidão ou vergonha.)

Compartilhar:
1. Seu filho/sua filha pode levar para a escola a história que escreveu e ilustrou.
2. Peça-lhe que crie um cartaz que mostre diferentes emoções, ilustrado com os rostos. A criança pode levar o cartaz para a escola e usá-lo para fazer um jogo com os colegas. Os colegas devem adivinhar a emoção mostrada pelo rosto, ou encontrar o rosto correspondente à palavra.

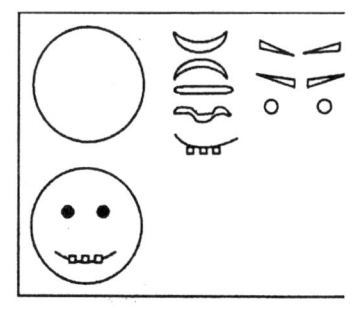

■ RECURSOS E REFERÊNCIAS

As atividades decritas são apenas uma introdução à área. Para ajudá-los a explorar melhor o ensino do entendimento social, apresentamos uma breve lista de recursos que se mostraram valiosos para nós e para nossos colegas. Ela pretende ser uma inspiração, mais que uma revisão da literatura. As fontes usadas na preparação deste livro estão assinaladas com um asterisco.

* Aliki. (1984). *Feelings*. New York: Green Willow Press.
* Barry, C. F.; Mindes, G. (1993). *Planning a theme-based curriculum: Goals, themes, activities, and planning guides for 4's and 5's*. Glenview, IL: Good Year Books.
* Borba, M.; Borba, C. (1982). *Selfesteem: A classroom affair* (Vol. 2). San Francisco: Harper and Row.

Carlsson-Paige, N.; Levin, D. E. (1987). *The war play dilemma: Balancing needs and values in the early childhood classroom*. New York: Teachers College Press.

Carlsson-Paige, N.; Levin, D. E. (1985). *Helping young children understand peace, war, and the nuclear threat*. Washington, DC: National Association for the Education of Young Children.

* Charney, R., Clayton, M.; Wood, C. (1995). *The responsive classroom: Guidelines*. Greenfield, MA: Northeast Foundation for Children.

Crary, E. (1984). *Kids can cooperate: A practical guide to teaching problem solving*. Seattle: Parenting Press.

* Damon, W. (1988). *The moral child: Nurturing children's natural moral growth*. NewYork: Free Press.

Derman-Sparks, L.; The A.B.C. Task Force. (1989). *Anti-bias curriculum: Tools for empowering young children*. Washington, DC: National Association for the Education of Young Children.

DeVries, R.; Zan, B. (1994). *Moral classrooms, moral children: Creating a constructivist atmosphere in early education*. New York: Teachers College Press.

* Foyle, H., Lyman, L.; Thies, S. A. (1991). *Cooperative learning in the early childhood classroom*. Washington, DC: National Education Association.
* Johnson, J., Christie, J.; Yawkey, T. (1987). *Play and early childhood development*. Glenview, IL: Scott Foresman.

Mallory, B.; New, R. (1994). *Diversity and developmentally appropriate practices*. New York: Teachers College Press.

McCracken, J. B. (Ed.). (1986). *Reducing stress in young children's lives*. Washington, DC: National Association for the Education of Young Children.

Neugebauer, B. (Ed.). (1992). *Alike and different: Exploring our humanity with young children* (rev. ed.). Washington, DC: National Association for the Education of Young Children.

Saracho, O. (Ed.). (1983). *Understanding the multicultural experience in early childhood education*. Washington, DC: National Association for the Education of Young Children.

* Silverstein, S. (1964) *The giving tree*. New York: Harper and Row.

Slaby, R. G., Roedell, W. C., Arezzo, D.; Hendrix, K. (1995). *Early violence prevention: Tools for teachers of young children*. Washington, DC: National Association for the Education of Young Children.

York, S. (1991). *Roots and wings: Affirming culture in early childhood programs*. St. Paul, MN: Redleaf Press.

ATIVIDADES DE LINGUAGEM

SUMÁRIO

- **INTRODUÇÃO**

    Um resumo das atividades de linguagem 207
    Descrição das habilidades-chave 207
    Descrição dos materiais 208

- **ATIVIDADES DE LINGUAGEM**

    ### Narrativa inventada/narração de histórias
    Narração de histórias em grupo 210
    Narração de histórias em cenários de teatrinho 211
    Criação do meu cenário de teatrinho 212
    Narração de histórias na maquete de sala de aula 213
    Narração de histórias com efeitos sonoros 214

    ### Linguagem descritiva/reportagem
    Entrevistar um amigo 215
    Relatar as notícias 216
    Comentar um filme 217

    ### Linguagem poética/jogos de palavras
    Poesia na sala de aula 218
    "Estar feliz é..." 220
    Nossa canção 222
    Encenação de poemas, histórias e músicas 224

    ### Leitura/escrita
    Caixas de letras 226
    Ler um para o outro 227
    Introdução aos diários 228
    Livro "O que eu sou?" 229
    A caixa de correio da sala de aula 230
    "Uma casa é uma casa para..." 231

- **ATIVIDADES PARA FAZER EM CASA**

    1 Faça seu próprio livro 232
    2 Rimas coloridas 233

- **RECURSOS E REFERÊNCIAS**

■ UM RESUMO DAS ATIVIDADES DE LINGUAGEM

Aprender a ler e a escrever é um foco essencial nos primeiros anos da escola fundamental. Porém, alfabetizar-se é mais do que adquirir habilidades distintas – é adquirir a capacidade de se comunicar e de se expressar em diversos contextos. Além de bom leitor e escritor, é importante ser um bom orador e, acima de tudo, um bom ouvinte.

As atividades de linguagem visam a estimular as habilidades da criança de ouvir, falar, ler e escrever através de experiências reais e significativas. Por exemplo, as crianças praticam a escrita, redigindo cartas para os amigos e enviando-as pela caixa de correio da sala de aula, e praticam a fala, entrevistando colegas em uma "TV" feita à mão. Muitas das atividades, como montar um programa de notícias e escrever um poema, apresentam às crianças profissões ligadas à linguagem. Assim, elas percebem a relevância das atividades de sala de aula para a vida fora da escola. Por favor, lembrem-se de que as atividades aqui reunidas não pretendem servir como um currículo, mas como exemplos dos muitos contextos diferentes em que as crianças podem demonstrar e desenvolver suas capacidades de linguagem. Esperamos que tais atividades proporcionem a vocês algumas idéias para planejar projetos de linguagem que tratem da grande diversidade de interesses, gostos e preocupações de seus alunos.

As atividades de linguagem enquadram-se em quatro categorias: narração de histórias, reportagem, poesia, leitura e escrita. Embora exista certa sobreposição entre as quatro, em geral a *narração de histórias* focaliza o uso expressivo e estético da linguagem; a *reportagem,* os relatos e as explicações factuais; a *poesia,* o jogo de palavras, e a *leitura e a escrita,* a palavra escrita. Algumas atividades reforçam habilidades de prontidão para a leitura, como o reconhecimento de letras, ao passo que outras são planejadas para crianças que estão trabalhando em habilidades de leitura mais avançadas.

Uma introdução formal às atividades de linguagem pode ajudar as crianças a compreenderem o que elas aprenderão, e também prepará-las para usar os materiais de forma independente. Você pode reunir o grupo, descrever os vários materiais de linguagem e depois perguntar de que maneira esses materiais podem ser usados. Ao anotar suas respostas e sugestões, você está validando as idéias dos alunos e fazendo com que se sintam "proprietários" das atividades de linguagem. Por exemplo, quando você introduzir os cenários de teatrinho, estimule as crianças a dizerem como eles podem ser usados e de que maneira a atividade de teatrinho é diferente de ler livros ou contar histórias. Você também pode introduzir a "TV" feita à mão e perguntar às crianças como o relato de notícias é diferente da narração de histórias. Diga que elas usarão a "TV" para relatar as notícias de seu fim de semana e outros assuntos interessantes de sua vida.

Se desejar, você também pode adotar com as crianças uma "pedra falante" (ou qualquer outro objeto) para designar o orador: explique que quem estiver segurando a pedra falante tem a palavra, enquanto o restante da turma deve ficar em silêncio. Quando aquela criança terminar de falar, ela entrega a pedra ao próximo orador.

■ DESCRIÇÃO DAS HABILIDADES-CHAVE

Narrativa inventada/narração de histórias

- é imaginativo/a e original ao narrar histórias;
- gosta de ouvir ou ler histórias;
- revela interesse e capacidade no planejamento e no desenvolvimento de tramas (enredos), na elaboração e na motivação dos personagens, na descrição de cenários, cenas ou estados de ânimo, no uso do diálogo, etc.;
- demonstra capacidade de representar ou talento dramático, incluindo um estilo distinto, expressividade ou habilidade de desempenhar diversos papéis.

Linguagem descritiva/reportagem

- apresenta relatos precisos e coerentes de eventos, sentimentos e experiências (por exemplo, usa uma seqüência correta e um nível apropriado de detalhes; distingue os fatos e a fantasia);
- rotula e descreve as coisas com exatidão;
- demonstra interesse em explicar como as coisas funcionam, ou em descrever um procedimento;
- argumenta ou investiga de modo lógico.

Uso poético da linguagem/jogo de palavras

- aprecia e sabe fazer jogos de palavras, como trocadilhos, rimas e metáforas;
- brinca com os significados e os sons das palavras;
- demonstra interesse em aprender novas palavras;
- usa as palavras de maneira divertida.

■ DESCRIÇÃO DOS MATERIAIS

Cenário do teatrinho: um tabuleiro, a tampa de uma caixa ou um pedaço de feltro decorados com figuras e um ambiente. As crianças manipulam as figuras, enquanto contam uma história conhecida, ou criam uma história própria. Você pode fazer cenários e adereços com argila, ou juntar peças de jogos e brinquedos comerciais, tipo Playmobile. Esses adereços podem corresponder a um determinado livro ou história, ou podem ser genéricos (poços, árvores, tesouros, reis e rainhas, etc.) para sugerir histórias imaginativas.

Personagens do teatrinho: fotocópias de personagens de livros que são recortadas, coloridas e revestidas com papel contact transparente. Você pode colar essas figuras em blocos para dar às crianças uma representação concreta e tridimensional dos personagens das histórias. Novos personagens são acrescentados periodicamente, com base nas sugestões dos alunos e nas histórias que você está lendo para a turma. Você também pode fazer personagens usando outros materiais. Cada conjunto de personagens relacionado a uma história pode ser guardado em uma caixa separada, com o nome e uma figura do livro que as crianças possam reconhecer facilmente.

Cartões e caixas de letras/palavras: caixas rotuladas com uma letra ou palavra, nas quais as crianças colocam objetos ou cartões que combinem com o rótulo; esses rótulos podem ser mudados de vez em quando. Você pode fazer seus próprios cartões com palavras e letras, ou comprá-los prontos.

Livro "O que eu sou?": um livro feito à mão, com papel resistente e barbante ou fita para amarrar. Para preparar o livro, recorte figuras de revistas ou fotos de objetos que sejam difíceis de identificar e cole-os nas páginas do lado direito. Deixe as crianças usarem as páginas da esquerda para escreverem seus palpites sobre quais seriam aqueles objetos. Elas também podem trazer figuras "misteriosas" e colá-las no livro.

"TV": uma grande caixa de papelão cortada e decorada para parecer um aparelho de televisão. A "TV" é usada em atividades especiais de reportagem e em muitas atividades do capítulo de Entendimento Social.

Caixa de correio da sala de aula: uma caixa de papelão decorada, pelo professor ou pelas crianças, para parecer uma caixa de correio. Ela pode ser usada para atividades especiais de redação de cartas ou para comunicação dentro da sala de aula.

Maquete da sala de aula: uma maquete em escala tridimensional da sala de aula. Você pode fazê-la com uma caixa de papelão e usar pedacinhos de tecido, madeira, caixinhas e materiais reciclados para fazer a mobília e a decoração. Acrescente pequenos bonecos, ou faça figurinhas que representem os alunos, colando fotos deles em pequenos blocos de madeira. Instruções para a montagem da maquete da sala de aula estão incluídas no capítulo de Artes Visuais (veja a p. 250).

Pedra falante: um brinquedo ou uma pedra usados para organizar as discussões em grupo. Você também pode usar uma bola pequena e leve, uma concha ou qualquer outro objeto. A pedra falante é passada de criança para criança a fim de designar o orador.

⮕ NARRAÇÃO DE HISTÓRIAS EM GRUPO

Objetivo:
Usar um cenário de teatrinho e adereços para apresentar às crianças a narração de histórias.

Principais componentes:
Narração de histórias, com ênfase em
  Imaginação e originalidade
  Coerência temática
  Senso de trama/enredo
  Talento dramático

Materiais:
Um grande pedaço de feltro
Adereços e figuras genéricas
Gravador (opcional)

Procedimentos:
1. Reúna as crianças no chão. Explique que elas contarão muitas histórias durante o ano, usando um cenário de teatrinho, e que começarão contando uma história todas juntas.
2. Pegue o grande pedaço de feltro e coloque-o no chão. Escolha vários adereços e figuras, indicando para as crianças que você não tem nenhuma história específica em mente e que existem muitas maneiras diferentes de se contar uma história. Você pode dizer: "Acho que eu gostaria de usar este personagem para contar a minha história, e esta será a casa dele. Vou colocá-lo aqui". Peça às crianças sugestões sobre outros personagens e adereços que poderiam entrar na história.
3. Conte uma história curta, usando vários componentes de narração (por exemplo, descrições, diálogos, vozes expressivas).
4. Diga às crianças que elas contarão a próxima história juntas, acrescentando uma nova parte à história uma de cada vez. Elas planejarão, em grupo, sobre o que será a história, que fatos poderão acontecer, qual será o cenário e onde serão colocados os itens no cenário.
5. Pergunte quem quer começar a história. Dê a todas as crianças uma oportunidade de participar da história e manipular os materiais. Lembre-as de prestar muita atenção ao que as outras crianças dizem.
6. Depois que todos tiveram sua vez (ou mais de uma), você pode acrescentar um final, ou sugerir que alguma criança o faça, para dar à história um fechamento e um senso de coerência.
7. Discuta a história. O que aconteceu com os personagens? O que poderia ter acontecido de outro jeito? Alguém gostaria de um final diferente? Qual? Saliente e reforce exemplos em que as crianças revelaram talento dramático e imaginação, usaram diálogo ou voz expressiva.

Notas ao professor:
1. Se desejar, use a pedra falante para designar quem vai continuar contando a história.
2. As crianças podem usar os materiais do cenário de teatrinho nos momentos de atividade para contarem histórias.
3. Você pode usar um gravador, enquanto o grupo está contando a história e tocar uma parte dela no final da atividade. Se houver um gravador disponível, deixe que as crianças gravem suas futuras histórias.

➲ NARRAÇÃO DE HISTÓRIAS EM CENÁRIOS DE TEATRINHO

Objetivo:

Usar os cenários de teatrinho para contar histórias baseadas em livros conhecidos, visando a desenvolver habilidades de narração de histórias.

Principais componentes:

Narração de histórias, com ênfase em
 Elaboração dos personagens
 Desenvolvimento da trama
 Capacidade de desempenho ou talento dramático
 Compreensão da história e renarração
 Uso do diálogo
 Linguagem expressiva

Materiais:

Livros
Figuras e adereços que possam ser usados para representar esses livros

Procedimentos:

1. Leia uma história curta, usando um estilo expressivo. Discuta brevemente o livro com as crianças, sem esquecer nenhum destes aspectos: ambiente, personagens principais, trama e final.
2. Conte novamente a história, usando o cenário de teatrinho e mudando um pouco a linguagem e os detalhes para encorajar as crianças a contarem histórias à sua maneira. Peça-lhes que colaborem com idéias e sugestões.
3. Se o tempo for suficiente, deixe que algumas crianças dêem versões individuais da história.

Notas ao professor:

1. Ao preparar essa atividade, escolha livros que sejam conhecidos pela maioria das crianças, como aqueles que você leu várias vezes para a classe. Isso será especialmente útil para aquelas crianças que ainda não sabem ler. Desenhe ou copie as figuras dos principais personagens, recorte-as e cole-as em blocos ou pedaços de isopor.
2. Ao longo do tempo, vá apresentando às crianças novas histórias e cenários. Deixe que elas usem esse material. Incentive-as a trabalharem juntas e a contarem histórias umas para as outras.

CRIAÇÃO DO MEU CENÁRIO DE TEATRINHO

Objetivo:
Criar cenários de teatrinho para aprender sobre os componentes da narração de histórias.

Principais componentes:
Narração de histórias, com ênfase em
    Imaginação e originalidade
    Talento dramático
    Planejamento e desenvolvimento da trama

Materiais:
Caixas de sapato (as crianças podem trazê-las de casa)
Lápis ou canetas coloridas
Argila
Vários adereços e personagens trazidos de casa

Procedimentos:
1. Diga às crianças que elas farão seus próprios cenários de teatrinho. Avise-as, com bastante antecedência, para que pensem sobre o tipo de história que gostariam de criar e os materiais necessários (caixa, adereços, personagens em miniatura). Ajude-as a fazerem uma lista desses materiais. A seguir, mande um aviso para os pais, solicitando os materiais necessários.
2. Depois que as crianças trouxerem uma caixa de sapatos e os materiais reciclados necessários, dê-lhes argila, lápis e canetas coloridas e outros materiais de arte. Com tudo isso, elas criarão personagens e adereços para os seus cenários de teatrinho. Enfatize que precisam pensar sobre a história que querem contar, antes de fazerem os personagens. Circule pela sala, enquanto as crianças trabalham, ajudando-as na elaboração das histórias e dos cenários.
3. Incentive as crianças a contarem uma história para o grupo todo ou para alguns colegas, usando seus cenários. Deixe os cenários expostos na sala de aula e sugira-lhes que continuem a usá-los para contar histórias.
4. Após algum tempo, mande os cenários para casa com uma nota aos pais, sugerindo que os usem com a criança. Explique às crianças que elas podem mostrar aos pais como usar o cenário de teatrinho.

NARRAÇÃO DE HISTÓRIAS NA MAQUETE DE SALA DE AULA

Objetivo:
Contar histórias baseadas na vida em sala de aula.

Principais componentes:
Narração de histórias, com ênfase em
Planejamento e desenvolvimento da trama
Elaboração dos personagens
Uso do diálogo
Entendimento social

Materiais:
Maquete da sala de aula (veja a Descrição dos Materiais, p. 209)
Gravador (opcional)

Procedimentos:
1. Diga às crianças que a maquete da sala de aula estará disponível para a narração de histórias. Incentive-as a explorarem e a brincarem com a maquete durante os momentos de escolha livre ou de centro de aprendizagem. Se desejar, você pode usar um gravador para elas gravarem suas histórias e depois as ouvirem sozinhas ou com os colegas.
2. Quando as crianças estiverem prontas, estimule-as a se revezarem por um período curto de alguns minutos – se necessário, utilize um cronômetro para controlar o tempo de cada uma –, usando a maquete para contar uma história para toda a classe ou um pequeno grupo. Enfatize que elas podem basear suas histórias em eventos que aconteceram na sala de aula ou em eventos imaginários. Intervenha, se o assunto for delicado ou precisar de mediação.

Variações:
1. Encoraje as crianças a criarem e a compartilharem histórias, usando materiais existentes na sala de aula. Marionetes são uma boa inspiração para a narração de histórias; veja os capítulos de Artes Visuais e Entendimento Social para algumas sugestões de criação de marionetes.
2. As crianças também podem usar carimbos para criar uma história. Elas carimbam uma série de personagens ou cenas em uma folha de papel e depois contam a história para um colega. Para torná-la uma atividade de escrita, peça às crianças que escrevam tão bem quanto puderem aquilo que está acontecendo em cada cena. Elas podem escrever da maneira que souberem e mais tarde, se desejar, você pode mostrar-lhes a grafia correta.

NARRAÇÃO DE HISTÓRIAS COM EFEITOS SONOROS

Objetivo:
Desenvolver a expressividade, criando efeitos sonoros para uma história.

Principais componentes:
Narração de histórias, com ênfase na expressividade e na originalidade

Materiais:
História ou livro curto
Instrumentos (por exemplo, sinos, *kazoos*, blocos de madeira)
Outros materiais para criar efeitos sonoros apropriados à história

Procedimentos:
1. Leia uma história ou um livro curto e peça às crianças que criem efeitos sonoros para acompanhar a ação. Elas podem selecionar um instrumento de ritmo, sino ou outro objeto da sala para ajudar a produzir os efeitos sonoros.
2. Leia a história novamente com as pausas ou momentos apropriados para as crianças acrescentarem os efeitos sonoros. Peça a cada criança que fique responsável por um efeito sonoro específico.

Nota ao professor:
Praticamente qualquer história de ação pode ser adaptada para efeitos sonoros. Por exemplo:

Um dia, há muito tempo, numa floresta perto de uma cascata (*derramar água de um jarro em uma bacia*), um rei e uma rainha (*tocar quatro notas breves numa trombeta de brinquedo ou kazoo*) viviam felizes com sua filhinha recém-nascida (*sacudir um chocalho de bebê*), que dormia a maior parte do tempo (*abrir uma caixinha de música*). Quando a princesinha cresceu, ela começou a se perguntar o que haveria do outro lado da cascata (*derramar água*). Em um dia ensolarado, ela pegou seu cavalo (*tamborilar os dedos na mesa para soar como um galope*) e cavalgou para o horizonte.

Variações:
1. Deixe as crianças praticarem diálogos, mudando as vozes para representar diferentes personagens (por exemplo, voz grave para um urso, voz aguda para um rato). Você pode ler a história, fazendo pausas para as crianças lerem ou repetirem determinadas partes.
2. Enfatize a dimensão musical dessa atividade, deixando as crianças tocarem instrumentos musicais para representar os personagens na história, como em *Pedro e o Lobo,* em que cada personagem é introduzido por um tema musical. Sempre que o personagem entrar em cena, a criança toca seu instrumento.

➲ ENTREVISTAR UM AMIGO

Objetivo:
Entrevistar um/a colega e ser entrevistado/a por ele/a.

Principais componentes:
Linguagem descritiva, com ênfase em
    Habilidade de questionamento
    Descrição precisa e coerente

Materiais:
Nenhum

Procedimentos:
1. Diga às crianças que elas entrevistarão os colegas para se conhecerem melhor. Forme duplas, ou deixe que escolham um parceiro. Faça uma demonstração, entrevistando você mesma uma das crianças.
2. Explique que entrevistar é uma maneira de descobrir o que as outras pessoas pensam, sabem ou sentem acerca de um assunto. Dê às crianças uma lista de perguntas sugeridas para fazerem aos colegas. Revise essas perguntas com o grupo e solicite perguntas adicionais. Você pode começar com as seguintes perguntas:
    - Qual é o seu nome?
    - Onde você mora?
    - Você tem irmãs ou irmãos?
    - Qual é a sua comida favorita?
    - O que você mais gosta de fazer?
3. Enquanto a primeira criança de cada par entrevista a outra, circule pela sala, ajudando as crianças nas entrevistas.
4. Faça os entrevistadores relatarem suas entrevistas para o grupo.
5. Repita o processo de entrevista, fazendo os parceiros trocarem de papel.

Notas ao professor:
1. Esta é uma boa introdução para outras atividades de reportagem, nas quais as crianças precisam fazer entrevistas. Os tópicos de entrevista podem incluir feriados, eventos atuais, projetos que as crianças realizaram em artes, ciências e outras áreas.
2. Se considerar apropriado para a sua classe, você pode fazer com que as crianças apresentem as entrevistas como um programa de televisão. Primeiro, converse sobre os programas de entrevistas que as crianças conhecem. Depois, incentive-as a se revezarem como entrevistador e convidado em seu próprio programa. Se desejarem, elas podem sentar-se atrás da "TV" e convidar os colegas para assistir.

➲ RELATAR AS NOTÍCIAS

Objetivo:
Usar a "TV" para aprender e praticar reportagem.

Principais componentes:
Linguagem descritiva, com ênfase em
 Relato de eventos exato e coerente
 Explicação de como as coisas funcionam

Materiais:
"TV"
Microfone de brinquedo

Procedimentos:
1. Introduza a TV e pense com as crianças (através de *brainstorm*) em atividades que elas podem fazer com a "TV".
2. Explique que a "TV" pode ser usada exatamente como uma televisão de verdade: para relatar notícias. Sugira que cada criança apresente um programa em que relatará suas notícias, tais como uma viagem que fez, alguma coisa divertida que lhe aconteceu ou que seu bichinho de estimação aprontou, ou um acontecimento esportivo.
3. Mostre como usar a "TV". Sente-se atrás dela, pegue o microfone de brinquedo e conte uma notícia sobre sua família: "Ontem à tarde, minha família foi ao parque. Katie deu comida aos patos. E agora, uma palavra dos nossos patrocinadores. A pasta de dentes Crest...".
4. Faça as crianças pensarem em uma ou duas coisas que gostariam de contar aos colegas. Depois, deixe que se revezem, sentando atrás da "TV" e relatando suas notícias. Se precisarem de ajuda para começar, faça perguntas: "Você gostaria de nos falar sobre o seu cachorro? Ele fez alguma coisa de especial? Como ele é?". Incentive as crianças a aplaudirem no final de cada programa de notícias.

Variações:
1. Escreva diferentes categorias de notícias em pedaços de papel (esportes, entretenimento, notícias locais, comerciais, previsão do tempo) e coloque-os dentro de uma caixa. Cada criança escolhe uma categoria para a sua reportagem do dia seguinte.
2. Torne o relato das notícias uma parte integrante de sua rotina semanal. Por exemplo, toda segunda as crianças podem usar a "TV" para falarem sobre o que aconteceu durante o fim de semana. Elas podem fazer a apresentação sozinhas ou em duplas.

⮕ COMENTAR UM FILME

Objetivo:
Desenvolver habilidades de relato, comentando um filme.

Principais componentes:
Linguagem descritiva, com ênfase em
  Relato coerente de eventos
  Percepção correta da seqüência
  Escolha de detalhes
  Habilidade como espectador crítico de TV e cinema

Materiais:
Filme curto (em vídeo), videocassete e TV
Ingressos para o cinema (opcional)

Procedimentos:
1. Diga às crianças que elas assistirão a um filme. Peça para prestarem muita atenção, porque discutirão o filme posteriormente.
2. Use o teatro de marionetes ou a "TV" como bilheteria e peça a uma criança para ser a vendedora de ingressos. As crianças podem fazer fila para comprá-los e entrar no "cinema".
3. Depois que o filme terminar, converse com as crianças sobre ele. Elas gostaram do filme, não gostaram e por quê? O que elas sentiram, vendo o filme? Elas acham que tudo aquilo realmente pode acontecer? Por que sim ou por que não?
4. Em pequenos grupos, coordene discussões sobre a seqüência, o enredo, o tema e os personagens do filme. Pergunte: "O que aconteceu primeiro no filme? O que aconteceu depois? E mais tarde? Qual foi o acontecimento mais importante no filme?".

Notas ao professor:
1. Tente escolher um filme que seja desconhecido para as crianças. Selecione um filme de aproximadamente 15 minutos de duração e com uma seqüência de eventos claramente definida.
2. Se possível, faça essa atividade regularmente, de modo que as crianças possam praticar assistir a um filme e lembrar detalhes da seqüência, do enredo, do tema e dos personagens.
3. Você pode sugerir a elas que assistam ao programa da televisão PBS *Reading Rainbow*, que inclui revisões de livros feitas por alunos do nível fundamental.

POESIA NA SALA DE AULA

Objetivo:
Introduzir as crianças à leitura e à redação de poesias.

Principais componentes:
Apreciação da poesia
Jogo de palavras
Expressividade

Materiais:
Poemas

Procedimentos:

1. Ao incluir a poesia – ler e escrever poemas – como uma parte importante das experiências de linguagem em sala de aula, incentive as crianças a brincarem com as palavras e suas nuances, proporcionado-lhes ricos instrumentos de expressão. Ler e escrever poesias são duas faces da mesma moeda: se as crianças estão cercadas de poesia, familiarizam-se com o som de suas rimas e ritmos; se elas escrevem poesias, passam a se considerar parte de uma grande tradição literária.

    Ao ler poemas para as crianças, enfatize as palavras especialmente vibrantes, coloridas ou animadas. Incentive-as a falarem sobre a escolha de palavras do poeta – palavras que rimam ou que começam com o mesmo som; palavras que pintam um quadro na mente do ouvinte. (Isso ajudará as crianças, quando escreverem suas próprias poesias.) Leia poesias com freqüência durante o ano. Tente acompanhar os interesses da turma: animais de estimação, monstros, feriados, estações do ano, esportes ou jogos. As crianças pequenas também gostam de repetições e de um humor bobo, óbvio. Este é um exemplo bastante popular:

    Feira de Animais

    Fui à feira dos animais,
    Lá havia pássaros, feras e muito mais.
    O grande babuíno, à luz do luar,
    Penteava sua cabeleira da cor do mar.
    O mais engraçado era o macaco,
    Sentado na tromba do elefante.
    O elefante espirrou e caiu para a frente.
    Sabem o que aconteceu com o macaco?

    Leia poesias várias vezes durante o ano, passando para novos temas e um humor mais sutil, quando sentir que as crianças estão prontas para isso.

2. Em seu artigo "Let's Talk a Poem", Theresa Brown e Lester Laminack sugerem que se apresente a poesia às crianças, "conversando" com elas durante o processo. Toda a turma (ou pequenos grupos) escreve um poema com a coordenação da professora, que faz perguntas para despertar a imaginação das crianças e trazer à tona imagens específicas e concretas.

3. Suponha que você queira escrever sobre uma experiência compartilhada, como um passeio da turma ao aquário. Peça às crianças que descrevam o aquário, de modo que uma pessoa que não esteve lá possa saber como ele é. Comece com os comentários das crianças. Você pode ouvir comentários como:

"Peixes legais no aquário."

Escreva isso em uma folha grande de papel ou no quadro-negro. Continue estimulando uma vívida descrição do evento. Lembre as crianças de pensarem com seus cinco sentidos. Você pode perguntar: "O que vocês viram no aquário?".

"Peixões enormes e peixinhos pequeninos."

Escreva isso e depois pergunte: "O que os peixes estavam fazendo?".

"Eles estavam nadando de um lado para o outro, comendo e descansando."

Escreva isso e pergunte: "O que vocês fizeram?".

"Eu disse: 'Oi, peixe!' "
"Eu sorri."
"Eu fiquei olhando."

O produto final, escrito no papel grande ou no quadro, seria mais ou menos assim:

Peixes legais no aquário.
Peixões enormes e peixinhos pequeninos
Nadando de um lado para o outro,
Comendo e descansando.

Eu disse: "Oi, peixe!"
Eu sorri. Eu fiquei olhando.

4. Brown e Laminack sugerem maneiras de ajudar as crianças a encontrarem novas palavras descritivas. Por exemplo, se uma criança escreve ou afirma: "O cachorro saiu", você pode perguntar: "Existe uma outra palavra que me ajude a ver como ele saiu?". Um estímulo mais específico, se necessário, é sugerir: "Ele se esgueirou, saiu empertigado, saiu precipitadamente, se arrastou?". A criança, então, pode escolher uma palavra e ainda se sentir a autora.

5. Escrever poesia deve ser uma experiência agradável. Em *Wishes, Lies, and Dreams: Teaching Poetry to Children*, o poeta Kenneth Koch diz que um elemento essencial é encontrar o assunto certo, que seja familiar para as crianças, mas suficientemente excitante para provocar novas idéias. Não imponha regras que possam limitar a imaginação delas, como ter de fazer rimas ou usar uma métrica específica. Em vez disso, presenteie-as com uma idéia que estimule sua criatividade e dê uma força unificadora ao poema. Por exemplo, ele sugere um poema sobre o desejo; cada criança pode criar uma linha começando com "Eu desejo". Ou, então, elas podem criar uma linha sobre uma cor (a mesma cor ou cores diferentes); sobre um sonho que tiveram, sobre crescer (Antes eu _____, mas agora eu _____). Outros assuntos, como pedir que descrevam um barulho ou façam uma comparação original, pode estimular os jovens escritores a se arriscarem e usarem uma linguagem original, não-convencional.

6. Incentive e ajude as crianças a escreverem poemas, descrevendo eventos ou experiências pessoais. Dê-lhes a oportunidade de ler poesias em voz alta e compartilhá-las com os colegas. A atividade de metáforas "Estar Feliz É..." (a seguir) oferece uma boa transição entre escrever um poema em grupo e sozinho.

Linguagem Poética/Jogos de Palavras — Grande Grupo Dirigido pelo Professor

"ESTAR FELIZ É..."

Objetivo:
Explorar a poesia através de metáforas.

Principais componentes:
Imaginação e originalidade
Jogo de palavras
Habilidade no uso de metáforas

Materiais:
Poemas
Quadro-negro e giz ou papel pardo e caneta

Procedimentos:
1. Comece com uma atividade de movimento. Peça aos alunos que encenem como é estar feliz e que mostrem sua felicidade com o corpo todo.
2. Reaja aos movimentos das crianças. Por exemplo: "Estou vendo muitas pessoas felizes agora. Olga, você parece estar voando. Juan, você parece um cãozinho abanando o rabo". Incentive-as a descreverem o que representaram. Por exemplo: "Eu fui uma mamãe embalando seu bebê". "Eu fui um palhaço fazendo as pessoas rirem".
3. Pergunte às crianças: "É mais fácil representar que vocês estão felizes sendo outra pessoa que não vocês mesmos? Por quê?". Ajude-as a examinarem se fingir ser outra pessoa é semelhante a usar uma comparação, e se as comparações podem ajudá-las a expressar seus sentimentos.
4. Leia a "Canção do Balanço". Discuta o que o poema tem a dizer sobre sentir-se feliz.
5. Se desejar, leia outros poemas sobre estar feliz. Pergunte às crianças: "O que os deixa felizes? Como é sentir-se feliz?". Escreva suas idéias no quadro ou na folha grande de papel e transforme-as em um poema, começando com "Estar feliz é...". Leia o poema em voz alta com as crianças.

Variações:
Desenvolva a idéia da metáfora para identificar coisas, usando algo diferente das emoções, como as cores. Comece lendo um poema que explore o assunto e depois faça um *brainstorming* com as crianças. Crie folhas de metáforas (por exemplo, escreva no topo da página: *O que é branco?* ou *Vermelho é* _____) e deixe que as crianças usem as páginas individualmente, em duplas e em grupos.

Essa atividade foi adaptada de G.D. Sloan (1984). *The child as critic: Teaching literature in elementary and middle school* (2.ed.). New York: Teachers College Press.

Canção do Balanço

Puxa, eu descobri
Uma coisa feliz!
Pra cada brincadeira
Existe uma canção.
Às vezes com palavras,
Outras sem.
É fácil saber
Sobre o que é a canção.
É só ouvir um sussurro
Como o vento que vem.
Nem precisa muita melodia
Se ela combina
Com o que você faz,
Se o que você faz
É a pura verdade
Ou se é assim
Que você sente.

Eu descobri
Essa coisa maravilhosa
Quando me balançava
E a canção que eu cantava
Era a canção verdadeira
De tudo o que voa,
De todas as coisas do céu.
Pois gaivotas e gaviões,
Abelhas e aviões,
Flechas e asas-delta,
Tapetes mágicos,
Nuvens e balões,
Aviões e abelhas –
Todos sussurram
E a brisa sopra
Cantando sem palavras
A minha música.

— Harry Behn

Linguagem Poética/Jogos de Palavras Grande Grupo Dirigido pelo Professor

⊃ NOSSA CANÇÃO

Objetivo:
Criar novas letras para canções.

Principais componentes:
Linguagem poética, com ênfase em
Brincadeira com palavras, sons, significados
Uso de palavras de maneira engraçada

Materiais:
Livro de músicas, se necessário
Quadro-negro e giz ou papel pardo e caneta

Procedimentos:
1. Diga às crianças que elas inventarão uma outra letra para uma de suas músicas favoritas. Escolha uma música com bastante repetição, como "She'll Be Comin' Round the Mountain" ou "The Wheels on the Bus". Cante a música com as crianças.
2. Peça-lhes que cantem novamente a música e pensem (em silêncio) que versos ou linhas elas poderiam acrescentar. Escreva as primeiras linhas da música no quadro-negro ou em uma grande folha de papel, deixando um espaço em branco onde você quer que as crianças coloquem novas palavras. Por exemplo, você pode pedir que substituam as palavras sublinhadas abaixo:

   She'll be comin' round the mountain <u>when she comes,</u>
   She'll be comin' round the mountain <u>when she comes,</u>
   She'll be comin' round the mountain, she'll be comin' round the mountain,
   She'll be comin' round the mountain <u>when she comes.</u>*

3. Oriente as crianças na busca de novas idéias. Escreva suas sugestões e cante junto a nova versão.

Variações:
Se as crianças estiverem prontas para um desafio, você pode pedir que escrevam uma nova letra para a cantiga de ninar "Psiu, Nenezinho", que requer que pensem em rimas. (Por exemplo, "Psiu, nenezinho, não chora. Mamãe vai te comprar um sorvete de amora. E se esse sorvete de amora derreter, mamãe vai te comprar uma bala pra comer".) A letra tradicional é apresentada abaixo.

Psiu, Nenezinho

Psiu, nenezinho, fica quietinho,
Mamãe vai te comprar um passarinho.
E se esse passarinho não cantar,
Mamãe vai te comprar um colar.

E se esse colar estragar,
Mamãe vai te comprar uma corda de pular,
E se essa corda de pular rebentar,
Mamãe vai te comprar um carrinho de puxar.

---

*N. de T. "O Meu Chapéu Tem Três Pontas" talvez fosse uma boa canção para esta atividade: O meu chapéu tem três pontas; Tem três pontas o meu chapéu; Se não tivesse três pontas; Não seria o meu chapéu.

E se esse carrinho de puxar não andar,
Mamãe vai te comprar um carrinho de pedalar.
E se esse carrinho de pedalar virar,
Mamãe vai te comprar um cãozinho chamado Luar.

E se esse cãozinho chamado Luar não latir,
Mamãe vai te comprar uma estrela de verdade.
E se essa estrela de verdade cair,
Ainda serás o mais lindo nenezinho da cidade.*

* N. de T. A letra da música foi adaptada para rimar e deixar claro o objetivo da atividade.

⮕ ENCENAÇÃO DE POEMAS, HISTÓRIAS E MÚSICAS*

Objetivo:
Criar ações para poemas, histórias e músicas.

Principais componentes:
Expressividade
Associação da atuação física com o som das palavras
Diversão com a poesia

Materiais:
Poemas
Figurinos e adereços de teatro (opcional)

Procedimentos:
1. Diga às crianças que elas encenarão um poema. Leia o poema bem devagar, de modo que elas possam entender todas as palavras. Leia-o novamente, encorajando as crianças a recitá-lo junto. (Para essa atividade, escolha poemas engraçados, conhecidos e que tenham frases repetitivas, como "Simple Simon" ou "Jack and Jill", ou poemas de Shel Silverstein, Ogden Nash ou Edward Lear.)
2. Peça às crianças que formem um semicírculo de modo que todas possam enxergá-la. Recite o poema, fazendo gestos que ilustrem as palavras. Estimule as crianças a fazerem o mesmo. Repita até que elas crianças entendam bem.
3. Escolha outro poema e convide as crianças a fazerem os movimentos apropriados.

Variações:
1. Escolha um poema, uma história curta ou uma música favorita. Explique às crianças que elas novamente criarão movimentos para acompanhar as palavras. Porém, desta vez, encenarão papéis ou personagens diferentes. Leia o poema ou a história em voz alta até as crianças ficarem bem familiarizadas com ele/a. Pense (através de *brainstorm*) com elas em idéias de movimento; experimente diferentes sugestões e veja o que funciona melhor. (Alguns poemas e histórias, com ações ilustrativas, estão incluídos nas páginas seguintes à guisa de orientação.) Incentive as crianças a encenarem diferentes papéis individualmente, em duplas ou em pequenos grupos. Depois que elas selecionarem papéis e gestos, ensaie algumas vezes.
2. As crianças podem preparar uma apresentação para as famílias ou para as outras turmas da escola. A preparação da peça pode levar dias e abranger diferentes áreas. As crianças podem preparar figurinos e adereços como um projeto de artes, ensaiar a música como uma atividade musical. Como uma atividade adicional de linguagem, elas podem escrever histórias para serem encenadas. As crianças ficarão altamente motivadas a escrever histórias, se souberem que seu trabalho será encenado e compartilhado com os outros (veja o livro *Wally's Stories*, de Vivian Paley).

Sugestões de dramatização

Reimpresso de R. Pangrazi e V. Dauer (1981). *Movement in early childhood and primary education.* ©1981 de Allyn e Bacon. Reimpresso/adaptado com permissão.

---

* N de R. T. Há bons livros de poemas para as crianças publicados em português. O professor pode ver Paes, José Paulo. *Poemas para brincar.* 8 ed. São Paulo: Ática, 1995.

João, o Matador do Gigante

Era uma vez, um gigante chamado Caramaran, que vivia no alto de uma montanha. Ele era um gigante muito malvado, e os reis daquele país ofereceram uma grande recompensa a quem conseguisse matá-lo. João, um camponês, decidiu tentar a sorte.

Palavras	*Ações Sugeridas*
Certa manhã, João pegou uma pá e uma picareta e partiu para a montanha. Ele andou muito ligeiro, pois queria subir a montanha antes do anoitecer.	Pegar uma pá e uma picareta e andar bem rápido em círculo.
João finalmente chegou ao pé da montanha e começou a subir.	Caminhar em círculos, erguendo bem os joelhos.
Ele chegou a um local onde teve de usar as mãos para conseguir subir.	Fazer movimentos de subir, usando as mãos e os braços.
João chegou ao topo da montanha ao anoitecer. Quando teve certeza de que o gigante estava na cama, dormindo, pegou sua picareta e começou a cavar um buraco diante da entrada da caverna.	Cavar vigorosamente, torcendo o tronco, com os pés bem afastados.
Depois de afrouxar a terra com a picareta, João pegou a pá e cavou um buraco bem fundo.	Atirar vigorosamente a terra com a pá, primeiro para a direita e depois para a esquerda, atirando terra em várias direções.
Então, João cobriu o buraco com pedaços compridos de gravetos e folhas que catou pelo chão.	Inclinar-se e catar gravetos, virando alternadamente para a direita e a esquerda.
Depois que terminou, João esperou até amanhecer, quando gritou alto e acordou o gigante, que saiu furioso da caverna. Como ele era muito alto, seus passos eram enormes.	Com os braços erguidos acima da cabeça, bem esticados, caminhar em círculo na ponta dos pés.
O gigante estava tão furioso, que nem olhou para onde estava indo e caminhou direto para o buraco feito por João. Ele caiu lá dentro e morreu.	Abaixar-se rapidamente, como se estivesse caindo.
Depois, João encheu o buraco com a terra que retirara.	Fazer movimentos para a frente e para baixo, enchendo o buraco de terra, repetidas vezes.
João entrou na caverna, pegou o tesouro do gigante e correu para casa para contar à mãe o que acontecera.	Correr em círculo na direção oposta, carregando o tesouro.
Quando chegou em casa, ele estava tão feliz e exausto, que mal conseguia respirar. Depois disso, João passou a ser chamado de Matador do Gigante.	Respirar fundo várias vezes.

Pequenino Canguru

Palavras	*Ações Sugeridas*
Pequenino canguru,	Pôr as mãos na frente do corpo, para representar as patas de um canguru.
Como consegues pular assim?	Olhar em torno da esquerda para a direita, sem se mexer.
Ainda que eu tentasse vezes sem fim,	Ficar pulando como um canguru.
Nunca conseguiria pular como tu.	Continuar pulando como um canguru.

➲ CAIXAS DE LETRAS

Objetivo:
Aprender fonética, combinando letras e palavras com objetos e figuras.

Principais componentes:
Habilidades fonéticas
Comparação dos sons das letras

Materiais:
Caixas com letras ou palavras (veja a Descrição dos Materiais, p. 208)
Objetos e figuras variadas

Procedimentos:
1. Apresente às crianças as caixas de letras ou palavras. Explique que cada caixa terá uma letra colada nela. As crianças podem colocar nas caixas cartões, pequenos objetos e figuras que comecem com aquela letra. Por exemplo: "Hoje é o dia da caixa G (mostre a caixa com um grande G na frente). Quero que vocês ponham nesta caixa coisas – palavras e figuras recortadas de revistas, pequenos objetos, um cartão – que comecem com a letra G".
2. Exemplifique a atividade para as crianças, recortando de uma revista uma palavra que comece com G e colocando-a na caixa, juntamente com um pequeno objeto cujo nome comece com G. Peça-lhes sugestões para verificar se elas entenderam a atividade.
3. Diga-lhes que a caixa de letras estará disponível todo o dia ou toda a semana. Solicite-lhes que mostrem a você os objetos antes de colocá-los na caixa, pois pode haver materiais da classe ou brinquedos que alguém talvez queira usar.
4. Verifique os conteúdos da caixa no final do dia ou da semana. Pergunte ao grupo: "O que é isto? Começa com G?". Se algum objeto ou palavra foi colocado incorretamente na caixa, discuta como o erro pode ter sido cometido. Por exemplo: "Isto não começa com G, mas é um lago, e a palavra lago tem um G".

Notas ao professor:
1. Coloque à disposição das crianças vários objetos, figuras e cartões para serem depositados nas caixas.
2. As crianças podem usar duas ou mais caixas ao mesmo tempo.

⊃ LER UM PARA O OUTRO

Objetivo:
Ler com um parceiro.

Principais componentes:
Diversão ouvindo ou lendo uma história
Leitura com expressividade, em um estilo compelidor
Cooperação

Materiais:
Livros

Procedimentos:
1. As crianças formam pares, e cada uma escolhe o livro que gostaria de ler para o parceiro.
2. As duplas espalham-se pela sala, e cada criança lê para o colega o livro que escolheu.
3. O grupo todo se reúne novamente. Para ajudar as crianças a desenvolverem as habilidades de escutar e falar, peça que descrevam os livros que foram lidos para elas.

Variações:
1. Ajude as crianças a verem que a leitura pode ser uma atividade social, além de individual, em que as pessoas compartilham idéias e experiências. Encoraje-as a lerem uma história para toda a classe. Elas podem trazer de casa seus livros favoritos, ou escolher entre os da sala de aula. As crianças que ainda não sabem ler podem ser incentivadas a contar uma história favorita, em vez de lê-la, usando as figuras como orientação.
2. Leia um poema ou uma música junto com a classe: distribua cópias da música ou do poema, ou escreva-o no quadro-negro. Comece a ler, com uma voz expressiva, e depois peça às crianças que leiam junto. Você pode ir mostrando as palavras conforme lê. A seguir, peça-lhes que se revezem, lendo uma linha cada uma. Conclua a atividade, recitando o poema ou cantando a música em uníssono com a classe.

⊃ INTRODUÇÃO AOS DIÁRIOS

Objetivo:

Usar um diário para praticar a atividade de pôr pensamentos em palavras.

Principais componentes:

Escrita, com ênfase em
Imaginação e originalidade
Expressividade
Descrição exata e coerente
Explicação de como as coisas funcionam
Jogo de palavras, como rimas e metáforas

Materiais:

Um diário para cada criança
Instrumentos para escrever e desenhar
Decorações (opcional)

Procedimentos:

1. Descreva para as crianças o que é um diário. Explique que você dará a elas um livro especial, no qual poderão escrever e desenhar o que quiserem. Diga-lhes que os adultos, muitas vezes, usam um diário para refletir, ou pensar, sobre o que acontece em sua vida. As crianças podem usá-los da mesma maneira – para escrever pensamentos, poemas, histórias, fatos que não querem esquecer, qualquer coisa que lhes passe pela cabeça. Também podem usá-los para desenhar livremente, ou ilustrar as histórias que escreveram. Converse com elas sobre o que gostariam de escrever ou desenhar em seus diários. Liste essas idéias em uma grande folha de papel ou no quadro-negro.
2. Distribua os diários, lápis e canetas coloridas, figurinhas auto-adesivas e quaisquer outros materiais de arte que considere adequados. Sugira às crianças que decorem seus diários com figuras ou desenhos, para torná-los especiais e também para diferenciar facilmente o seu dos das outras crianças.
3. Ajude-as a começarem a usar os diários. Você pode sugerir um exercício específico, só para ajudá-las na primeira entrada. Por exemplo, tente este aquecimento: peça às crianças que abram seus diários e façam rabiscos ou garatujas na primeira página. A seguir, peça que examinem cuidadosamente seus rabiscos e escrevam o nome daquilo que vêem. Elas estão vendo uma forma? Um objeto conhecido, como uma árvore, um rosto ou um animal? Circule pela sala, ajudando-as a começarem seus diários.
4. Diga-lhes que os diários poderão ser usados sempre que elas quiserem. Ocasionalmente, faça as crianças revisarem os diários e discuta com elas, individualmente ou em grupo, as entradas anteriores.

Nota ao professor:

Incentive as crianças a usarem os diários para refletir individualmente – para expressar sentimentos, verbalizar idéias quando não há ninguém para ouvir, ou registrar acontecimentos que não querem esquecer. Elas podem escrever em seus diários durante os momentos livres, quando estiverem esperando para mudar de atividade, ou quando tiverem terminado algum projeto mais cedo. Você também pode reservar alguns minutos por dia para elas escreverem nos diários. Ou, então, pode usá-los de forma mais estruturada, dando às crianças tópicos específicos sobre os quais elas devem escrever. Em *The Creative Journal for Children: A Guide for Parents, Teachers and Counselors*, Lucia Capacchione sugere, entre outras coisas: desenhe e escreva sobre seus sonhos; descreva um de seus heróis; finja que um desejo seu foi realizado; desenhe um auto-retrato e complete a frase: "Eu sou _____".

LIVRO "O QUE EU SOU?"

Objetivo:
Usar um livro "O Que Eu Sou?" para praticar a auto-expressão e a escrita.

Principais componentes:
Escrita/narrativa inventada/linguagem descritiva, com ênfase em
Imaginação e originalidade
Rotulagem e descrição com exatidão
Interesse em explicar como as coisas funcionam

Materiais:
Revistas
Livro "O Que Eu Sou?"
Tesouras
Cola ou fita adesiva

Procedimentos:
1. Para preparar essa atividade, escolha duas fotos ou ilustrações de revistas que você gostaria de usar como modelo para o livro "O Que Eu Sou?". As fotos podem ser de qualquer coisa que você não consegue identificar, ou acha que as crianças teriam dificuldade para identificar e descrever (por exemplo, animais, alimentos ou máquinas desconhecidos).
2. Mostre às crianças o livro "O Que Eu Sou?". Exemplifique como elas podem fazer suas entradas. Olhe as revistas, explicando que você está procurando figuras ou fotos de coisas das quais não sabe o nome ou para o que são usadas.
3. Recorte e cole uma figura no livro "O Que Eu Sou?". Levante o livro para que as crianças possam ver a figura e pergunte: "O Que Eu Sou?" (Ou: O que vocês acham que isso é? Para o que isso poderia ser usado?) Escreva as sugestões e os comentários das crianças na página oposta.
4. Repita a busca de uma figura, recorte-a, cole-a e identifique-a. Faça alguma sugestão imaginativa sobre o que aquilo poderia ser, como "Esta é uma pizza de Marte!". Depois, deixe as crianças olharem as revistas e recortarem seus próprios itens misteriosos.
5. Passe o livro "O Que Eu Sou?" pela sala e ajude as crianças a colarem nele suas figuras, deixando espaço para os comentários. Diga que elas também podem escrever palpites sobre os itens misteriosos, seus e dos colegas. Circule pela sala, mantendo a conversa. Deixe o livro disponível para as crianças usarem durante o ano.

➲ A CAIXA DE CORREIO DA SALA DE AULA

Objetivo:
Desenvolver habilidades de comunicação, escrevendo e enviando cartas para os colegas.

Principais componentes:
Escrita, com ênfase em
  Redação imaginativa ou original
  Uso de jogos de palavras ou poesia

Materiais:

Caixa de correio da sala de aula
Objetos decorativos (carimbos, figurinhas auto-adesivas)
Materiais para escrever (papel, canetas, lápis)
Tesouras
Cola ou fita adesiva

Procedimentos:
1. Diga às crianças que elas farão uma caixa de correio para a sala de aula, a fim de poderem mandar cartas aos colegas e a você. Elas podem decorá-la de modo que pareça uma caixa de correio verdadeira.
2. Separe as crianças em duplas e faça com que escrevam uma "carta" uma para a outra (para escolher o parceiro, elas também podem tirar de uma caixa o nome de um colega). Enfatize que a carta pode ser feita de desenhos, palavras, figuras de revistas ou carimbos. Participe da atividade, escrevendo uma carta para alguma criança que ficou sem par ou para a classe toda.
3. Circule pela sala e ajude as crianças a dobrarem suas cartas, escreverem o nome do destinatário do lado de fora e "enviarem" as cartas pela caixa de correio da sala de aula.
4. Escolha alguns carteiros e ajude-os a entregarem as cartas. As crianças costumam ler sua correspondência com grande prazer, especialmente se ainda não a viram.
5. Deixe a caixa de correio na sala para que as crianças possam enviar cartas umas para as outras sempre que quiserem.

Variações:
1. Escreva uma carta junto com o grupo. Cada criança escreve ou desenha sua própria versão da carta e envia-a para um colega. Possíveis assuntos incluem anúncios da classe, cumprimentos pelo aniversário e votos de felicidade em feriados, como Natal, Páscoa, etc. (cuide para apresentar feriados de diferentes culturas).
2. Quando as crianças ficarem mais à vontade com a redação de cartas, encoraje-as a trabalharem em temas específicos e individuais (como cartões de parabéns pelo aniversário, pronta recuperação por uma doença ou cirurgia e votos de felicidade em datas especiais). Elas podem escrever aos colegas e enviar as cartas pela caixa de correio da sala de aula, ou levar as cartas para casa, para os membros da família. Você pode deixar as crianças escreverem à sua maneira e depois pedir a um adulto que as ajude a revisarem a grafia em seus trabalhos.
3. Em diferentes momentos do ano, sugira que as crianças escrevam uma carta, em grupo ou individualmente, para alguém que não faz parte da sala de aula. Elas podem escrever para:
   - uma criança de outro país;
   - um amigo que está doente;
   - para agradecer a algum visitante que foi à sala de aula;
   - para convidar alguém a vir à sala de aula;
   - a atuais heróis ou personagens preferidos da televisão;
   - ao presidente sobre alguma questão importante.

Leitura/Escrita — Pequeno/Grande Grupo Dirigido pelo Professor

⮕ "UMA CASA É UMA CASA PARA..."

Objetivo:
Praticar a escrita descritiva e imaginativa.

Principais componentes:
Escrita/narrativa inventada, com ênfase em
  Imaginação e originalidade
  Descrição elaborada
  Invenção de palavras

Materiais:
Folhas de "Uma _____ é uma casa para _____"
Materiais para escrever e desenhar

Procedimentos:
1. Se possível, leia o livro *A House Is a House for Me*, de Mary Ann Hoberman. Discuta diferentes tipos de casas para diferentes tipos de criaturas. Dê a cada criança uma folha de papel para desenhar, com as palavras "Uma _____ é uma casa para _____" escritas embaixo.
2. Explique-lhes que elas devem usar sua imaginação para preencherem os espaços em branco. Dê exemplos: "Digamos que eu preencha o primeiro espaço em branco com a palavra *casa*. Uma casa é uma casa para..." Espere as respostas das crianças. "Está certo. Uma casa é uma casa para pessoas. Neste espaço, eu desenharia uma casa e talvez uma pessoa ou uma família na janela ou perto da casa." Encoraje as crianças a sugerirem outros exemplos e maneiras de completar o desenho.
3. Finalmente, sugira uma criatura absurda. "O que eu acho divertido nessa atividade é que posso criar um animal e sua casa. Digamos que eu preencha esse espaço com a palavra *lizano*. Uma _____ é uma casa para lizanos. Vocês sabem o que é um lizano? É o animal que inventei. E direi que o meu lizano vive em uma ... teca! Então, neste espaço vou desenhar um lizano, que é um inseto bem grande, em sua teca, sua casa feita de pedacinhos de grama e folhas."
4. Incentive as crianças a preencherem suas folhas, usando pessoas ou animais reais ou inventados. Circule pela sala para ajudá-las a começarem. Depois, você pode recolher os desenhos, juntá-los em um livro e deixar que cada criança tenha a oportunidade de levá-lo para casa.

Variações:
1. Amplie a atividade, substituindo *casa* por outras coisas. Por exemplo:
   Uma _____ é uma comida para _____.
   Uma _____ é uma roupa para _____.
2. Crie folhas imaginativas com muitas frases diferentes para as crianças completarem. Você pode centrar as frases em torno de um tema do agrado das crianças: comidas prediletas, viagens, membros da família, passatempos ou animais de estimação.

Atividade de Linguagem | para Fazer em Casa

➲ FAÇA SEU PRÓPRIO LIVRO

Objetivo:
Fazer um livro ilustrado com desenhos e legendas originais.

Materiais:
Cinco ou mais folhas de papel em branco
Cola ou grampeador
Lápis ou canetas coloridas
Caneta ou lápis

Nota aos pais:
Ver o próprio trabalho impresso é emocionante! Essa atividade dá ao seu filho/sua filha a chance de publicar uma história, e de ver que ele/a pode ser um/a autor/a, assim como muitos adultos são. E dá a vocês a chance de ver como seu filho/sua filha organiza e conta uma história. Depois de pronto, esse livro pode tornar-se parte de uma biblioteca de livros feitos em casa que a criança pode compartilhar com os amigos e os irmãos. O livro também pode ir para a escola.

Procedimentos:
1. Dê à criança pelo menos cinco folhas de papel e ajude-a a colá-las ou grampeá-las, de modo que formem um livro.
2. Pergunte à criança qual poderia ser o assunto da história. Lembre histórias ou eventos favoritos, se ela não tiver nenhuma idéia. A seguir, peça que conte a história, fazendo desenhos nas páginas do livro com os lápis ou as canetas coloridas.
3. Quando a criança terminar, pergunte sobre o que trata cada desenho. Enquanto ela fala, escreva as frases, uma ou duas por página, embaixo de cada desenho. Use apenas as palavras da criança, se possível.
4. Quando todas as figuras tiverem legendas, leia a história para a criança, permitindo que ela corrija ou mude alguma coisa, se quiser.
5. Pergunte qual é o título da história e faça uma capa. Você pode ajudá-la a ter idéias, perguntando: "Qual seria um bom título para a história? Que desenho você pode fazer na capa, para que as pessoas fiquem com vontade de ler este livro?".

Compartilhar:
Faça a criança "ler" o livro para membros da família ou amigos e deixe que o leve para a escola, se quiser. Não é necessário que as palavras que a criança ler em voz alta sejam exatamente as mesmas escritas na página. A idéia de organizar uma história é a parte importante dessa atividade.

Atividade de Linguagem 2 para Fazer em Casa

⊃ RIMAS COLORIDAS

Objetivo:
Usar palavras que designam cores para aprender a rimar.

Materiais:
Papel
Lápis
Lápis ou canetas coloridas

Nota aos pais:
As crianças gostam de brincar com palavras e, às vezes, inventam-nas. Essa atividade incentiva as crianças a escutarem atentamente o som das palavras, um passo importante para apreciar e criar poemas. Ela emprega palavras conhecidas – os nomes das cores – que seu filho/sua filha talvez já saiba ler. As rimas coloridas permitem que a criança use o humor e aprenda novas palavras ao mesmo tempo.

Procedimentos:
1. Peça ao seu filho/sua filha que diga o nome de cinco cores. Escreva os nomes em uma página, usando a cor apropriada, se desejar. (Cores como roxo e azul talvez sejam difíceis de rimar; tente começar com cores mais fáceis, como vermelho, laranja e verde.)
2. Escolha uma cor que seja fácil de rimar e peça à criança: "Diga quantas palavras você puder que rimem com a cor _____". Escreva as palavras que ela falar. Se não disser nada, escolha outra cor (como laranja) e encontre rimas (franja, canja, manja). A criança também pode inventar palavras. Pergunte o que elas querem dizer.
3. Agora leia as listas novamente e pergunte: "Vamos juntar algumas dessas palavras? Que tal 'a moça da franja'? Você consegue fazer uma frase com isso?". Escreva as frases da criança, para que vocês possam lê-las mais tarde. Repita o exercício com a próxima cor.
4. Se você quiser um desafio maior, tente ver quantas palavras que rimam vocês conseguem pôr em uma única frase. Por exemplo: "A moça da franja laranja estava comendo uma canja". Ou, então, vocês podem juntar as rimas em um poema como este:

   A moça da franja laranja
   Estava comendo uma canja.
   Seu nome era Vanja
   E ela não era nenhuma anja.

Compartilhar:
Cores e rimas combinam bem com o trabalho escolar de seu filho/sua filha. Pergunte a ele/a se gostaria de levar algumas rimas coloridas para a escola.

■ RECURSOS E REFERÊNCIAS

As atividades descritas são apenas uma introdução à área. Para ajudá-los a explorar melhor o ensino da linguagem, apresentamos uma breve lista de recursos que se mostraram valiosos para nós e nossos colegas. Ela pretende ser uma inspiração, mais que uma revisão da literatura. As fontes usadas na preparação deste livro estão assinaladas com um asterisco.

* Brown, T. M.; Laminack, L. L. (1989). *Let's talk a poem.* Young Children, 9,49-52.
* Capacchione, L. (1989). *The creative journal for children: A guide for parents, teachers, and counselors.* Boston: Shambhala.
Cazden, C. (Ed.). (1981). *Language in early childhood education.* Washington, DC: National Association for the Education of Young Children.
Cole, J.(Ed.). (1994). *A new treasury of children's poetry.* New York: Doubleday.
* DeVries, R.; Kohlberg, L. (1987). *Constructivist early education: Overview and comparison with other programs.* Washington, DC: National Association for the Education of Young Children.
Fox, M. (1984). *Teaching drama to young children.* Portsmouth, NH: Heineman.
Graves, D. (1992). *Explore poetry.* Portsmouth, NH: Heineman.
Harper, B. (Ed.).(1993). *Bringing children to literacy: Classrooms that work.* Norwood, MA: Christopher-Gordon.
Heard, G. (1989). *For the good of the earth and sun.* Portsmouth, NH: Heineman.
Heinig, R. (1992). *Improvisation with favorite tales: Integrating drama into the reading and writing classroom.* Portsmouth, NH: Heineman.
* Hohmann, M., Banet, B.; Weikert, D. (1979). *Young children in action.* Ypsilanti, MI: High/Scope Press.
Holdaway, D. (1979). *The foundations of literacy.* New York: Ashton Scholastic.
* Hopkins, L. (1987). *Pass the poetry please!* New York: Harper and Row.
Koch, K. (1970) *Wishes, lies, and dreams.* New York: Chelsea House.
Maehr, J. (1991). *High/Scope K-3 curriculum series: Language and literacy.* Ypsilanti, MI: High/Scope Press.
Mallan, K. (1992) .Children as storytellers. Portsmouth, NH: Heineman.
McClure, A., with Harrison, P.; Reed, S. (1990). *Sunrises and songs: Reading and writing in an elementary classroom.* Portsmouth, NH: Heineman.
* Paley, V. G. (1981). Wally's stories. Cambridge, MA: Harvard University Press.
* Pangrazi, R.; Dauer, V. (1981). *Movement in early childhood and primary education.* Minneapolis, MN: Burgess.
Raines, S. C.; Canady, R. J. (1989) *Story s-t-r-e-t-c-h-e-r-s: Activities to expand children's favorite books.* Mount Rainier, MD: Gryphon House.
Schickedanz, J. (1986). *More than the ABCs: The early stages of reading and writing.* Washington, DC: National Association for the Education of Young Children.
* Sloan, G. D. (1984). *The child as critic: Teaching literature in elementary and middle school* (2nd ed.). New York: Teachers College Press.
Strickland, D.; Morrow, L. (1989). *Emerging literacy: Young children learn to read and write.* Newark, DE: International Readin Association.

ATIVIDADES DE ARTES VISUAIS

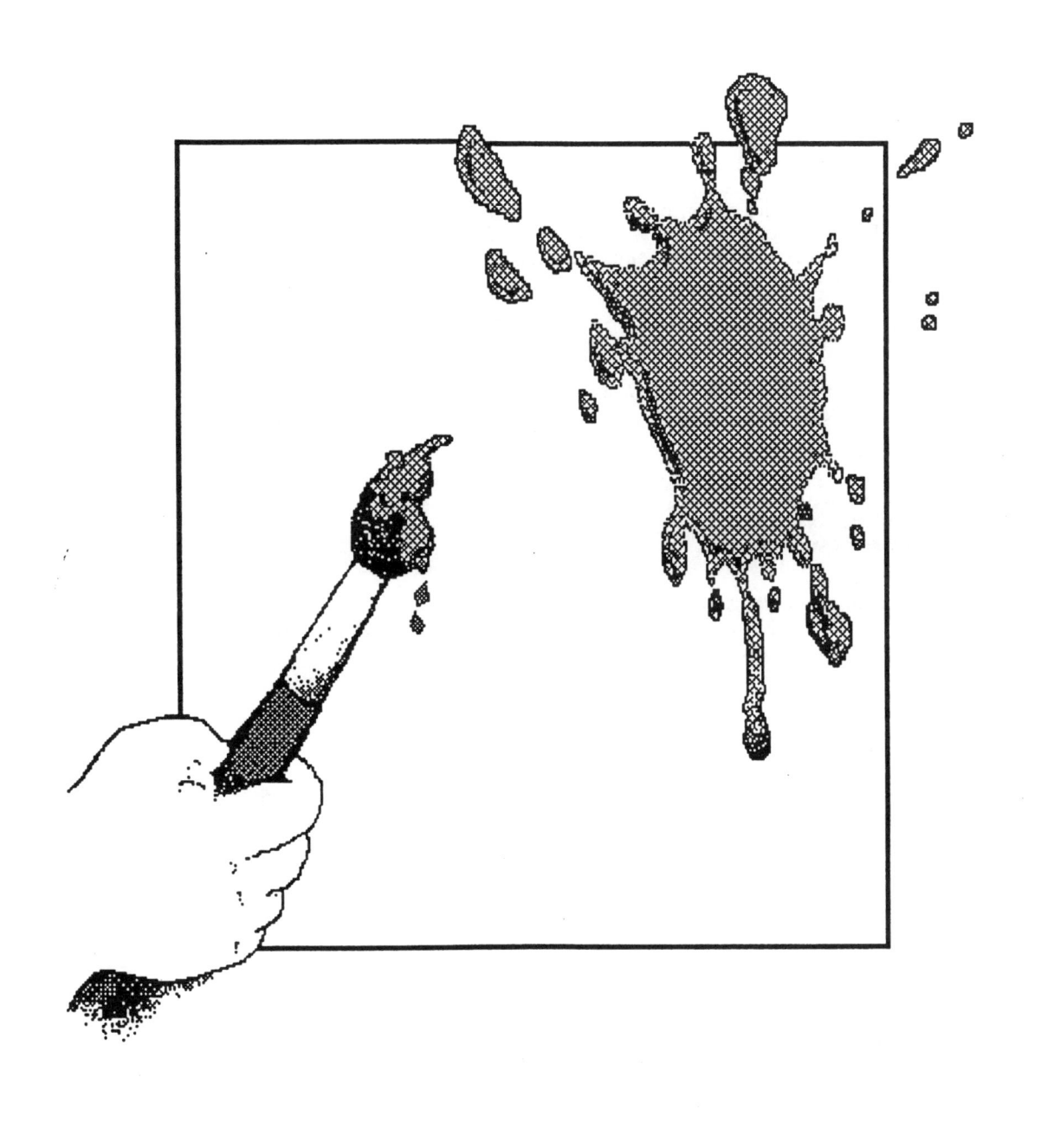

SUMÁRIO

- **INTRODUÇÃO**

    Um resumo das atividades de artes visuais 237
    Descrição das habilidades-chave 238

- **ATIVIDADES DE ARTES VISUAIS**

    Percepção artística
        Busca da forma 240
        Trabalho com texturas 241
        Aprendizagem sensorial 242
        Exposição de fotos em preto-e-branco 243
        Observação da natureza bem de perto 244
        Classificação de postais de reproduções artísticas 245
        Exploração de estilos e técnicas 246

    Produção artística/representação
        Desenhar com e sem um modelo 247
        Olhar e desenhar 248
        Desenhar de diferentes pontos de vista 249
        Fazer uma maquete da sala de aula 250

    Produção artística/talento artístico
        Construção de um portfólio de arte 252
        Mistura de cores em diferentes meios 253
        Colagem com papel de seda 255
        Vamos fazer cartões de felicitação? 256

    Produção artística/exploração
        Montagem de uma cena da natureza 257
        Marionetes 258
        Pintura com canudinho 259
        Pintura com barbante 260

- **ATIVIDADES PARA FAZER EM CASA**

    1 As formas que nos rodeiam 261
    2 As texturas que nos rodeiam 262
    3 Arte com texturas 263

- **RECURSOS E REFERÊNCIAS**

■ UM RESUMO DAS ATIVIDADES DE ARTES VISUAIS

O artista vê o mundo com olhos treinados, sensíveis às nuances de linha, cor, textura, composição. Este capítulo visa a ajudar as crianças a desenvolverem sua capacidade artística de observação e criação. As atividades incluídas na primeira seção, Percepção Artística, podem ajudar as crianças a se tornarem observadoras mais sensíveis do mundo visual e do trabalho dos artistas.

A segunda seção, Produção Artística, oferece várias atividades para ajudar as crianças a usarem seu crescente conhecimento de padrões, cores e outras características visuais para criarem seu próprio trabalho. As atividades auxiliam as crianças a desenvolver as habilidades necessárias para traduzirem com sucesso suas idéias para uma forma física: capacidade representacional, talento artístico ou imaginação e disposição de explorar e assumir riscos. De modo geral, tais categorias começam com duas ou três atividades "secas e limpas", envolvendo poucos líquidos, seguidas por atividades que poderíamos chamar de "molhadas e bagunçadas". Porém, essa seqüência pode ser facilmente adaptada aos seus interesses e necessidades, assim como aos dos alunos.

Além de participar de atividades estruturadas, as crianças precisam experimentar os materiais artísticos à sua maneira e em seu próprio ritmo. Esse tipo de brincadeira livre dá à criança a chance de auto-expressão, um senso da variedade de efeitos que podem ser obtidos com diferentes meios, bem como a oportunidade de adquirir a experiência e as habilidades necessárias para manipular com facilidade materiais e instrumentos de arte.

Os materiais podem ser colocados à disposição das crianças em uma área ou centro de aprendizagem de artes, depois que você explicar ou exemplificar algumas técnicas básicas: como limpar um pincel na esponja para tirar o excesso de água, como misturar cores, como lavar um pincel para não contaminar novas cores e como juntar duas peças de argila, molhando e raspando um pouco as superfícies a serem grudadas. Após dominarem essas técnicas de "como fazer", as crianças serão mais capazes de representar suas idéias de modo adequado e criativo.

Você pode ampliar as experiências sensoriais das crianças, oferecendo a maior variedade possível de materiais. Ajude-as a descobrirem a diferença entre pintar com tinta têmpera e aquarela, em uma superfície plana e com uma espátula, com um pincel e com os dedos. Pintar com os dedos é ótimo – as crianças não só irão usar seus músculos grandes e pequenos para explorar linhas e formas, como também liberar tensão emocional.

Você também pode mostrar às crianças maneiras novas de usar materiais conhecidos. Elas podem usar cola para fazer um desenho, segurando o frasco como se fosse um lápis e depois salpicando areia, sal, purpurina ou pó de giz sobre o desenho. Estimule-as a experimentarem diferentes maneiras de usar giz: ralando-o sobre areia para fazer areia de diferentes cores; molhando a ponta em uma mistura de açúcar com água ou leite para produzir o efeito de uma pintura; ou simplesmente usando o lado comprido, em vez da ponta, para pintar uma faixa mais larga de cor.

Certifique-se de oferecer materiais que as crianças possam usar para trabalhar em duas e três dimensões. Construir com blocos é uma boa maneira de começar; elas devem pensar sobre equilíbrio e também em composição. Encoraje-as a caminharem em torno da estrutura que construíram, para vê-la de diferentes ângulos. Também se pode reuni-las em um círculo em torno da estrutura e perguntar como ela parece de diferentes pontos de vista. A seguir, as crianças podem criar estruturas, montando e colando caixas, tubos, canudos, embalagens e outros materiais recicláveis: enfiar palitos, canudos, clipes de papel, tampinhas e outros itens em uma bola de argila, massa de modelar ou em um pedaço de isopor. Encoraje as crianças a construírem coisas do mundo real e de sua imaginação.

Nas salas de aula do Spectrum, coletamos trabalhos artísticos das crianças durante o ano todo e os revisamos periodicamente, para permitir que tanto os alunos quanto o professor percebam o desenvolvimento artístico de cada um ao longo do tempo, assim como preferências por algum assunto ou meio. Se você quiser tentar essa abordagem, mostre às crianças como construir e decorar um portfólio para guardar os trabalhos de arte (veja Construção de um Portfólio de Artes, p. 252).

Como a maioria das crianças começa a desenhar e rabiscar assim que consegue segurar um lápis, elas entram na escola com diferentes experiências e opiniões sobre arte. Uma maneira de introduzir a área de artes é discutir essas experiências.

Por exemplo, você pode pedir a elas que falem sobre os tipos de trabalhos artísticos que já fizeram, seus instrumentos ou meios artísticos preferidos e qualquer outra idéia que tenham sobre arte. Você também pode perguntar se elas já foram a um museu de arte, o que acharam do museu e o que mais as impressionou.

Se possível, convide o professor especializado em arte da escola ou artistas locais para irem à sala de aula. Eles podem mostrar seus trabalhos, incluindo trabalhos ainda não-concluídos e esboços. Também podem contar como começaram a trabalhar com arte, qual foi seu treinamento e como seu estilo e interesses desenvolveram-se, talvez mostrando os trabalhos de sua infância. As histórias pessoais ajudarão as crianças a entenderem que, na criação de trabalhos artísticos, o processo pode ser tão importante quanto o produto – e que arte é divertimento, assim como trabalho duro.

Você também pode mostrar às crianças alguns materiais para as atividades de arte, como diferentes tipos de pincel, papéis de variadas texturas e cores e materiais reciclados. Pergunte-lhes como vocês podem usar esses materiais. Anote as idéias e diga que vocês poderão experimentá-las mais tarde.

A seguir, apresente o portfólio de arte. Explique que ele serve para coletar amostras de trabalho para que as crianças possam depois comparar os trabalhos do início do ano com os subseqüentes. Elas ficarão surpresas com o próprio progresso. Diga-lhes que poderão levar o portfólio para casa, a fim de mostrar aos pais, ou fazer uma exposição dos trabalhos artísticos da turma no final do ano.

■ DESCRIÇÃO DAS HABILIDADES-CHAVE

Artes visuais: percepção

- tem consciência dos elementos visuais no ambiente e no trabalho de arte (por exemplo, cor, linhas, formas, padrões, detalhes);
- é sensível a estilos artísticos diferentes (por exemplo, é capaz de distinguir arte abstrata de realismo, impressionismo, etc.).

Artes visuais: produção

Representação

- é capaz de representar o mundo visual com exatidão em duas ou três dimensões;
- é capaz de criar símbolos reconhecíveis para objetos comuns (por exemplo, pessoas, vegetação, casas, animais) e coordenar elementos, espacialmente, em um todo unificado;
- usa proporções realistas, características detalhadas, escolha deliberada de cores.

Talento artístico

- é capaz de usar vários elementos de arte (por exemplo, linha, cor, forma) para descrever emoções, produzir certos efeitos e embelezar desenhos ou trabalhos tridimensionais;

- transmite claramente o humor através de representação literal (por exemplo, sol sorrindo, rosto chorando) e aspectos abstratos (por exemplo, cores escuras ou linhas caindo para expressar tristeza); produz desenhos ou esculturas que parecem "alegres", "tristes" ou "poderosos";
- preocupa-se com a decoração e o embelezamento;
- produz desenhos que são coloridos, equilibrados, rítmicos, ou com todas essas características.

Exploração

- é flexível e inventivo no uso de materiais de arte (por exemplo, experimenta com tinta, giz, argila);
- usa linhas e formas para gerar uma grande variedade de formas (por exemplo, abertas e fechadas, explosivas e controladas) em trabalhos bidimensionais ou tridimensionais;
- é capaz de executar assuntos ou temas variados (por exemplo, pessoas, animais, prédios, paisagens).

⊃ BUSCA DA FORMA

Objetivo:
Identificar formas específicas usadas no trabalho artístico.

Principais componentes:
Percepção artística
Consciência da forma como um elemento do desenho

Materiais:
Papel resistente (tipo papel de construção) nas cores preta, cinza ou branca
Reproduções artísticas (livros, postais ou cartazes)

Procedimentos:
1. Dê às crianças um papel resistente nas cores preta, branca ou cinza e incentive-as a recortarem uma variedade de formas: círculos, ovais, triângulos e semicírculos.
2. Levante as formas e peça às crianças que as identifiquem. Faça com que elas procurem exemplos dessas formas geométricas na sala de aula. Ou, fechando os olhos, elas conseguem pensar em alguma coisa da sala de aula que tenha a mesma forma?
3. Dê às crianças duas ou três formas e peça que encontrem formas similares em reproduções de pinturas, esculturas e outros trabalhos.
4. Incentive-as a procurarem padrões nas pinturas e a observarem as diferentes maneiras pelas quais os artistas usam e criam formas geométricas. Faça perguntas como: "Que formas você vê no trabalho deste artista? Os artistas agrupam coisas em suas pinturas para fazerem formas? Por exemplo, eles agrupam pessoas, árvores ou outros objetos para formar um triângulo? Como o artista usa a mesma forma para criar objetos diferentes?".
5. Ofereça materiais para pintura com têmpera. Deixe as crianças explorarem o uso das formas em seus trabalhos artísticos.

Variações:
1. Peça às crianças que usem o corpo para fazer formas diferentes. Por exemplo, elas podem usar os dedos, a boca, os braços e o corpo todo para fazer um círculo. Solicite-lhes que encontrem um par e façam um círculo com ele. Faça todo o grupo criar um círculo gigante, um círculo pequeno e um círculo de tamanho médio. Como elas podem transformar o círculo em triângulo ou em quadrado?
2. Dê a cada criança um tubo de papel-toalha de cozinha ou papel higiênico, papel colorido e transparente (tipo celofane) e um elástico. Cobrindo a extremidade do tubo com o papel e prendendo-o com o elástico, as crianças podem fazer um telescópio de brinquedo e com ele olhar os objetos da sala de aula. Pergunte-lhes que formas e cores elas estão vendo.

⮕ TRABALHO COM TEXTURAS

Objetivo:
Aprender sobre texturas através do estudo delas e do auxílio de giz de cera.

Principais componentes:
Percepção Artística
Sensibilidade à textura

Materiais:
- Giz de cera coloridos, grandes, sem envoltório de papel
- Papel de imprensa ou datilografia, papel de desenho fino
- Papelão ou cartolina
- Fita adesiva
- Saco com itens de texturas diferentes, como tela de arame, lixa, velcro, folhas de árvores, envoltório plástico com bolhas

Procedimentos:
1. Prepare uma folha de amostra, colando amostras de itens com texturas diferentes no papelão ou na cartolina e rotulando os itens. Mostre à classe a folha de amostra e peça a cada criança para escolher e identificar um item.
2. As crianças colocam a mão dentro do saco e, pelo tato apenas (sem olhar), procuram o mesmo tipo de item selecionado da folha de amostra. Depois de encontrá-lo, devem colocá-lo sobre a mesa e examinar sua textura, usando os olhos e as mãos.
3. Mostre às crianças como fazer um desenho da textura, colocando um pedaço de papel sobre o item e esfregando o lado comprido do giz de cera sobre ele várias vezes. Esse desenho ficará melhor, se elas mantiverem uma pressão regular e esfregarem por sobre toda a área do item. Às vezes, ajuda prender o item à mesa com fita adesiva.
4. A seguir, as crianças irão comparar o desenho da textura com o item real. Recolha todos os desenhos das texturas e peça a elas que combinem cada desenho com a textura que o criou, montando os pares correspondentes.

Variações:
1. As crianças podem recortar seus desenhos e colá-los em uma folha, fazendo uma colagem individual ou em grupo. Ou, então, faça "livros de texturas", grampeando as folhas e colando os desenhos nas páginas.
2. Incentive as crianças a trazerem de casa objetos com texturas variadas. A classe pode montar um novo saco de itens com texturas diferentes e uma nova folha de amostra, repetindo a atividade.
3. Peça-lhes que recolham itens com texturas variadas durante um passeio ao ar livre. Elas podem escolher os itens, criando suas próprias categorias e montando sacos de itens e folhas de amostras com temas como "Texturas Naturais" e "Texturas Artificiais".
4. Examine com a classe reproduções de diferentes desenhos e pinturas e discuta o uso da textura. Você pode fazer as seguintes perguntas:
   - Que diferentes texturas vocês conseguem encontrar nessas pinturas?
   - Como o artista usa as linhas para mostrar essas texturas?
   - Vocês conseguem usar papel e lápis para mostrar como seria uma linha lisa? Curva? Com altos e baixos? Recortada? Ondulante? Pontiaguda? Com uma leve protuberância? Cheia de protuberâncias?

➲ APRENDIZAGEM SENSORIAL

Objetivo:

Explorar a noção de que o uso dos sentidos ajuda-nos a compreender melhor os objetos.

Principais componentes:

Consciência das diferentes características dos objetos

Materiais:

Objetos que possam ser olhados, tocados, escutados, cheirados ou provados

Procedimentos:

1. Apresente os objetos e peça às crianças para classificá-los. Elas devem dizer que grupo de categorias usaram para tal classificação.
2. Identifique as maneiras de classificar das crianças. Se a maneira pela qual sentimos os objetos não foi usada, diga-lhes que você tem outro conjunto de categorias – nossos cinco sentidos: tato, audição, visão, olfato e paladar.
3. Pergunte às crianças como os nossos sentidos podem ajudar-nos a conhecer ou compreender melhor um objeto. Explique que quanto mais soubermos sobre as coisas que estamos desenhando ou esculpindo, melhor ficará nosso desenho ou escultura. Por exemplo, desenharemos melhor uma maçã, se pudermos vê-la, senti-la, cheirá-la e prová-la. Se possível, mostre trabalhos artísticos que ilustrem esse ponto (por exemplo, obras de Henri Matisse, John James Audubon, Georgia O'Keeffe).
4. Peça às crianças que desenhem uma maçã sem um modelo. A seguir, deixe que olhem, toquem, cheirem e provem uma maçã, pedindo-lhes que a desenhem novamente. Incentive as crianças a falarem sobre as diferenças que observaram e sentiram quando fizeram o segundo desenho.

Variação:

Muitos lugares ou objetos diferentes podem ser usados para criar esse tipo de experiência "antes e depois". As crianças começam desenhando, depois "experienciam" o objeto através dos sentidos e depois o desenham novamente. Por exemplo, elas podem provar uma pimenta vermelha e descobrir como ela é forte, ou tocar um sino e descobrir como ele funciona.

➲ EXPOSIÇÃO DE FOTOS EM PRETO-E-BRANCO

Objetivo:
Aumentar a sensibilidade às representações em preto-e-branco.

Principais componentes:
Sensibilidade a estilos artísticos
Sensibilidade a formas, sombras, linhas e a outros aspectos das fotografias em preto-e-branco

Materiais:
Revistas (de preferência revistas de fotos ou arte com fotos em preto-e-branco)
Tesouras
Papel cartaz preto ou um grande pedaço de papel preto
Papel branco
Caneta preta
Cola

Procedimentos:
1. Peça às crianças que olhem as revistas e recortem as fotos em preto-e-branco que acharem bonitas. Lembre-as de que devem procurar apenas fotos em preto-e-branco.
2. Estude as fotos com as crianças e explique que, quando a fotografia foi inventada, todas as fotos eram em preto-e-branco; não havia fotos coloridas. Atualmente, ainda apreciamos e usamos fotos em preto-e-branco por várias razões. Por exemplo, nossos olhos tendem a focar mais as formas e sombras em uma fotografia, quando ela não tem cores. Em geral, podemos ver as expressões faciais das pessoas mais claramente e mais aspectos são deixados para a imaginação do observador.
3. Deixe as crianças fazerem comentários adicionais sobre os prós e os contras das fotos coloridas *versus* em preto-e-branco.
4. Encoraje os alunos a trabalharem em pequenos grupos para montarem uma exposição de fotos em preto-e-branco. Primeiro, cada grupo deve selecionar quatro ou cinco fotos que tenham alguma relação entre si. As crianças irão arranjá-las sobre o papel preto e imaginar uma história que ligue as fotos. Faça perguntas como: Se existem pessoas em suas fotos, como são elas? Qual é o relacionamento entre elas, se é que se conhecem? O que está acontecendo agora? O que acontecerá a seguir? Como vocês se sentem, olhando as fotos?
5. Com o papel branco e a caneta preta, elas escreverão uma legenda para cada foto, ou uma história explicando como as fotos relacionam-se entre si. Cole as fotos e as legendas no papel cartaz preto. Coloque os cartazes na parede e faça a exposição de fotos.

Variações:
1. Nessa atividade, você pode usar fotos reais em vez de revistas. Os pais ou avós podem providenciar fotos antigas em preto-e-branco para as crianças levarem para a escola.
2. Se você conseguir uma câmera emprestada por um dia, pode mostrar às crianças como tirar fotos. Elas podem tirar fotos de objetos da sala de aula com filme preto-e-branco e depois com filme colorido. As fotos em preto-e-branco serão mais tarde examinadas e as crianças deverão adivinhar a cor de diferentes objetos com base na qualidade do tom da foto. Por exemplo, uma cor escura parecerá preto. A seguir, as crianças irão comparar as fotos em preto-e-branco com as fotos coloridas dos mesmos objetos. Como as fotos se comparam uma com a outra? E com o objeto real?

◯ OBSERVAÇÃO DA NATUREZA BEM DE PERTO

Objetivo:
Explorar diferenças na aparência dos objetos, quando vistos bem de perto e a uma certa distância.

Principais componentes:
Percepção artística
Atenção aos detalhes
Sensibilidade a diferentes estilos artísticos

Materiais:
Reproduções de pinturas de Georgia O'Keeffe
Elementos da natureza (flores, folhas, etc.)
Lente de aumento
Moldura de papel
Tinta e pincéis, canetas ou lápis de cor

Procedimentos:
1. Mostre às crianças uma reprodução de uma pintura de O'Keeffe (seria preferível uma de suas flores ampliadas). Veja se os alunos conseguem descrever o que ela representa.
2. Discuta o estilo de pintura de O'Keeffe. Pergunte às crianças qual seria o propósito de ampliar um objeto ou parte dele em uma pintura.
3. Divida a classe em pequenos grupos e dê a cada um uma folha de árvore, uma flor ou outro elemento da natureza (se houver quantidade suficiente, o ideal seria cada criança receber seu próprio elemento). Peça que façam um desenho ou pintura do objeto inteiro.
4. Depois, peça que façam uma representação de apenas uma parte do objeto – uma pétala da flor, por exemplo. As crianças podem usar uma pequena moldura de papel feita por elas (como a moldura de um quadro) para ajudar a escolher a parte a ser desenhada.
5. Peça para examinarem seu elemento da natureza com a lente de aumento e para observarem cuidadosamente a parte que desenharam; depois, solicite que desenhem novamente essa parte com base na aparência mostrada pela lente de aumento.
6. Incentive as crianças a desenharem todo o elemento novamente e depois compararem seus quatro desenhos. Discuta com elas as diferenças entre seus dois desenhos do elemento e entre seus dois desenhos em *close-up*.

Nota ao professor:
Como as duas atividades seguintes, esse exercício explora as diferentes maneiras pelas quais os artistas vêem e interpretam o mundo visual – e como as obras de arte podem apresentar-nos novas maneiras de pensar sobre os objetos que nos cercam no dia-a-dia. Usamos reproduções de pinturas de Georgia O'Keeffe, mas você pode selecionar qualquer artista de sua preferência.

◐ CLASSIFICAÇÃO DE POSTAIS DE REPRODUÇÕES ARTÍSTICAS

Objetivo:
Aumentar a consciência de que existem estilos artísticos diferentes.

Principais componentes:
Sensibilidade a diferentes estilos artísticos
Capacidade de reconhecer obras/artistas específicos

Materiais:
Cartões postais de quadros de diferentes artistas que representem estilos diversos

Procedimentos:
1. Faça as crianças classificarem cartões postais de quadros em categorias que considerem significativas. Incentive-as a classificarem os quadros de mais de uma maneira.
2. Discuta com elas as categorias que selecionaram, como assunto, forma, cor, humor, artista ou estilo de arte. Se as crianças precisarem de ajuda, sugira essas ou outras categorias.
3. Peça que identifiquem seus quadros favoritos e expliquem por que os preferem. Fale sobre os diferentes artistas, incluindo os temas mais freqüentemente pintados por eles, seus quadros mais famosos e o estilo de cada um.

Variação:
Toque gravações de vários estilos de música e peça às crianças que selecionem os dois ou três quadros que mais combinam com a música. Discuta semelhanças e diferenças nos quadros escolhidos por elas.

Notas ao professor:
1. Quando mostrar quadros ao grupo como um todo, você pode usar *slides* em vez de postais, devido à sua maior exatidão e tamanho.
2. Postais de quadros podem ser guardados em uma caixa para as crianças terem acesso a eles quando desejarem.
3. Reproduções em tamanho postal ou de cartaz geralmente podem ser encontradas em lojas de arte ou lojas de museus; calendários são outra fonte da arte de diferentes culturas. Outros recursos incluem *Mommy, It's a Renoir!*, de Aline Wolf, um currículo de apreciação de arte.

⮑ EXPLORAÇÃO DE ESTILOS E TÉCNICAS

Objetivo:
Explorar e experimentar diferentes técnicas artísticas.

Principais componentes:
Percepção artística
Sensibilidade a diferentes estilos artísticos

Materiais:
- Reproduções do trabalho de Seurat, Mondrian, Homer ou outros artistas (veja a página anterior)

Procedimentos:
1. Mostre às crianças reproduções do trabalho de Seurat, Mondrian e Homer (ou outros artistas que desejar). Pergunte se alguém percebe diferenças na maneira de cada artista pintar. Discuta tais diferenças.
2. Discuta por que os artistas pintam com estilos diferentes. Você pode explicar que, no campo da arte, não existe uma maneira certa de pintar, desenhar ou descrever o mundo. Cada artista vê o mundo de uma maneira pessoal, individual, que partilha com o observador do seu trabalho. Alguns artistas interessam-se mais pela cor; outros, por como os objetos parecem vistos de diferentes ângulos; outros, ainda, por criar uma resposta emocional ou comunicar uma idéia.
3. Converse com as crianças sobre as diferentes técnicas e estilos usados nos quadros que você selecionou. Por exemplo, introduza o conceito de pontilismo através de Seurat (*Sunday Afternoon on the Island of La Grand Jatte* é um bom exemplo), de cubismo através de Mondrian (*Composition in Red, Yellow, and Blue*) e do realismo americano através de Homer (*Boys in a Pasture*). (Veja Nota ao Professor.)
4. Mostre às crianças outras pinturas dos mesmos artistas, mas deixe que imaginem quem pintou o quê.
5. Se você fizer essa atividade mais para o final do ano, as crianças terão tido a chance de juntar trabalhos em seu portfólio de arte. Deixe que revisem seu trabalho, tentando identificar algo de especial em seus estilos pessoais (como assuntos favoritos, cores prediletas, uso de detalhes específicos).

Nota ao professor:

Nessa atividade, Seurat, Mondrian e Homer são usados como exemplos de estilos artísticos específicos. Você pode substituí-los por outros estilos, épocas ou artistas. Um professor especializado de artes pode demonstrar estilos diversos para as crianças, mostrando, por exemplo, como pontinhos de cores diferentes podem formar um rosto (pontilismo). Depois, as crianças podem experimentar pintar com essa técnica.

Eis algumas definições simples:

- Pontilismo: técnica de pintura caracterizada pela aplicação de tinta em pequenos pontos que se misturam quando vistos à distância.
- Cubismo: escola de pintura e escultura do início do século XX em que um assunto é retratado através de formas geométricas sem detalhes realistas.
- Realismo Americano: técnica de pintura que tenta ser visualmente acurada.

⮕ DESENHAR COM E SEM UM MODELO

Objetivo:
Comparar como é desenhar com e sem um modelo.

Principais componentes:
Capacidade de representação
Atenção aos detalhes

Materiais:
- Pequenas caixas de papelão com rótulos, cada uma contendo um objeto tridimensional (por exemplo, folha de árvore, clipe de papel e lápis)

Procedimentos:
1. Escolha uma caixa e leia o nome do objeto que está dentro dela. Não abra a caixa.
2. Peça às crianças que desenhem esse item de memória ou com base na imaginação.
3. Solicite a elas que escrevam nos desenhos seu nome, o nome do objeto desenhado e as palavras *de memória*. Recolha os desenhos.
4. Abra a caixa e coloque o item sobre uma mesa diante das crianças. Incentive-as a observarem e a estudarem o objeto e a fazerem comentários sobre sua forma, cor e textura.
5. Agora, peça às crianças que façam um outro desenho do objeto. Coloque-o diante delas de modo que possam observá-lo cuidadosamente enquanto desenham. Incentive-as a colocarem o máximo possível de detalhes no desenho em termos de cor, linha, textura e forma.
6. Peça às crianças que escrevam no desenho seu nome, o nome do objeto e as palavras *de observação*.
7. Devolva os primeiros desenhos das crianças e faça com que comparem as duas versões. Pergunte:
   - Em que você se baseou quando desenhou algo sem olhar?
   - Seu desenho melhorou depois que você observou o item?
   - Por que ele melhorou?
   - Normalmente, desenhamos melhor e com mais detalhes depois de observar cuidadosamente um objeto?

Nota ao professor:
Tente escolher objetos que sejam relativamente familiares para as crianças e não muito difíceis de desenhar. Repita a atividade outras vezes, incentivando-as a trabalharem individualmente ou em pequenos grupos. Sugira que desenhem os objetos primeiro sem um modelo, depois com e, por fim, comparem os dois desenhos.

◯ OLHAR E DESENHAR

Objetivo:
Desenhar um objeto, mantendo os olhos nele o tempo todo.

Principais componentes:
Capacidade de representação
Composição
Atenção aos detalhes

Materiais:
Papel de desenho
Caneta ou lápis
Anteparo para não ver o próprio desenho

Procedimentos:
1. Introduza a atividade, pedindo às crianças que pensem na atividade anterior, Desenhar Com e Sem um Modelo. Enfatize a importância de estudarem cuidadosamente as linhas e a forma dos objetos que querem desenhar.
2. Diga às crianças que, às vezes, elas terão uma idéia melhor de como desenhar alguma coisa, se olharem menos para o papel e mais para o objeto que estão desenhando. Pergunte-lhes se concordam com isso e peça que expliquem por quê.
3. Deixe as crianças experimentarem (essa técnica requer prática). Levante o desenho de um círculo, quadrado ou triângulo e peça que desenhem o modelo sem olhar para o papel ou para as mãos.
4. Peça às crianças que selecionem algum objeto de tamanho pequeno ou médio na sala de aula que gostariam de desenhar. Coloque o objeto diante delas ou deixe que sentem na frente dele.
5. Peça que estudem o objeto cuidadosamente e observem as linhas e as formas antes de começarem a desenhar. Também peça que mantenham os olhos no objeto o tempo todo em que estiverem desenhando.
6. Sugira que tentem colocar o lápis sobre o papel, fazer a primeira linha e depois continuar o desenho sem erguer o lápis nenhuma vez. Talvez algumas crianças precisem de um anteparo para não caírem na tentação de olhar o desenho em progresso, mas se isso for frustrante demais elas não precisam usá-lo.
7. Oriente as reflexões das crianças sobre a atividade. Você pode discutir por que é importante para o desenho representacional conhecer os detalhes dos objetos, como desenhar sem olhar para o papel pode ajudar as pessoas a perceberem mais detalhes e como isso, por sua vez, ajuda o artista a fazer um desenho mais parecido com o objeto.

Nota ao professor:
Explique que, a princípio, pode ser difícil desenhar um objeto sem olhar para as próprias mãos, mas que com a prática, vai ficando cada vez mais fácil. É importante dar essa orientação logo no começo, para que as crianças não desistam por um sentimento inicial de frustração.

➲ DESENHAR DE DIFERENTES PONTOS DE VISTA

Objetivo:
Perceber como os objetos parecem diferentes, quando vistos de perspectivas diferentes.

Principais componentes:
Capacidade de representação
Consciência de diferentes perspectivas

Materiais:
Papel de desenho
Lápis de cor
Uma caixa com cada lado de uma cor diferente

Procedimentos:
1. Arranje as mesinhas em um círculo em torno da caixa multicolorida, de modo que cada criança veja-a de um ângulo diferente.
2. Peça às crianças que desenhem e pintem a caixa com os lápis de cor, usando apenas as cores que enxergam de onde estão sentadas.
3. Quando todos os desenhos estiverem completos, exiba-os e compare-os. Pergunte:
   - Que cores você enxergou do lugar onde estava sentado?
   - Por que seu desenho é diferente dos desenhos das outras crianças, tanto nas cores como na aparência da caixa?
   - Quando você olhar um determinado desenho, saberá onde estava sentada a criança que o fez?

Variações:
1. Você pode preparar uma introdução especial para essa atividade, tirando uma série de fotografias de um mesmo objeto, de diferentes ângulos. Mostre as fotos às crianças e discuta como o contorno, a forma e as cores mudam, dependendo do ângulo.
2. Para uma atividade mais desafiadora, peça às crianças que escolham um objeto na sala de aula e desenhem-no de diferentes perspectivas.

Produção Artística/Representação   Pequeno/Grande Grupo Dirigido pelo Professor

➲ FAZER UMA MAQUETE DA SALA DE AULA

Objetivo:
Construir uma maquete da sala de aula em escala pequena.

Principais componentes:
Capacidade de representação em três dimensões
Consciência de relações espaciais

Materiais:
Caixas pequenas
Papelão
Pedacinhos de tecido
Pedacinhos de madeira
Cola
Caixa de papelão resistente
Canetas ou lápis coloridos
Materiais reciclados
Fita adesiva

Procedimentos:
1. Trabalhe com um pequeno grupo de voluntários para desenhar um mapa da sala de aula. Oriente as crianças para que identifiquem as características mais importantes do lugar (portas, janelas, mesas, quadro-negro, mesa do professor, etc.). Quando o mapa estiver completo, deixe as crianças descreverem seu trabalho para a classe.
2. Corte fora a tampa da caixa de papelão resistente para fazer a maquete da sala de aula. Divida a classe em vários grupos, dando a cada grupo responsabilidades específicas. Um grupo, por exemplo, pode decorar a caixa (cortar portas e janelas, colar feltro para fazer o quadro-negro). Um outro grupo pode fazer as mesas e cadeiras (veja o desenho da p. 213). Outro grupo pode fazer os personagens, recortando fotos dos professores e dos alunos e colando-as em blocos de madeira.
3. Coordene uma discussão sobre maquetes em escala pequena, explicando que, embora a maquete seja muito menor que o original, cada coisa mantém seu tamanho em relação às outras. Por exemplo, a cadeira ainda é menor que a mesa, e a porta ainda é mais alta que a janela. Se você achar que a classe está pronta, descreva o conceito de proporção, relacionando-o a objetos reais da sala de aula. Por exemplo, se o armário tem 1,80 m de altura e a caixa de quebra-cabeças tem 30 cm de altura, essa relação de seis para um pode ser transferida para a maquete de sala de aula, usando-se uma caixa seis vezes menor que outra.
4. Incentive o grupo a planejar a maquete e a desenvolver idéias. Peça que pensem quais materiais de construção são mais adequados para os diferentes conteúdos da sala. Trabalhe com cada grupo para garantir que as proporções sejam apropriadas e ofereça sugestões, quando necessário.
5. Faça cada grupo selecionar um representante para colocar seus objetos na maquete.

Variações:
1. Deixe cada pequeno grupo fazer sua própria maquete da sala de aula.
2. Deixe cada criança fazer uma versão em escala pequena de sua mesa e de algum outro item da sala de aula.

3. Dê a cada criança uma figurinha auto-adesiva ou um pedacinho de papel colorido. Peça que decore a figurinha ou o papel, de modo que possa ser identificado, e depois o esconda em algum lugar da sala. A seguir, dê a cada criança uma folha de papel com apenas o contorno da sala de aula. Peça que transformem esse contorno em um mapa que ajude um colega a encontrar a figurinha, mostrando o caminho da mesa do colega até o esconderijo. Deixe que o colega use o mapa para encontrar a figurinha. Essa variação pode ser usada para introduzir ou para suplementar a construção da maquete da sala de aula.

⮕ CONSTRUÇÃO DE UM PORTFÓLIO DE ARTE

Objetivo:
Fazer e decorar um grande portfólio para coletar trabalhos de arte originais.

Principais componentes:
Preocupação com decorar e embelezar
Uso da imaginação
Reflexão

Materiais:
Folhas grandes de cartolina
Fita adesiva
Tesouras
Canetas e lápis coloridos

Procedimentos:
1. Converse com as crianças sobre portfólios. Por que os artistas têm portfólios? Por que as crianças iriam querer guardar seus trabalhos? Convide-as a fazerem e a decorarem portfólios pessoais, nos quais poderão guardar todos seus desenhos e pinturas. Se elas quiserem, no final do ano poderão expor todos os trabalhos que coletaram, montando uma exposição de arte.
2. Você pode ajudar as crianças a fazerem os portfólios, colando com fita adesiva três lados de duas folhas de cartolina. Deixe um lado comprido (o topo) aberto, de modo a formar um grande envelope.
3. Elas podem escrever seus nomes com letras grandes na frente dos portfólios; ajude-as, se necessário. Explique que podem decorar seus portfólios da maneira que desejarem, com as canetas e os lápis coloridos. Se elas precisarem de idéias, você pode sugerir que façam um auto-retrato, sua família, sua casa, ou um animal real ou imaginário de seu agrado.
4. De tempos em tempos, peça que reflitam sobre o trabalho coletado em seus portfólios de arte. Tópicos de reflexão incluem:
   - Quais foram os projetos de arte de que mais gostaram? De que menos gostaram? Por que gostaram ou não desses projetos?
   - Quais são seus trabalhos mais diferentes um do outro? Por que eles são diferentes? Existem semelhanças?
   - Como o trabalho de arte de cada criança mudou ao longo do tempo?
   - O que elas aprenderam sobre si mesmas como artistas?

● MISTURA DE CORES EM DIFERENTES MEIOS

Objetivo:
Experimentar a misturar de cores.

Principais componentes:
Sensibilidade à cor

Materiais:
Retroprojetor
Transparências ou um pedaço de vidro transparente
Conta-gotas
Uma variedade de tintas/pigmentos

Procedimentos:
1. Faça as crianças experimentarem misturar cores durante as atividades de pintura com os dedos. Discuta como todas as cores maravilhosas que as cercam podem ser feitas a partir das três cores "primárias": vermelho, amarelo e azul. Peça que criem novas cores – como laranja, verde e roxo –, misturando duas cores primárias. Estimule-as a descreverem como fizeram suas cores. Liste todas as cores que elas combinaram e as novas cores resultantes.
2. Para mostrar às crianças uma outra maneira de misturar cores, focalize um retroprojetor em uma tela ou parede branca. Coloque uma transparência ou o pedaço de vidro transparente sobre o retroprojetor. Use o conta-gotas para misturar gotas da tinta sobre o vidro. Comece com uma gota de tinta vermelha e depois acrescente amarelo. Acrescente uma gota de água de cada vez para que as cores se misturem em novas e excitantes combinações, ou mexa delicadamente o vidro para que se misturem melhor.
3. As crianças podem revezar-se, acrescentando cores com o conta-gotas. Entre as misturas, você pode colocar uma toalha branca de papel de cozinha sobre a tinta para absorvê-la, limpar o vidro e mostrar a toalha como uma impressão artística.
4. As crianças podem fazer um gráfico para mostrar que cores aparecem quando certas cores são misturadas. Compare esse gráfico com sua lista de pintura com os dedos. Repita os experimentos para verificar as informações do gráfico.

Variações:
1. Ajude as crianças a fazerem um gráfico de cores para as tintas têmpera. Dê a cada criança um copo pequeno vazio, dois copos pequenos cada um contendo uma cor primária, um pincel, uma folha de papel e um lápis. Peça-lhes que pintem uma mancha de cor na extremidade esquerda do papel e outra, com a tinta do segundo copo, na extremidade direita e escrevam o nome da cor embaixo de cada mancha. Peça-lhes que coloquem quantidades iguais de cada tinta no terceiro copo e misturem. Que cores *secundárias* cada criança fez? Deixe que mostrem ao restante da classe os seus resultados em um gráfico. A seguir, diga para fazerem cores *terciárias*, misturando suas duas cores primárias, mas usando o dobro da quantidade de uma delas. Por exemplo, elas podem acrescentar duas colheres cheias de vermelho a uma colher cheia de amarelo para fazer a cor terciária vermelho-alaranjado, ou acrescentar duas colheres cheias de azul a uma colher cheia de amarelo para fazer a cor terciária azul-esverdeado. As crianças podem mostrar essas proporções, desenhando o número apropriado de colheres de sopa (ou copos de medida) embaixo de cada amostra de cor no gráfico da classe.

2. Coloque um grande recipiente de plástico transparente cheio de água morna perto de uma janela ou embaixo de uma lâmpada de mesa e deixe descansar. As crianças, individualmente ou em pequenos grupos, podem usar um conta-gotas para acrescentar corante à água, depois observar as gotas coloridas descendo e misturando-se lentamente. Depois, é só trocar a água e deixar que a próxima criança ou grupo realize a atividade.

⊃ COLAGEM COM PAPEL DE SEDA

Objetivo:
Explorar o uso das cores para expressar sentimentos.

Principais componentes:
Composição
Uso da cor
Expressividade

Materiais:
Papel de seda de várias cores
Folha de papel de aproximadamente 21x27 cm
Cola (misturada com água)
Tesouras
Pincéis

Procedimentos:
1. Coordene uma discussão em grupo sobre sentimentos, emoções e, sobre como eles podem, às vezes, relacionar-se a certas cores. Você pode mencionar que na cultura norte-americana a palavra *blue* (azul) pode ser usada para descrever um sentimento de tristeza; as pessoas tradicionalmente usam preto em funerais; as cores vivas e brilhantes são usadas em comemorações felizes, como aniversários.
2. Divida a classe em pequenos grupos e dê a cada grupo uma caixa de papel de seda colorido. Peça às crianças que selecionem as cores que expressam melhor como elas se sentem hoje.
3. Peça que cortem ou rasguem o papel de seda em pedaços de tamanhos e formas diferentes. Sugira que experimentem fazer desenhos na superfície de suas mesas. Mostre as formas que as crianças criam nos espaços que ficam entre os pedaços de papel.
4. Diga-lhes que, quando estiverem satisfeitas com seus arranjos, podem molhar a folha de papel com a mistura de cola e água e depois colocar os pedaços de papel de seda sobre a folha. Elas podem pincelar mais cola sobre o papel de seda, se necessário, para mantê-lo colado.
5. Diga para observarem como o papel de seda muda quando é molhado.
   - O papel de seda fica mais transparente quando é molhado? Como você sabe?
   - O que acontece quando você sobrepõe papel de seda amarelo e azul? Cria-se uma nova cor? E vermelho e azul? Amarelo e vermelho?
   - Você pode usar essas novas cores para mostrar como se sente?
6. Quando as crianças terminarem seus trabalhos e as colagens secarem, pendure-as pela sala de aula e pergunte:
   - Que sentimentos essa colagem sugere? Podemos dizer como alguém estava sentindo-se, olhando para a sua colagem?
   - Que cores foram criadas a partir de outras cores nessa colagem?
   - As linhas desse desenho fazem com que ele pareça movimentado? Tranqüilo? Nervoso? Bagunçado? Organizado?

Variações:
Essa atividade pode ser modificada para a educação multicultural. Explique que diferentes culturas têm diferentes associações com as cores. Se a classe inclui crianças de diversas culturas, peça que perguntem aos pais que cores são usadas em sua cultura para representar alegria, tristeza, medo, morte, etc. Ou você pode pedir a todas as crianças que façam uma entrevista em casa e depois comparem os resultados, colocando-os em gráficos. Guarde os pedacinhos de papel de seda que sobrarem – você pode fazer tinta, colocando-os em algumas gotas de água.

Produção Artística/Talento Artístico

Pequeno Grupo Dirigido pelo Professor

⊃ VAMOS FAZER CARTÕES DE FELICITAÇÃO?

Objetivo:

Planejar e imprimir cartões de felicitação para explorar o *design* na arte funcional.

Principais componentes:

Senso de decoração e *design*
Composição
Exploração de cores

Materiais:

Tinta têmpera
Rolo para imprimir com 10 cm
Facas pequenas para manteiga (sem fio), como ferramentas para entalhar
Papel grosso de várias cores
Papel parafinado
Papelão para fazer o desenho a ser impresso
Envelopes
Moldes do tamanho dos cartões (opcional)

Procedimentos:

1. Discuta com as crianças a tradição de enviar cartões de felicitação em ocasiões especiais. Você pode perguntar: "Em que momentos as pessoas costumam enviar cartões para as outras? Vocês já mandaram um cartão para alguém em uma ocasião especial?". Diga-lhes que elas farão uma *estampa* ou *molde*, um desenho que usarão repetidas vezes, como um carimbo, para fazer muitos cartões. Enfatize que farão seus próprios desenhos para imprimir nos cartões e que devem trabalhar cuidadosamente, porque usarão o desenho várias vezes.
2. Exemplifique os passos para as crianças. Primeiro, dê a elas pedaços de papelão do tamanho de um envelope-padrão. Mostre como fazer um desenho no papelão. Explique que um desenho relativamente simples terá uma impressão mais clara do que um desenho complexo. Deixe as crianças praticarem até que fiquem satisfeitas com seus desenhos.
3. A seguir, ajude-as a colocarem um pedaço de papel parafinado sobre seus desenhos, prendendo-o com a fita adesiva. Use a faquinha de manteiga para traçar o desenho, removendo a camada de parafina do papel parafinado, de modo que a tinta possa passar através dele. O papel parafinado servirá agora como estampa ou molde.
4. Mostre às crianças como fazer os cartões, recortando o papel grosso colorido em um tamanho que, dobrado ao meio, caiba exatamente dentro do envelope. Você também pode fazer moldes do tamanho para as crianças recortarem o papel.
5. Cada criança deve colocar o papel parafinado sobre um dos cartões. Ajude-as a passarem o rolo de impressão na tinta e depois sobre o papel parafinado, com cuidado e uma pressão uniforme. Levante o papel parafinado. A estampa deve deixar um desenho sobre o cartão. As crianças podem repetir o processo com vários cartões.

Notas ao professor:

1. Se o desenho impresso não ficar nítido, talvez seja preciso aprofundar com a faca as linhas da estampa. Se necessário, você pode inclusive cortar através do papel parafinado.
2. Essa atividade pode ser realizada antes de feriados e comemorações sazonais. Se apropriado, use a confecção de cartões como uma introdução aos feriados multiculturais.
3. Essa atividade pode ser realizada em duas sessões ou dias. Confeccione as estampas, recorte os cartões no primeiro dia e faça a impressão no segundo.

➲ MONTAGEM DE UMA CENA DA NATUREZA

Objetivo:
Explorar o uso de objetos naturais para imitar cenas reais da natureza através de arranjo e *design* cuidadosos.

Principais componentes:
Uso inventivo de materiais
Composição e *design*

Materiais:
Um saco de papel resistente para cada criança
Caixa rasa com tampa transparente (ou revestimento de plástico transparente) para cada criança
Fita adesiva
Papel pardo
Tesouras

Procedimentos:
1. Dê uma caminhada por um parque, equipando cada criança com um saco de papel pardo. Enquanto você observa e discute os aspectos sazonais do meio ambiente (cor das folhas, altura da grama, etc.), peça às crianças que coletem pequenos objetos naturais (pequenos galhos, folhas, pedras, ervas daninhas). Depois do passeio, converse com elas sobre o que observaram e coletaram.
2. Dê uma caixa a cada criança. Diga para arrumarem os objetos naturais que coletaram, de maneira a representar a estação ou um determinado ambiente ao ar livre (como um mato ou campo). Tenha à mão itens adicionais que os alunos possam usar em suas cenas (grãos e feijões, por exemplo). Eles podem usar papel resistente colorido para fazer o sol, pássaros ou outros objetos que não conseguiram coletar. Saliente o fato de que a cor e a forma dos objetos naturais freqüentemente são afetadas pela força do vento, da chuva e do sol. Assim, a grama de um cenário pode parecer mais natural se toda ela estiver levemente inclinada para o mesmo lado, como se tivesse sido soprada pelo vento. As folhas e as flores podem ter seu lado mais colorido voltado para o sol. Que outras cenas elas podem criar? Como podem conseguir os efeitos desejados com seus materiais?
3. Depois que as crianças tiverem criado suas cenas da natureza, peça que tampem a caixa com a tampa transparente. Ou, então, elas podem cobrir toda a caixa com um revestimento plástico (ou filme de PVC para uso na cozinha) bem esticado e preso embaixo da caixa com a fita adesiva e dar um nome às suas cenas da natureza.
4. Pergunte como elas gostariam de expor suas cenas.

⮕ MARIONETES

Objetivo:
Explorar o uso de diferentes materiais para criar tipos diferentes de marionetes.

Principais componentes:
Uso inventivo de materiais
Senso de *design*

Materiais:
Isopor
Palitos de picolé
Batatas ou bolas de isopor (para as cabeças das marionetes)
Sacos de papel
Materiais para enchimento (por exemplo, papel de seda ou fragmentos de isopor)
Tecido
Botões
Meias
Sucata
Tinta
Papel

Procedimentos:
1. Pense (através de *brainstorm*) com as crianças em maneiras de criar marionetes. Se elas souberem ler, peça que procurem na biblioteca diferentes idéias sobre a confecção de marionetes e façam uma lista dos materiais necessários. Vejam que materiais estão disponíveis na sala de aula e quais elas precisarão trazer de casa.
2. Saliente, durante a discussão, que elas devem tomar decisões sobre as cores, os materiais, as roupas, características e a expressão facial de suas marionetes. Incentive-as a usarem materiais variados e a fazerem escolhas incomuns para os cabelos, as roupas e outras partes das marionetes. Sugira que façam um esboço preliminar que as ajude a decidir o *design* de suas marionetes.
3. Dê bastante tempo para confeccionarem as marionetes.
4. Quando as marionetes estiverem prontas, peça às crianças que descrevam como as fizeram e quem ou o que elas são (por exemplo, seus nomes).
5. No dia seguinte, sugira que façam uma marionete completamente diferente, usando materiais semelhantes ou diferentes. Converse sobre as novas marionetes como no dia anterior.

Nota ao professor:
Sugerimos estender essa atividade a duas ou três sessões.

PINTURA COM CANUDINHO

Objetivo:
Explorar o papel do meio – soprar em um canudinho – na criação de efeitos artísticos.

Principais componentes:
Uso inventivo de materiais
Composição
Expressividade

Materiais:
Tinta têmpera diluída em água
Canudinhos de refrigerante
Papel acetinado
Bacia de água para lavar os canudinhos

Procedimentos:
1. Você pode começar essa atividade demonstrando como soprar no canudinho para pintar: a tinta é soprada em um fundo qualquer, de modo a formar um desenho. Dê a cada criança uma folha de papel acetinado e um canudinho. Mostre como mergulhar a ponta do canudinho na tinta, segurando a outra ponta com o dedo para manter a tinta dentro do canudo.
2. A seguir, mostre à classe como soprar a tinta através do canudo para o papel. Peça às crianças que experimentem fazer isso. Mostre como a corrente de ar pode controlar o movimento da tinta para criar arte abstrata sem formas definidas.
3. Diga-lhes que elas podem mover o papel para criar efeitos diferentes, como espirais e formas, mas que não devem tocar no papel com o canudo. Devem usar apenas o ar para direcionar a tinta. Demonstre como mudar a direção da tinta, movendo o papel.
4. Depois de lavar o canudo ou de pegar um segundo canudo, as crianças podem soprar outra cor no papel. Peça que soprem a nova cor, de forma que ela se misture com a primeira em algumas áreas. Que novas cores são criadas? Que novas formas de arte são criadas?
5. Discuta o projeto com as crianças, enquanto elas trabalham. Incentive-as a fazerem perguntas e comentários em relação ao trabalho artístico dos colegas. Algumas perguntas ou tópicos de discussão incluem:
   - Que formas e linhas você criou?
   - Como esse trabalho artístico o/a faz se sentir?
   - A ação da figura "muda" dos lugares onde a tinta tocou no papel primeiro? Como? Por quê?
   - As formas criadas pela tinta lembram você de alguma coisa?
   - Se a figura não se parece com nada que você tenha visto antes, que palavras usaria para descrevê-la?
   - É possível usar a pintura de sopro para pintar um quadro que você já desenhou?

Nota ao professor:
Tome muito cuidado para lembrar as crianças de não aspirarem enquanto estiverem pintando com essa técnica de soprar.

⊃ PINTURA COM BARBANTE

Objetivo:
Explorar o papel do meio – pintar com barbante – na criação de efeitos artísticos.

Principais componentes:
Sensibilidade a elementos artísticos (linha, forma, cor)
Composição
Expressividade

Procedimentos:
1. As crianças podem usar este procedimento para pintar com barbante, mas antes você deve exemplificar e mostrar como é. Elas começam segurando ambas as extremidades de um pedaço de barbante com uma mão e mergulhando-o na tinta. Se o barbante flutuar na superfície da tinta, elas podem usar a outra mão para empurrá-lo para dentro da tinta com um palito de dente.
2. Peça-lhes para retirarem o barbante da tinta e colocá-lo perto do centro do papel.
3. A seguir, elas dobram o papel sobre o barbante e pressionam o papel delicadamente com uma das mãos, enquanto puxam o cordão para fora com a outra mão.
4. Peça-lhes para desdobrarem o papel e verem a imagem dupla. Encoraje-as a descreverem a obra artística que criaram.
5. Incentive-as a continuarem trabalhando na mesma pintura, usando a mesma cor ou cores novas.
6. Depois que todos terminaram o trabalho, você pode discutir os seguintes tópicos:
   - Que formas você vê? Como elas o/a fazem se sentir?
   - Essas formas e linhas fazem com que a pintura pareça movimentada? Tranqüila? Pacífica? Ativa? Nervosa? Bagunçada? Organizada?
   - Você acha que conseguiria fazer uma pintura com barbante que parecesse um vulcão? Uma tempestade? Raiva? Felicidade?
   - O que mais você poderia criar com arte de barbante?

Atividade de Arte 1 para Fazer em Casa

➲ AS FORMAS QUE NOS RODEIAM

Objetivo:
Descobrir e explorar formas básicas de objetos naturais e fabricados.

Materiais:
Papel
Canetas ou lápis coloridos

Nota aos pais:
Essa atividade ajudará a desenvolver a capacidade de seu filho/sua filha de observar cuidadosamente o ambiente e descobrir padrões e formas. Seu filho/sua filha também irá praticar fazer formas básicas.

Procedimentos:
1. Peça à criança para encontrar quadrados, retângulos, triângulos, círculos, ovais e semicírculos pela vizinhança. Essas formas podem estar disfarçadas como um relógio de parede, uma janela ou uma montanha. Veja quantas de cada a criança consegue achar.
2. Peça que desenhe os objetos e o contorno das formas.
3. A seguir, peça que identifique e recorte essas formas em revistas velhas com muitas ilustrações.

Compartilhar:
A criança pode levar os desenhos para mostrar aos colegas e expor no quadro de avisos da sala de aula.

Atividade de Arte 2 para Fazer em Casa

⊃ AS TEXTURAS QUE NOS RODEIAM

Objetivo:
Tornar-se consciente das texturas existentes no meio ambiente e copiá-las.

Materiais:
- Papel
- Giz de cera
- Objetos com diferentes texturas (por exemplo, tijolos, areia, pedras, casca de árvore)

Nota aos pais:
Seu filho/sua filha verá que cada objeto transmite uma "sensação" específica e que podemos recriar essa sensação através do trabalho artístico.

Procedimentos:
1. Leve a criança para dar uma caminhada pela casa ou pela vizinhança. De vez em quando, peça-lhe para fechar os olhos e tocar em diferentes objetos – tapetes, azulejos, tijolos, grama, tronco de árvore –, prestando atenção às diferentes sensações que cada objeto transmite.
2. Coloque uma folha de papel sobre cada um dos objetos com diferentes texturas previamente separados. Peça ao seu filho/sua filha que esfregue um giz de cera sobre o papel até aparecer um padrão. Ajude a rotular cada desenho para que a criança possa lembrar o que era.
3. Ela pode fazer um cartaz, colando os desenhos em uma folha de cartolina. Ou, então, pode grampear os desenhos e fazer um pequeno livro. Peça que explique como organizou os desenhos. Ela os agrupou por textura? Por cor? Por tamanho?

Compartilhar:
Seu filho/sua filha pode levar o cartaz ou o livro para a aula e mostrá-lo aos colegas. Tamém pode fazer um jogo: escrever o nome dos desenhos em pequenos pedaços de papel avulsos e pedir aos colegas que juntem cada nome com o desenho correspondente.

ARTE COM TEXTURAS

Objetivo:
Ajudar a criança a usar seu conhecimento de texturas para fazer desenhos abstratos ou realistas.

Materiais:
- Papel
- Lápis ou canetas coloridas
- Materiais de diferentes texturas (por exemplo, bolas de algodão, barbante, casca de árvore, lixa)

Nota aos pais:
Perceber a "sensação" que cada objeto transmite e como as texturas formam padrões pode ajudar as crianças a usarem texturas em seus trabalhos artísticos. Observe como está desenvolvendo-se a capacidade de seu filho/sua filha de representar objetos comuns e criar novas formas.

Procedimentos:
1. Peça à criança que colete objetos com diferentes texturas fora e dentro de casa, como folhas, areia, grama, esponjas ou pedaços de tecido.
2. Ela, então, imaginará uma maneira de usar esses itens para fazer um desenho que mostre de onde eles vieram. Por exemplo, a criança poderia usar a casca e as folhas de árvore para fazer uma árvore, ou pedrinhas para fazer uma montanha.
3. Deixe a criança usar os itens para criar um cenário de faz-de-conta. Ela pode usar o algodão para fazer uma nuvem ou a areia para fazer uma praia, ou montar um cenário, colando pedaços recortados de tecido e papel.

Compartilhar:
Os desenhos podem ser pendurados na sala de aula e mostrados aos colegas, professores e amigos. A criança pode levar para a escola um saco com os objetos coletados e deixar que os colegas tentem fazer desenhos com eles.

■ RECURSOS E REFERÊNCIAS

As atividades descritas são apenas uma introdução à área. Para ajudá-los a explorar melhor o ensino das artes visuais, oferecemos uma breve lista de recursos que se mostraram valiosos para nós e para nossos colegas. Ela pretende ser uma inspiração, mais que uma revisão da literatura. As fontes usadas na preparação deste livro estão assinaladas com um asterisco.

Barnes, R. (1989). Current issues in art and design education: From entertainment to qualitative experience. *Journal of Art and Design Education*, 8(3), 247-55.
Cherry, C. (1972). *Creative art for the developing child*. Carthage, DE: Ferron Teacher's Aids.
* Cohen, E. P.; Gainer, S. R. (1984). *Art: Another language for learning*. New York: Schocken.
Engel, B. (1995) .*Considering children's art: Why and how to value their works*. Washington, DC: National Association of Education for Young Children.
Gardner, H. (1980). *Artful scribbles: The significance of children's drawings*. New York: Basic Books.
Hart, K. (1988). *I can draw!* Portsmouth, NH: Heinemann.
Hart, K. (1994). *I can paint!* Portsmouth, NH: Heinemann.
* Haskell, L. L. (1979). *Art in the early childhood years*. Columbus, OH: Merrill.
* Herberholz, B. (1974). *Early childhood art*. Dubuque, IA: W. C. Brown.
* Ingram, B. K. (1975). *The workshop approach to classroom interest centers*. West Nyack, NY: Parker.
Kohl, M. (1989). *Mudworks: Creative clay, dough, and modeling experiences*. Bellingham, WA: Bright Ring.
Kohl, M.; Potter, J. (1993). *Science Arts*. Bellingham, WA: Bright Ring.
Lasky, L.; Mukerji-Bergeson, R. (1980). *Art: Basic for young children*. Washington, DC: National Association of Education for Young Children.
* Linderman, E.; Herberholz, B. (1970). *Developing artistic and perceptual awareness: Art practice in the elementary classroom*. (2nd ed.) Dubuque, IA: W. C. Brown.
Rowe, G. (1987). *Guiding young artists: Curriculum ideas for teachers*. South Melbourne, Australia: Oxford University Press (distributed by Heinemann, Portsmouth, NH).
Schirrmacher, R. (1988). *Art and creative development for young children*. Albany: Delmar.
* Stephens, L. S. (1984). *The teacher's guide to open education*. New York: Holt, Reinhart and Winston.
* Thomas, J. (1990). *Masterpiece of the month*. Huntington Beach, CA: Teacher Created Materiais.
Venezia, M. (1993). *Getting to know the world's greatest artists: Georgia O'Keffe*. Chicago: Children's Press.
Wilson, B.; Wilson, M. (1982). *Teaching children to draw: A guide for teachers and parents*. Englewood, NJ: Prentice Hall.
* Wolf, A. (1984). *Mommy, Its a Renoir!* Available from Parent Child Press, P.O. Box 675, Hollidaysburg, PA 16648 (814-696-5712).